Zeitschrift für Betriebswirtschaft

Special Issue 6/2010

Jubiläumsheft zum 80. Jahrgang

ZfB-Special Issues

1/2008 Economics and Management of Education
Herausgeber: Dominique Demougin/Oliver Fabel
192 Seiten. ISBN 3 8349 0904 1

2/2008 Corporate Governance in der Praxis mittelständischer Unternehmen
Herausgeber: Horst Albach/Peter Letmathe
136 Seiten. ISBN 3 8349 0931 2

3/2008 Corporate Social Responsibility
Herausgeber: Joachim Schwalbach
112 Seiten. ISBN 3 8349 1044 9

4/2008 Forschungsperspektiven der betriebswirtschaftlichen Logistik
Herausgeber: Hartmut Stadtler/Herbert Kotzab
164 Seiten. ISBN 3 8349 1157 7

5/2008 Erich Gutenbergs Theorie der Unternehmung – Wirkungen auf die heutige Betriebswirtschaftslehre –
Herausgeber: Joachim Reese/Marion Steven
112 Seiten. ISBN 3 8349 1187 9

6/2008 50 Years after MM: Recent Developments in Corporate Finance
Herausgeber: Wolfgang Breuer/Marc Gürtler
188 Seiten. ISBN 3 8349 1426 2

1/2009 International Entrepreneurship
Herausgeber: Andreas Al-Laham/Martin K. Welge/Joachim Schwalbach
196 Seiten. ISBN 3 8349 1474 6

2/2009 Management von Familienunternehmen
Herausgeber: Peter Witt
168 Seiten. ISBN 3 8349 1620 X

3/2009 Operations Research in der Betriebswirtschaft – Neue Anwendungsgebiete und Ergebnisse
Herausgeber: Heinrich Kuhn/Hartmut Stadtler/Gerhard Wäscher
144 Seiten. ISBN 3 8349 1723 0

4/2009 Rational Inefficiencies
Herausgeber: Günter Fandel
136 Seiten. ISBN 3 8349 1856 3

5/2009 Entrepreneurial Finance
Herausgeber: Wolfgang Breuer/Malte Brettel
132 Seiten. ISBN 3 8349 2005 3

6/2009 Management von kleinen und mittleren Unternehmen
Herausgeber: Peter Letmathe/Peter Witt
180 Seiten. ISBN 3 8349 2139 4

1/2010 Corporate Social Responsibility and Stakeholder Dynamics
Herausgeber: Schwalbach
100 Seiten. ISBN 3 8349 1995 0

2/2010 Internationale Aspekte der Unternehmensbesteuerung
Herausgeber: Krawitz
136 Seiten. ISBN 3 8349 2006 1

3/2010 Rechnungslegung, Kapitalmärkte und Regulierung
Herausgeber: Ralf Ewert/Hans-Ulrich Küpper
164 Seiten. ISBN 3 8349 1999 3

4/2010 Mixed Methods – Konzeptionelle Überlegungen
Herausgeber: Thomas Wrona/Günter Fandel
120 Seiten. ISBN 3 8349 1998 5

5/2010 Mixed Methods in der Managementforschung
Herausgeber: Thomas Wrona/Günter Fandel
140 Seiten. ISBN 3 8349 2521 7

Jubiläumsheft zum 80. Jahrgang

Herausgeber
Prof. Dr. Dr. h.c. Günter Fandel

Die Deutsche Bibliothek – CIP-Einheitsaufnahme

Zeitschrift für Betriebswirtschaft : ZfB. – Wiesbaden :
Gabler Verlag/Springer Fachmedien Wiesbaden GmbH
Erscheint monatl. – Aufnahme nach Jg. 67, H. 3 (1997)
Reihe Ergänzungsheft: Zeitschrift für Betriebswirtschaft /
Ergänzungsheft. Fortlaufende Beil.: Betriebswirtschaftliches
Repetitorium. – Danach bis 1979: ZfB-Repetitorium
ISSN 0044-2372
2010, Special Issue 6. Jubiläumsheft zum 80. Jahrgang
Herausgeber: Günter Fandel – Wiesbaden: Gabler, 2010
(Zeitschrift für Betriebswirtschaft; 2010, Special Issue 6)
ISBN 3-8349-2000-2
ISBN 978-3-8349-2000-3

Alle Rechte vorbehalten

Gabler Verlag/Springer Fachmedien Wiesbaden GmbH 2010
Lektorat: Susanne Kramer/Annelie Meisenheimer

Gabler Verlag ist eine Marke von Springer Fachmedien.
Springer Fachmedien ist Teil der Fachverlagsgruppe Springer Science+Business Media.

Das Werk einschließlich aller seiner Teile ist urheberrechtlich geschützt. Jede Verwertung außerhalb der engen Grenzen des Urheberrechtsgesetzes ist ohne Zustimmung des Verlags unzulässig und strafbar. Das gilt insbesondere für Vervielfältigungen, Übersetzungen, Mikroverfilmungen und die Einspeicherung und Verarbeitung in elektronischen Systemen.

http://www.gabler.de
http://www.zfb-online.de

Höchste inhaltliche und technische Qualität unserer Produkte ist unser Ziel. Bei der Produktion und Verbreitung unserer Bücher wollen wir die Umwelt schonen: Dieses Buch ist auf säurefreiem und chlorfrei gebleichtem Papier gedruckt. Die Einschweißfolie besteht aus Polyäthylen und damit aus organischen Grundstoffen, die weder bei der Herstellung noch bei der Verbrennung Schadstoffe freisetzen.

Die Wiedergabe von Gebrauchsnamen, Handelsnamen, Warenbezeichnungen usw. in diesem Werk berechtigt auch ohne besondere Kennzeichnung nicht zu der Annahme, dass solche Namen im Sinne der Warenzeichen- und Markenschutz-Gesetzgebung als frei zu betrachten wären und daher von jedermann benutzt werden dürften.

Satzherstellung: Fotosatz-Service Köhler GmbH – Reinhold Schöberl, Würzburg.

ISBN 3-8349-2000-2
ISBN 978-3-8349-2000-3

INHALTSVERZEICHNIS

VII Editorial

3 Geleitwort

5 **Die neuen Goldmarkbilanzen und die Goldmarkbuchführung**
Prof. Dr. F. Schmidt, Frankfurt a. M.

39 **Die Gründung von Aktiengesellschaften – Teil I**
Prof. Dr. Wilhelm Kalveram, Frankfurt a. M.

55 **Die Gründung von Aktiengesellschaften – Teil II**
Prof. Dr. Wilhelm Kalveram, Frankfurt a. M.

77 **Die Gründung von Aktiengesellschaften – Teil III**
Prof. Dr. Wilhelm Kalveram, Frankfurt a. M.

93 **Die Struktur der Bilanzwerte – Teil I**
Dr. Erich Gutenberg, Münster

109 **Die Struktur der Bilanzwerte – Teil II**
Dr. Erich Gutenberg, Münster

127 **Planung im Betrieb**
Prof. Dr. Erich Gutenberg, Köln

143 **Rentabilität und Sicherheit als Kriterien betrieblicher Investitionsentscheidungen – Teil I**
Privatdozent Dr. Horst Albach, Köln

161 **Rentabilität und Sicherheit als Kriterien betrieblicher Investitionsentscheidungen – Teil II**
Privatdozent Dr. Horst Albach, Köln

IX **GRUNDSÄTZE UND ZIELE**
XI **HERAUSGEBER/EDITORIAL BOARD**
XII **IMPRESSUM/HINWEISE FÜR AUTOREN**

Grundlagen für Aktienentscheidungen

WWW.GABLER.DE

Wolfgang Breuer / Marc Gürtler / Frank Schuhmacher
Portfoliomanagement I
Grundlagen
3., akt. u. überarb. Aufl. 2010. XVIII, 469 S. Br.
EUR 44,95
ISBN 978-3-8349-2130-7

Dieses Buch bildet den ersten Teil eines zweibändigen Werkes zum Portfoliomanagement. Schwerpunktmäßig werden in Band 1 die konzeptionellen Grundlagen der Portfolioselektion von Investoren, Portfolioselektionsmöglichkeiten auf der Basis arbitragetheoretischer Überlegungen sowie insbesondere die Portfoliooptimierung nach Markowitz dargestellt. Neben der anschaulichen Präsentation aller Konzeptionen anhand durchgängiger Zahlenbeispiele werden insbesondere die konkreten Möglichkeiten der praktischen Anwendung der verschiedenen Ansätze erläutert.
Neu in der 2. Auflage: Ausführungen zum Diskontierungseffekt

Der Inhalt
- Entscheidungstheoretische Grundlagen
- Portfolioselektion und „Fehlbewertungen": Arbitragetheorie
- Partialanalytische Ansätze der Portfolioselektion: Markowitz-Portfoliotheorie
- Ausblick

Die Autoren
Prof. Dr. Wolfgang Breuer ist Inhaber des Lehrstuhls für Betriebswirtschaftslehre, insbesondere Betriebliche Finanzwirtschaft, an der RWTH Aachen.
Prof. Dr. Marc Gürtler ist Inhaber des Lehrstuhls für Betriebswirtschaftslehre, insbesondere Finanzwirtschaft, an der Technischen Universität Braunschweig.
Prof. Dr. Frank Schuhmacher ist Inhaber des Lehrstuhls für Betriebswirtschaftslehre, insbesondere Finanzierung und Investition, an der Universität Leipzig.

www.wirtschaftslexikon.gabler.de
Jetzt online, frei verfügbar!

Einfach bestellen: buch@gabler.de Telefon +49(0)611. 7878-626

KOMPETENZ IN SACHEN WIRTSCHAFT

80 Jahrgänge Zeitschrift für Betriebswirtschaft

Im Dezember dieses Jahres wird der 80. Jahrgang der Zeitschrift komplett erschienen sein. Das ist der Anlass für das vorliegende Jubiläumsheft. Es beinhaltet den jeweils ersten Beitrag der Hochschullehrer in der ZfB, die ehemals als schriftleitende Herausgeber der Zeitschrift tätig waren, und dokumentiert daher, welche Themen sie aus wissenschaftlicher Sicht jeweils zu ihrer Zeit für wichtig hielten. Zwei Ausnahmen von diesem Prinzip sind vorgenommen worden. Das Heft enthält zwei Beiträge von *Erich Gutenberg*, da der zweite Beitrag aus dem Jahre 1952 zur Planung im Betrieb sehr schön deutlich werden lässt, wie zu jener Zeit vom Autor die Grundlagen einer funktionenorientierten Betriebswirtschaftslehre gefasst worden sind und er zudem die heute übliche und von ihm übernommene inhaltliche Gliederung der Aufgaben der Produktionsplanung vorträgt. Die zweite Abweichung vom Auswahlprinzip betrifft den Beitrag von *Horst Albach* zu Rentabilität und Sicherheit als Kriterien betrieblicher Investitionsentscheidungen aus dem Jahre 1960. Seine erste Veröffentlichung in der ZfB im Jahre 1958 über Investitionspolitik in Theorie und Praxis beinhaltete nämlich ausweislich des Titelzusatzes Ausführungen zum neuen Werk von *George Terborgh* über Business Investment Policy aus demselben Jahr und fällt eher als längere Buchbesprechung aus.

Die jeweils ersten Beiträge der Autoren *Fritz Schmidt* (1924), *Wilhelm Kalveram* (1924) und *Erich Gutenberg* (1926), die hier als die ersten drei Beiträge des Jubiläumsheftes wieder abgedruckt worden sind, beschäftigen sich mit Fragen der Bilanzierung, die zum Teil vor dem Hintergrund der damaligen Inflationserfahrungen nicht nur von theoretischer, sondern vor allem von großer praktischer Bedeutung waren. Manche der Beiträge sind – wie früher in der ZfB durchaus üblich – als Fortsetzungsartikel erschienen, wie man aus dem Nachdruck der Artikel unschwer schließen kann. Wir hoffen, dass wir mit der historischen Nachlese das Interesse der Leser treffen.

Die ersten 19 Jahrgänge der von *Fritz Schmidt* 1924 begründeten Zeitschrift für Betriebswirtschaft sind in den Jahren 1924 bis 1942 im Industrieverlag Späth und Linde in Berlin erschienen. Wie es aus dem Deckblatt des ersten Jahrgangs 1924 ersichtlich ist, waren 13 renommierte Wissenschaftler der Betriebswirtschaftslehre aus Japan, Österreich, Deutschland und Holland die Herausgeber der Zeitschrift, von denen *Fritz Schmidt* über die ganzen 19 Jahrgänge hinweg die Schriftleitung inne hatte. Durch Tod, Emigration und Ereignisse des zweiten Weltkriegs verkleinerte sich das Herausgebergremium schließlich bis auf den Schriftleiter. Die wissenschaftlichen Beiträge wurden im Laufe der Kriegszeit immer spärlicher, sodass der 19. Jahrgang 1942 beinah auf einen heutigen Heftumfang zusammenschrumpfte. So wurde die Zeitschrift 1943 eingestellt. Erst 1950 konnte der 20. Jahrgang der unter demselben Namen wieder neu aufgelegten Zeitschrift im Gabler Verlag in Wiesbaden erscheinen. Alleiniger Herausgeber war nun der ehemalige Mitherausgeber *Wilhelm Kalveram*, der auch zusammen mit *Josef Löffelholz* vom Verlag die Schriftleitung ausübte. Als *Wilhelm Kalveram* Anfang 1951 verstarb, blieb die Herausgeberschaft 13 Jahrgänge lang verwaist. Für die Schriftleitung in dieser Zeit war – bis auf eine Ausnahme im Jahre 1951 – der Verlagsmitarbeiter *Josef Löffelholz* verantwortlich. Von 1964 bis 1978 war *Erich Gutenberg* alleiniger Herausgeber der ZfB. Zunächst übernahm er die Schriftleitung selbst, dann unterstützte ihn in dieser Funktion wieder *Josef Löffelholz* (1972-1977). *Horst Albach* übte von 1978 bis 2000 die Schriftleitung aus und war ab 1979 als schriftleitender Herausgeber tätig. In diesem Jahr wurde zudem die alleinige Herausgeberschaft von *Erich Gutenberg* um renommierte Professoren und Praktiker ergänzt, wobei dieses Prinzip der Besetzung des Herausgebergremiums auch nach dem Tod von *Erich Gutenberg* im Jahre 1984 vom schriftleitenden Herausgeber *Horst Albach* beibehalten wurde. Von 2001 bis 2003 waren *Uschi Backes-Gellner, Wolfgang Kürsten* und *Günter Fandel* schriftleitende Herausgeber. 2004 wurde *Günter Fandel* Editor-in-Chief. Zugleich wurden 14 Professoren neu als Department Editors bestellt; die vorherigen Herausgeber wechselten in das neu geschaffene Editorial Board, das die Funktion eines Herausgeberbeirats wahrnimmt.

Wie man den Geleitworten zum 1. Jahrgang und zum 20. Jahrgang der wieder neu aufgelegten Zeitschrift, die am Anfang dieses Special Issue abgedruckt sind, entnehmen kann, verfolgt die ZfB seit jeher die Verbindung von Wissenschaft und Praxis, wie es auch heute noch in den Grundsätzen und Zielen niedergelegt ist, die am Ende dieses Heftes nachzulesen sind. Dass dieses gelungen ist, zeigen die verschiedenen Kundensegmente der Zeitschrift, die fast gleichermaßen durch Abonnements bedient werden: Wissenschaftler, Praktiker, Unternehmen sowie Institute und Bibliotheken. Die ZfB ist, wie eine interne Studie belegt, eine attraktive Plattform für deutsche Wissenschaftler und dabei insbesondere für den wissenschaftlichen Nachwuchs in der Betriebwirtschaftslehre. So ist die Anzahl der eingereichten Beiträge beispielsweise von 1985 bis 2005 mit einer jährlichen Wachstumsrate von etwa 5 % gestiegen, und der Anteil wissenschaftlicher Beiträge von Habilitanden in den Heften hat sich im gleichen Zeitraum fast vervierfacht. Im internationalen Imagegefüge rangiert die Zeitschrift aus der Sicht deutschsprachiger Wissenschaftler nach einer Befragung und Bewertung durch den Verband der Hochschullehrer für Betriebswirtschaft in der Kategorie B und erreicht dabei unter der Perspektive der Ausrichtung auf die allgemeine Betriebswirtschaftslehre sogar einen Platz unter den 25 besten der international renommiertesten Zeitschriften. Seit 2008 trägt die Zeitschrift den Zusatztitel „Journal of Business Economics". Die Annahmequote der begutachteten Manuskripte liegt knapp unter 30 %. Wir sind unseren Autoren und Gutachtern zu besonderem Dank verpflichtet, dass sie auf die Qualität dieser Zeitschrift achten. Unseren Abonnenten und Lesern gebührt natürlich der größte Dank für den Fortbestand der Zeitschrift für Betriebswirtschaft.

Günter Fandel, Editor-in-Chief

ZEITSCHRIFT FÜR BETRIEBSWIRTSCHAFT

Herausgeber:
Professor Dr. S. BERLINER, Tokio; Professor F. DÖRFEL, Wien; Professor Dr. FINDEISEN, Nürnberg; Professor Dr. GROSSMANN, Leipzig; Professor Dr. HELLAUER, Frankfurt; Professor Dr. KALVERAM, Frankfurt a. Main; Professor Dr. LEITNER, Berlin; Professor Dr. OBERPARLEITER, Wien; Professor Dr. PAPE, Jena; Professor Dr. SCHMIDT, Frankfurt; Professor Dr. SOMMERFELD, Mannheim; Professor J. G. Ch. VOLMER, Delft-Rotterdam; Professor Dr. WALB, Freiburg i. B.
Schriftleiter: Professor Dr. F. SCHMIDT, Frankfurt a. Main

1. JAHRGANG 1924

Inhaltsverzeichnis

INDUSTRIEVERLAG SPAETH & LINDE BERLIN C2

Zum Geleit!

Die neue Zeitschrift für Betriebswirtschaft hat wissenschaftliche und praktische Aufgaben. Sie tritt in einem Zeitpunkt ins Leben, wo nichts notwendiger ist, als regste Fühlung zwischen den führenden Köpfen der Praxis und der Wissenschaft, um die vielen Probleme, mit denen jeder Betrieb zu ringen hat, der Klärung näher zu bringen.

Wissenschaftlich soll die Zeitschrift die Ergebnisse der Forschung auf Einzelgebieten wie auch aus der zentral gelagerten Theorie in ruhiger, systematischer Arbeit vortragen. Man wird dabei in der Abgrenzung zu den Schwesterwissenschaften nicht engherzig sein dürfen, weil wissenschaftliche Erkenntnis auch für unser Gebiet aus vielen Quellen fließen kann. Durch den Kampf um Ideen und Meinungen soll neuem Fortschritt der Weg gebahnt werden. Deshalb ist jede sachliche und wohlbegründete Kritik von vornherein willkommen. Eine gründliche Literaturbesprechung mit dem Ziele ernsthafter Auseinandersetzung über den Inhalt von Neuerscheinungen soll weiterer wissenschaftlicher Arbeit eine Förderung sein.

Für die P r a x i s hat die Zeitschrift in erster Linie die Aufgabe, alle, die es wünschen, mit dem jeweiligen Stande der wissenschaftlichen Entwicklung auf dem Gebiete der Betriebswirtschaftslehre vertraut zu machen, zur praktischen Ausführung neuer Ideen anzuregen und durch Mitarbeit und Kritik der Praxis der Wissenschaft neue Anregungen zuzuführen. Die Pflege der Erörterung wichtiger Tagesprobleme soll mithelfen, die Wirtschaftswissenschaft zu einer lebenden zu machen, wie es die Naturwissenschaften in so weitem Maße sind. Nur wenn ein geistiges Band Wissenschaft und Praxis vereint, wird dies Ziel erreicht werden können, nur wenn die Wissenschaft immer von neuem gezwungen wird, ihre Lehrsätze an den Erfahrungen des Lebens zu messen, wird der Weg zu höherer Erkenntnis und weiterem Fortschritt offen bleiben.

F. S c h m i d t.

Geleitwort
zum 1. Jahrgang 1924

Die neue „Zeitschrift für Betriebswirtschaft" hat wissenschaftliche und praktische Aufgaben . . . .

Wissenschaftlich soll die Zeitschrift die Ergebnisse der Forschung auf Einzelgebieten wie auch aus der zentral gelagerten Theorie in ruhiger, systematischer Arbeit vortragen. Man wird dabei in der Abgrenzung zu den Schwesterwissenschaften nicht engherzig sein dürfen, weil wissenschaftliche Erkenntnis auch für unser Gebiet aus vielen Quellen fließen kann. Durch den Kampf um Ideen und Meinungen soll neuem Fortschritt der Weg gebahnt werden. Deshalb ist jede sachliche und wohlbegründete Kritik von vornherein willkommen. Eine gründliche Literaturbesprechung mit dem Ziele ernsthafter Auseinandersetzung über den Inhalt von Neuerscheinungen soll weiterer wissenschaftlicher Arbeit eine Förderung sein.

Für die P r a x i s hat die Zeitschrift in erster Linie die Aufgabe, alle, die es wünschen, mit dem jeweiligen Stande der wissenschaftlichen Entwicklung auf dem Gebiete der Betriebswirtschaftslehre vertraut zu machen, zur praktischen Ausführung neuer Ideen anzuregen und durch Mitarbeit und Kritik der Praxis der Wissenschaft neue Anregungen zuzuführen. Die Pflege der Erörterung wichtiger Tagesprobleme soll mithelfen, die Wirtschaftswissenschaft zu einer lebenden zu machen, wie es die Naturwissenschaften in so weitem Maße sind. Nur wenn ein geistiges Band Wissenschaft und Praxis vereint, wird dieses Ziel erreicht werden können, nur wenn die Wissenschaft immer von neuem gezwungen wird, ihre Lehrsätze an den Erfahrungen des Lebens zu messen, wird der Weg zu höherer Erkenntnis und weiterem Fortschritt offen bleiben.

F. Schmidt

zum 20. Jahrgang 1950

Wir können der neuerstandenen Zeitschrift mit den gleichen Worten wie vor 25 Jahren unser Geleit geben. Nicht nur die Ziele sind die gleichen geblieben, auch die Zeitumstände, unter denen die Zeitschrift heute erscheint, sind ähnlich. Der erste Weltkrieg hatte die deutsche Wirtschaft lahmgelegt. Wenn sie den Anschluß an den Weltmarkt schnell wiedergewann, so dankt sie dies nicht zuletzt den Fortschritten der Betriebswirtschaftslehre. An den Rationalisierungsarbeiten, die seit den zwanziger Jahren die Existenz der deutschen Betriebe im Kreislauf der Weltwirtschaft wieder sicherten, hatten betriebswirtschaftliche Forschung und Lehre wesentlichen Anteil, weil Wissenschaft und Praxis in ständiger fruchtbarer Wechselwirkung standen.

Die Scheinblüte der deutschen Wirtschaft nach 1937, verursacht durch hemmungslose Ausweitung des Geldvolumens und einseitige machtpolitische Tendenzen, ließ die betriebswirtschaftlichen Probleme stark in den Hintergrund treten. Die Gewinne flossen in wachsendem Strome und die Rentabilität war auch bei vernachlässigter Kostenrechnung gesichert. Der unselige Krieg hat dann dazu geführt, daß die Grundsätze betrieblicher Wirtschaftlichkeit noch weniger beachtet wurden, daß der Kaufmann betriebswirtschaftliches Denken in Kosten und Risiken verlernte. Dazu kam, daß das kaufmännische Personal der deutschen Unternehmungen allmählich so dezimiert wurde, daß eine wirtschaftliche Betriebsführung unmöglich war. Die Katastrophe von 1945 führte zum Zusammenbruch der Märkte, der Preis- und Kostenrechnung.

Nun gilt es neu aufzubauen — auf Trümmern. Die Betriebswirtschaftslehre steht vor weit schwierigeren Aufgaben als vor 25 Jahren. Als **forschende Wissenschaft** stellt sie den wirtschaftenden Betrieb in den Blickpunkt ihrer Beobachtung und sucht die Bedingungen zu erkennen, unter denen er bei höchster gesamtwirtschaftlicher Nützlichkeit sein privatwirtschaftliches Ziel rationeller und rentabler Arbeit zu verwirklichen vermag. Und wenn dabei die praktische Seite, die induktive Einzelforschung und gegenwartsnahe Analyse, in den Vordergrund tritt, so muß doch die gedankliche Ableitung der sachlichen und wertmäßigen Zusammenhänge, eine an der Wirklichkeit zu erprobende Deduktion, starke Beachtung finden.

Ihre **Lehraufgabe** aber besteht darin, mit den betriebswirtschaftlichen Grundkenntnissen vertraut zu machen und dem Problem ökonomischer Rationalität überall Geltung zu verschaffen, um die deutschen Unternehmungen wieder so leistungsfähig zu machen, daß uns der Weltmarkt erschlossen wird.

Die nächsten Jahre bringen besonders schwierige Aufgaben des Wiederaufbaues, der Um- und Ausgliederung und der Anpassung an eine völlig veränderte Wirtschaftslage. Vordringlich sind vor allem die Planungen des Standortes, der Betriebsgröße und der Unternehmungsformen, Bewertungsfragen in Kalkulation und Bilanz, die Suche nach Regulatoren der Wirtschaft in Form von wegweisenden Kennziffern, die Durchforschung der Möglichkeiten eines rationellen Beschaffungs- und Lagerwesens, die Untersuchung der technisch-kaufmännischen Grenzbereiche zur Anbahnung einer reibungslosen Zusammenarbeit in allen Fragen der Fertigung nach dem Fließprinzip, die Verfeinerung und individuelle Ausgestaltung der Fragen der betrieblichen Gemeinschaft durch Aufschließung der psychologischen und physiologischen Grenzgebiete, Mithilfe bei den Bestrebungen zu einer gerechten Arbeitsbewertung und Arbeitsentlohnung und eine Verstärkung betriebstypischer Forschungen zur Bestimmung der für Betriebe ähnlicher Prägung gültigen Erkenntnisse und Verfahren.

Die Zeitschrift soll in ihrer neuen Form dieses Ziel verwirklichen helfen, indem sie einen der gegenseitigen Befruchtung dienenden Gedankenaustausch zwischen Wissenschaft und Praxis herbeiführt und die Tradition fortsetzt, die zwanzig Jahre hindurch verfolgt wurde. Mögen diese Bestrebungen in der wissenschaftlichen Welt und in der Praxis ein starkes Echo finden, wenn sie mit ihrem besonderen Anliegen, der deutschen Wirtschaft zu dienen, in ihr 20. Jahr eintritt.

Fritz Schmidt *Wilhelm Kalveram*

Fritz Schmidt †

Nach Fertigstellung der ersten Nummer unserer Zeitschrift trifft uns die erschütternde Kunde von dem jähen Hinscheiden des Begründers und Mitherausgebers derselben, Prof. Dr. **Fritz Schmidt**. Wir werden des großen Forschers, des erfolgreichen und beliebten Lehrers und des gütigen Menschen in der nächsten Nummer gedenken.

Kalveram

Die neuen Goldmarkbilanzen und die Goldmarkbuchführung*)

Von Professor Dr. F. Schmidt, Frankfurt a. M.

Inhalt.

I. *Die neuen Buchhaltungsvorschriften.*
   a) *Die Umsatzsteuerbuchführung,* b) *die Einkommensteuerbuchführung.*

II. *Die neuen Bilanzvorschriften.*
   a) *Die handelsrechtliche Bilanz,* b) *die neue Einkommensteuerbilanz,* c) *die neue Vermögensteuerbilanz.*

III. *Beurteilung und Kritik.*
   a) *Die wertbeständige Buchhaltung,* b) *die drei neuen Goldmarkbilanzen,* c) *die Grundsätze der neuen Regelung;*
      1. *die Bewertung,* 2. *die Behandlung des Eigenkapitals,* 3. *die Gewinnrechnung,* 4. *die Goldmarkbilanz mit Indexrechnung.*

IV. *Was soll die Praxis tun?*
   Inventur, Goldmarkbuchführung, Bewertung, Eigenkapital, Reserven.

I. Die neuen Buchhaltungsvorschriften.

a) *Die Umsatzsteuerbuchführung* (Zweite Steuernotverordnung vom 19. Dezember. Artikel IV. § 32a Absatz 2 und 3).

> (²) Werden die Bücher auf wertbeständiger Grundlage geführt, so ist die Steuer in Goldmark zu berechnen. Der Reichsminister der Finanzen erläßt nähere Bestimmungen darüber, welche Rechnungseinheiten für die Buchführung als wertbeständig gelten und wie sie in Goldmark umzurechnen sind.
>
> (³) Werden die Bücher nicht auf wertbeständiger Grundlage geführt, so ist die Steuer nach dem Durchschnitt des Dollarkurses im Steuerabschnitt auf Goldmark umzurechnen; umfaßt der Steuerabschnitt mehrere Monate, so ist das Mittel der Monatsdurchschnitte der Umrechnung zugrunde zu legen. Der Reichsminister der Finanzen gibt den Umrechnungssatz unmittelbar nach Abschluß des Steuerabschnitts bekannt."

b) *Die Einkommensteuerbuchführung* (Zweite Steuernotverordnung vom 19. Dezember 1923. Artikel I. § 32).

> (¹) Soweit nach dem Gesetz eine Pflicht zur Führung von Büchern besteht oder an die freiwillige Führung von Büchern Rechtsfolgen geknüpft sind, wird bei der Einkommensteuer und bei der Körperschaftssteuer vom 1. Januar 1924 ab die Pflicht nur erfüllt und treten die Rechtsfolgen nur ein, wenn die Bücher auf wertbeständiger Grundlage geführt sind.
>
> (²) Der Reichsminister der Finanzen wird im Benehmen mit dem Reichswirtschaftsminister die Grundsätze für die Umstellung und Führung der Bücher im Sinne der Bestimmungen des Abs. 1 festsetzen und anordnen, welche Rechnungseinheiten für die Buchführung als wertbeständig gelten und wie sie für die Berechnung der Steuer in Goldmark umzurechnen sind.

---

*) Meine grundsätzlichen Anschauungen über Bilanz, Erfolgsrechnung und Kalkulation habe ich in folgenden Arbeiten niedergelegt. Die organische Bilanz, 2. Aufl., Leipzig 1922; Der Wiederbeschaffungspreis des Umsatztages in Kalkulation und Volkswirtschaft, Berlin 1923; Bilanzwert, Bilanzgewinn und Bilanzumwertung, Spaeth & Linde, Berlin 1924.

II. Die neuen Bilanzvorschriften.

a) Die neue handelsrechtliche Bilanz (Verordnung über Goldbilanzen vom 28. Dezember 1923).

§ 1.

(¹) Kaufleute, die zur Führung von Handelsbüchern verpflichtet sind, haben vom 1. Januar 1924 ab oder, falls das neue Geschäftsjahr mit einem späteren Zeitpunkt beginnt, von diesem Zeitpunkt ab das Inventar und die Bilanz in Goldmark aufzustellen.

(²) Als Goldmark gilt der Gegenwert von $^{10}/_{42}$ des nordamerikanischen Dollars. Die Reichsregierung ist ermächtigt, eine andere Einheit festzusetzen.

§ 2.

(¹) Spätestens für den 1. Januar 1924 oder, falls das neue Geschäftsjahr mit einem späteren Zeitpunkt beginnt, für diesen Zeitpunkt sind ein Eröffnungsinventar und eine Eröffnungsbilanz im Sinne des § 39 des Handelsgesetzbuchs in Goldmark aufzustellen.

(²) Für die Genehmigung und Veröffentlichung der Eröffnungsbilanz gelten die für die Jahresbilanzen maßgebenden Bestimmungen. Die im § 260 Abs. 2 des Handelsgesetzbuchs bestimmte Frist beträgt, auch soweit im Gesellschaftsvertrag etwas anderes festgesetzt ist, sechs Monate; sie kann durch das Gericht angemessen verlängert werden.

§ 3.

Auf die in Goldmark aufzustellenden Inventare und Bilanzen finden, soweit nicht in dieser Verordnung etwas anderes bestimmt ist, die allgemeinen nach dem Gesetz oder der Satzung geltenden Vorschriften Anwendung.

§ 4.

(¹) Auf die Eröffnungsbilanz einer Aktiengesellschaft oder einer Kommanditgesellschaft auf Aktien finden die Vorschrift des § 261 Nr. 1 des Handelsgesetzbuchs insoweit, als sie die Bewertung von Vermögensgegenständen mit einem höheren Werte als dem Anschaffungs- oder Herstellungspreis untersagt, sowie die Vorschriften des § 261 Nr. 2 und 3 des Handelsgesetzbuchs keine Anwendung. Für die Eröffnungsbilanz einer Gesellschaft mit beschränkter Haftung findet die Vorschrift des § 42 Nr. 1 des Gesetzes, betreffend die Gesellschaften mit beschränkter Haftung, keine Anwendung.

(²) Die Vorschriften des Abs. 1 gelten auch für die Eröffnungsbilanz von Unternehmungen, deren Satzung die Anwendung der genannten Bestimmungen vorschreibt.

(³) Uebersteigt der in der Eröffnungsbilanz eingestellte Wert der im § 261 Nr. 1, 2 und 3 des Handelsgesetzbuchs sowie die im § 42 Nr. 1 des Gesetzes, betreffend die Gesellschaften mit beschränkter Haftung, bezeichneten Gegenstände den Anschaffungs- oder Herstellungspreis, und zwar in den Fällen des § 261 Nr. 3 und des § 42 Nr. 1 vermindert um einen der Abnutzung gleichkommenden Betrag, so ist der Unterschied in der Bilanz gesondert auszuweisen.

(⁴) Für die Jahresbilanzen gelten die in der Eröffnungsbilanz eingesetzten Werte als Anschaffungs- oder Herstellungspreise im Sinne des § 261 Nr. 1, 2 und 3 des Handelsgesetzbuchs und des § 42 Nr. 1 des Gesetzes, betreffend die Gesellschaften mit beschränkter Haftung. Das gleiche gilt für die im § 333 Abs. 2 des Handelsgesetzbuchs vorgesehene Bilanz.

§ 5.

(¹) Uebersteigt bei Aktiengesellschaften, Kommanditgesellschaften auf Aktien oder Gesellschaften mit beschränkter Haftung das bei der Aufstellung der Eröffnungsbilanz nach Abzug der Schulden sich ergebende Vermögen den Betrag des Grundkapitals oder des Stammkapitals (Eigenkapital), so ist in der Bilanz entweder der Ueberschuß als Reserve einzustellen oder der Betrag des Eigenkapitals entsprechend heraufzusetzen. Die Maßnahmen können miteinander verbunden werden.

(²) Uebersteigt der Betrag des Einzelkapitals das bei der Aufstellung der Eröffnungsbilanz nach Abzug der Schulden sich ergebende Vermögen, so ist entweder der Unterschied als Kapitalentwertungskonto unter die Aktiven einzustellen oder das Vermögen durch neue Einlagen bis zur Höhe des Betrags des

Eigenkapitals zu vermehren oder der Betrag des Eigenkapitals entsprechend zu ermäßigen. Die Maßnahmen können miteinander verbunden werden.

§ 6.

Das Kapitalentwertungskonto darf nicht höher sein als neun Zehntel des Betrags des Eigenkapitals. Die Gesellschaft ist verpflichtet, das Kapitalentwertungskonto innerhalb von drei Geschäftsjahren auszugleichen. Zur Tilgung sind der vorhandene Reservefonds sowie die Beträge zu verwenden, die gemäß § 262 des Handelsgesetzbuchs in den Reservefonds einzustellen wären; eine Verteilung von Gewinnen ist unzulässig, solange ein Kapitalentwertungskonto besteht. Die Durchführung des Ausgleichs ist dem Gericht anzuzeigen.

§ 7.

Eine nach § 5 vorgenommene Veränderung des Eigenkapitals ist Umstellung im Sinne dieser Verordnung.

§ 8.

Das Verhältnis der mit den Aktien und Geschäftsanteilen verbundenen Rechte zueinander wird vorbehaltlich näherer Regelung in den Durchführungsbestimmungen durch die Umstellung nicht berührt.

§ 9.

Werden im Falle der Heraufsetzung des Betrags des Eigenkapitals (§ 5 Abs. 1) neue Aktien oder Geschäftsanteile ausgegeben, so sind diese den Gesellschaftern auf ihr Verlangen entsprechend ihrem Anteil am Eigenkapital zuzuteilen, es sei denn, daß ein Dritter die Aktien übernommen und sich dabei verpflichtet hat, sie den Aktionären zum Bezug anzubieten. Das gleiche gilt für den Fall einer Kapitalserhöhung, die während des Bestehens des Kapitalentwertungskontos beschlossen worden ist.

§ 10.

(¹) Nach der Umstellung muß der Betrag des Eigenkapitals einer Aktiengesellschaft oder einer Kommanditgesellschaft auf Aktien mindestens fünftausend Goldmark, der einer Gesellschaft mit beschränkter Haftung mindestens fünfhundert Goldmark betragen.

(²) Bei der Umstellung einer Aktiengesellschaft oder einer Kommanditgesellschaft auf Aktien müssen die Aktien und Interimsscheine auf einen Betrag von mindestens einhundert Goldmark, im Falle des § 180 Abs. 3 des Handelsgesetzbuchs auf einen Betrag von mindesents zwanzig Goldmark gestellt werden. Im Falle des § 180 Abs. 2 des Handelsgesetzbuchs kann ein Mindestbetrag von zwanzig Goldmark zugelassen werden.

(³) Bei der Umstellung einer Gesellschaft mit beschränkter Haftung muß die Stammeinlage jedes Gesellschafters auf mindestens fünfzig Goldmark gestellt werden.

§ 11.

Eine Verminderung der Zahl der Aktien oder Geschäftsanteile aus Anlaß der Umstellung einer Aktiengesellschaft, einer Kommanditgesellschaft auf Aktien oder einer Gesellschaft mit beschränkter Haftung ist nur insoweit zulässig, als ohne sie die im § 10 für Aktien oder Geschäftsanteile vorgeschriebene Mindestgrenze nicht eingehalten werden könnte.

§ 12.

Soweit aus Anlaß der Umstellung einer Aktiengesellschaft, einer Kommanditgesellschaft auf Aktien oder einer Gesellschaft mit beschränkter Haftung Zahlungen an die Gesellschafter zu erfolgen haben, sind ihnen auf Antrag auf den Inhaber lautende Genußscheine in Höhe ihres Zahlungsanspruchs auszuhändigen. Die Genußscheine gewähren kein Stimmrecht, jedoch einen Anspruch auf entsprechende Beteiligung am Reingewinne der Gesellschaft und im Falle der Auflösung der Gesellschaft einen Anspruch in bezug auf das zu verteilende Gesellschaftsvermögen. Die Beteiligung am Reingewinne darf durch Kapitalserhöhungen nicht verkürzt werden. Die Genußscheine können unter Einhaltung einer Kündigungsfrist von drei Monaten von der Gesellschaft frühestens zum Ablauf des dritten auf die Ausstellung folgenden Geschäftsjahrs, von dem Inhaber zum Schlusse eines jeden Geschäftsjahrs gekündigt werden. Die Ausgabe der Genußscheine bedarf nicht der staatlichen Genehmigung.

§ 13.

(¹) Bei Aktiengesellschaften haben die Mitglieder des Aufsichtsrats die Eröffnungsbilanz und den Hergang der Umstellung zu prüfen. Ueber die Prüfung ist der Generalversammlung von dem Vorstand und dem Aufsichtsrate schriftlich Bericht zu erstatten. In dem Berichte sind die wesentlichen Umstände darzulegen, die für die Bewertung der im § 261 Nr. 1 bis 3 des Handelsgesetzbuchs bezeichneten Gegenstände maßgebend gewesen sind.

(²) Die Generalversammlung kann mit einfacher Stimmenmehrheit die Bestellung von Revisoren zur Prüfung der Eröffnungsbilanz oder zur Prüfung des Herganges der Umstellung beschließen. Ist in der Generalversammlung ein Antrag auf Bestellung von Revisoren zur Prüfung des Herganges der Umstellung abgelehnt worden, so können auf Antrag von Aktionären, deren Anteile zusammen den zehnten Teil des Grundkapitals erreichen, Revisoren durch das Gericht, in dessen Bezirk die Gesellschaft ihren Sitz hat, ernannt werden. Die Vorschriften des § 266 Abs. 2, Abs. 3 Satz 2, Abs. 4 Satz 1 sowie des § 267 des Handelsgesetzbuchs finden Anwendung.

(³) Diese Vorschriften gelten für Kommanditgesellschaften auf Aktien mit der Maßgabe, daß die Berichterstattung (Abs. 1 Satz 2) durch die persönlich haftenden Gesellschafter zu erfolgen hat.

§ 14.

(¹) Wegen einer Ueberschuldung, die sich bei der Aufstellung der Eröffnungsbilanz ergibt, die Eröffnung des Konkursverfahrens zu beantragen, ist der Vorstand einer Aktiengesellschaft nicht verpflichtet, solange die Frist für die Umstellung läuft. Das gleiche gilt für die persönlich haftenden Gesellschafter einer Kommanditgesellschaft auf Aktien und für die Geschäftsführer einer Gesellschaft mit beschränkter Haftung.

(²) Während der im Abs. 1 genannten Frist findet die Vorschrift des § 240 Abs. 1 des Handelsgesetzbuchs keine Anwendung.

§ 15.

(¹) Die Anmeldung des Beschlusses der Generalversammlung über die Umstellung einer Aktiengesellschaft, einer Kommanditgesellschaft auf Aktien oder einer Gesellschaft mit beschränkter Haftung zum Handelsregister hat binnen sechs Monaten nach Abhaltung der Generalversammlung zu erfolgen, in der die Abänderung des Gesellschaftsvertrags beschlossen worden ist. Die oberste Landesbehörde oder die von ihr bestimmte Stelle kann die Frist allgemein oder für einzelne Unternehmungen oder Arten von Unternehmungen verlängern.

(²) Handelt es sich um eine Aktiengesellschaft oder Kommanditgesellschaft auf Aktien, so ist bei der Anmeldung der Prüfungsbericht (§ 13 Abs. 1) vorzulegen.

§ 16.

Ist die Anmeldung (§ 15) nicht innerhalb der vorgeschriebenen Frist erfolgt oder ist die Einhaltung der im § 10 vorgeschriebenen Mindestgrenzen nicht nachgewiesen oder die im § 6 vorgeschriebene Anzeige unterblieben, so hat das Gericht der Gesellschaft eine angemessene Frist unter der Androhung der Eintragung der Nichtigkeit der Gesellschaft zu bestimmen. Ist innerhalb der Frist die Anmeldung nicht erfolgt oder der Nachweis nicht geführt oder die Anzeige nicht erstattet, so ist die Nichtigkeit der Gesellschaft einzutragen. Die Vorschriften der §§ 142, 143 des Gesetzes über die Angelegenheiten der freiwilligen Gerichtsbarkeit finden entsprechende Anwendung.

§ 17.

(¹) Bei Neugründungen von Aktiengesellschaften, Kommanditgesellschaften auf Aktien und Gesellschaften mit beschränkter Haftung muß das Eigenkapital auf Goldmark gestellt werden.

(²) Das Grundkapital einer Aktiengesellschaft oder einer Kommanditgesellschaft auf Aktien muß mindestens fünfzigtausend Goldmark betragen. Die Aktien und Interimsscheine müssen auf einen Betrag von mindestens einhundert Goldmark, im Falle des § 180 Abs. 3 des Handelsgesetzbuchs auf mindestens zwanzig Goldmark gestellt werden. Im Falle des § 180 Abs. 2 des Handelsgesetzbuchs kann ein Mindestbetrag von zwanzig Goldmark zugelassen werden.

(³) Das Stammkapital einer Gesellschaft mit beschränkter Haftung muß mindestens fünftausend Goldmark, die Stammeinlage jedes Gesellschafters mindestens fünfzig Goldmark betragen. Die Einzahlung auf die Stammeinlage (§ 7 Abs. 2 des Gesetzes betreffend die Gesellschaften mit beschränkter Haftung) muß mindestens fünfundzwanzig Goldmark betragen.

§ 18.

Die im § 10 Abs. 2 und im § 17 Abs. 2 Satz 2 und 3 genannten Beträge treten an die Stelle der im § 180 des Handelsgesetzbuchs vorgesehenen Mindestbeträge.

§ 19.

(¹) Die infolge der Aufstellung der Eröffnungsbilanz, insbesondere infolge der Umstellung sich ergebenden lediglich zahlenmäßigen Veränderungen in dem Vermögen der im § 1 bezeichneten Kaufleute sowie deren Gesellschafter gegenüber den für die Besteuerung maßgebenden Werten begründen für die Einkommensteuer, Körperschaftssteuer und Vermögensteuer der vorangegangenen Steuerjahre keine Steuerpflicht. Die infolge der Umstellung sich ergebenden lediglich zahlenmäßigen Veränderungen in dem Vermögen der im § 5 bezeichneten Gesellschaften sowie deren Gesellschafter unterliegen keiner Kapitalverkehrsteuer.

(²) Wird im Falle des § 5 Abs. 2 ein Kapitalentwertungskonto in die Bilanz eingestellt, so dürfen die zu seiner Tilgung verwendeten Beträge vom steuerbaren Einkommen nicht abgezogen werden; § 7 Nr. 3 des Körperschaftssteuergesetzes findet insoweit keine Anwendung.

(³) Wird im Falle des § 5 Abs. 2 das Vermögen durch neue Einlagen bis zur Höhe des Eigenkapitals vermehrt, so findet auf die zur Vermehrung bewirkten Zahlungen und Leistungen die Vergünstigung des § 13 zu b des Kapitalverkehrsteuergesetzes keine Anwendung; das gleiche gilt für Zahlungen und Leistungen, die zur Tilgung des Kapitalentwertungskontos bewirkt werden.

(⁴) Der Erwerb der im § 12 bezeichneten Genußscheine durch den ersten Erwerber ist von der Gesellschaftsteuer des Kapitalverkehrsteuergesetzes befreit.

§ 20.

Die Reichsregierung wird ermächtigt, die zur Durchführung dieser Verordnung erforderlichen Rechtsverordnungen und allgemeinen Verwaltungsvorschriften zu erlassen; sie kann Ausnahmen von den Bestimmungen der Verordnung zulassen und, soweit es sich als notwendig erweisen sollte, für besondere Fälle allgemeine Anordnungen ergänzenden oder abweichenden Inhalts treffen sowie auf der Grundlage der für Aktiengesellschaften, Kommanditgesellschaften auf Aktien und Gesellschaften mit beschränkter Haftung geltenden Bestimmungen die Bilanzierung, Umstellung und Neugründung anderer Arten von Unternehmungen in Goldmark regeln.

b) *Die neue Einkommensteuerbilanz* (Zweite Steuernotverordnung vom 19. Dezember 1923. Artikel I. § 34 Einkommen- und Körperschaftssteuer 1923 und 1924).

Steuerpflichtige, die Handelsbücher nach den Vorschriften des Handelsgesetzbuchs zu führen verpflichtet sind, haben für steuerliche Zwecke auf den 1. Januar 1924 eine Vermögensaufstellung nach Art und Menge (Inventar) zu machen und eine Eröffnungsbilanz in Goldmark aufzustellen. Steuerpflichtige, die regelmäßige jährliche Abschlüsse in der Zeit vom einschließlich 30. Juni bis einschließlich 31. Dezember machen, sind berechtigt, für die Eröffnungsbilanz auf den 1. Januar 1924 das letzte vor diesem Zeitpunkt aufgestellte Inventar zugrunde zu legen; auch bei Zugrundelegung eines solchen Inventars sind die Vermögensgegenstände für die Aufstellung der Eröffnungsbilanz mit dem Werte vom 1. Januar 1924 einzusetzen. Die in der Eröffnungsbilanz angegebenen Werte gelten als Anschaffungswerte bei der Feststellung des steuerbaren Einkommens im Kalenderjahr 1924; sie sind ferner bei der Veranlagung zur Vermögensteuer für das Kalenderjahr 1924 als Mindestsätze anzusetzen, sofern nicht nach Artikel II dieser Verordnung für die Vermögensteuer eine höhere Bewertung vorzunehmen ist.

c) *Die neue Vermögensteuerbilanz* (Zweite Steuernotverordnung vom 19. Dezember 1923. Artikel II. § 2 u. 3 Vermögensteuer).

Für die Wertermittlung gilt folgendes:

1. Grundstücke sind mit dem Wehrbeitragswert zu bewerten, zu dessen Berichtigung Bestimmungen zu erlassen sind, um eine gleichmäßige Belastung aller Steuerpflichtigen zu erreichen.
2. Beim Betriebsvermögen ist das Anlagekapital mit dem Preise, der Ende des Jahres 1913 zur Anschaffung oder Herstellung des Gegenstandes aufzuwen-

den gewesen wäre, abzüglich eines angemessenen Betrags für Abnutzung, zu bewerten.
3. Beim Betriebsvermögen sind Vorräte an Rohstoffen, Halbfabrikaten, Fertigfabrikaten sowie Waren mit dem Preise, der zur Anschaffung oder Herstellung des Gegenstandes am 31. Dezember 1923 aufzuwenden wäre, zu bewerten.
4. Das steuerbare Vermögen von inländischen Erwerbsgesellschaften im Sinne des § 11 Abs. 3 des Körperschaftssteuergesetzes ist mit mindestens dem Betrag anzusetzen, der der Summe der für die Anteile an der Gesellschaft und für die von der Gesellschaft ausgegebenen Genußscheine und Schuldverschreibungen festgesetzten Steuerkurswerte oder ermittelten Verkaufswerte entspricht.

Der Reichsminister der Finanzen kann bestimmen, inwieweit bei Erwerbsgesellschaften, für deren Anteile ein Steuerkurswert nicht festgesetzt ist, an Stelle des im Abs. 1 bezeichneten Betrags der Betrag zugrunde gelegt werden kann, welcher von der für das Unternehmen zuständigen amtlichen Handelsvertretung oder einer bei ihr errichteten Gutachterstelle unter sinngemäßer Anwendung des Abs. 1 als Gesamtwert des Betriebsvermögens der Gesellschaft geschätzt wird. Das gleiche gilt für das Betriebsvermögen von Steuerpflichtigen, die Handelsbücher nach den Vorschriften des Handelsgesetzbuchs zu führen verpflichtet sind, wenn das Unternehmen in einer anderen Rechtsform als der einer Erwerbsgesellschaft im Sinne des § 11 Abs. 3 des Körperschaftssteuergesetzes betrieben wird.
5. Wertpapiere sind ohne Rücksicht darauf, ob sie zum Betriebsvermögen oder zum sonstigen Vermögen des Steuerpflichtigen gehören, mit dem Steuerkurswert oder ermittelten Verkaufswert am 31. Dezember 1923 zu bewerten; § 142 Abs. 3 der Reichsabgabenordnung findet keine Anwendung. Anteile an inländischen Erwerbsgesellschaften im Sinne des § 11 Abs. 3 des Körperschaftssteuergesetzes und die von solchen Gesellschaften ausgegebenen Genußscheine sind beim Eigentümer der Anteile oder Genußscheine nur mit der Hälfte dieses Wertes anzusetzen.
6. Zahlungsmittel und Forderungen in ausländischer Währung sind ohne Rücksicht darauf, ob sie zum Betriebsvermögen oder zum sonstigen Vermögen des Steuerpflichtigen gehören, mit dem laufenden Kurse (Mittelkurse) am 31. Dezember 1923 zu bewerten.
7. Soweit für die Bewertung der Wehrbeitragswert oder Vorkriegspreise zugrunde zu legen sind (Nr. 1, 2), hat der Reichsminister der Finanzen mit Zustimmung des Reichsrats für Gegenstände oder für Gruppen von Gegenständen, bei denen der Wert oder Preis am 31. Dezember 1923 den Wehrbeitragswert oder Vorkriegspreis übersteigt, Zuschläge zu dem Wehrbeitragswert oder Vorkriegspreis zu bestimmen, wenn anzunehmen ist, daß das Uebersteigen des Wehrbeitragswerts oder Vorkriegspreises nicht nur vorübergehend sein wird. Entsprechend hat der Reichsminister der Finanzen mit Zustimmung des Reichsrats für Gegenstände oder für Gruppen von Gegenständen, bei denen der Wert oder Preis am 31. Dezember 1923 den Wehrbeitragswert oder Vorkriegspreis nicht erreicht hat, Abschläge zu bestimmen, wenn anzunehmen ist, daß das Zurückbleiben hinter dem Wehrbeitragswert oder Vorkriegspreis nicht nur vorübergehend sein wird.

Soweit der Wehrbeitragswert oder Vorkriegspreise nicht vorhanden sind oder soweit seit dem Wehrbeitragsstichtag in der Beschaffenheit des Grundstücks wesentliche Veränderungen eingetreten sind, hat der Reichsminister mit Zustimmung des Reichsrats die näheren Bestimmungen über die Wertermittlung zu treffen.
8. Ist ein für die Bewertung maßgebender Preis oder Wert in Papiermark oder einer sonstigen nicht auf Goldmark lautenden Rechnungseinheit ausgedrückt, so ist er in Goldmark umzurechnen. Für die Umrechnung in Goldmark ist der laufende Kurs (Mittelkurs) des Dollars an der Berliner Börse am letzten Tage des Monats Dezember 1923, an dem dieser festgestellt worden ist, maßgebend. Der Reichsminister der Finanzen hat den Umrechnungssatz abgerundet festzustellen und bekanntzugeben.
9. Der Reichsminister der Finanzen ist ermächtigt, für die Bewertung des Vermögens oder einer Gruppe von Vermögensgegenständen an Stelle des 31. Dezember 1923 einen anderen zwischen dem 16. November und 31. Dezember

1923 liegenden Tag als maßgebend zu bestimmen, sowie für die Umrechnung der Papiermark oder einer anderen Rechnungseinheit in Goldmark an Stelle des Dollarkurses am letzten Tage des Monats Dezember 1923, an dem dieser an der Berliner Börse festgestellt ist, den Kurs des Dollars an einem anderen zwischen dem 16. November und 31. Dezember 1923 liegenden Tage zugrunde zu legen.

Für die Fälle des Eintritts in die Steuerpflicht (§ 14 Abs. 2 des Vermögensteuergesetzes) oder der Erweiterung der Steuerpflicht (§ 14 Abs. 3 des Vermögensteuergesetzes) im Laufe des Kalenderjahrs 1924 erläßt der Reichsminister der Finanzen mit Zustimmung des Reichsrats für die Wertermittlung weitere Bestimmungen mit rechtsverbindlicher Kraft unter entsprechender Berücksichtigung der im Abs. 1 aufgestellten Richtlinien.

III. Beurteilung und Kritik.

a) Die wertbeständige Buchhaltung.

Mit großer Plötzlichkeit ist man gesetzlich zur wertbeständigen Buchhaltung übergegangen. Für die Einkommensteuerberechnungen wie für die Körperschaftssteuer ist die wertbeständige Rechnung obligatorisch gemacht worden. Für die Umsatzsteuer ist sie zugelassen neben der Buchhaltung in Papiermark. Die Einzelheiten dieser neuen Buchhaltungsvorschriften liegen aber noch sehr im Dunkel. Der Reichsminister der Finanzen wird im Benehmen mit dem Wirtschaftsminister neue Grundsätze für Umstellung und Führung der Bücher bekanntgeben. Er soll auch angeben, welche Rechnungseinheiten als wertbeständig gelten. Zunächst ist es eigenartig, daß eine wertbeständige Buchhaltung für einen Zeitraum verlangt wird, für dessen erste Wochen, des Steuerjahres 1924, bereits gebucht werden muß, ohne daß man weiß, in welcher Währungseinheit man buchen darf. Der Reichsfinanzminister wird aber auch seine Wahl zwischen wertbeständigen und wertunbeständigen Zahlungsmitteln sehr schwer finden, insbesondere, solange die wirkliche Stabilisierung der Währung durch endgültige Beseitigung des staatlichen Defizits noch nicht gesichert ist. Wird wirklich die weitere Ausgabe von Papiermark sistiert und die Umtauschbarkeit von Rentenmark in Papiermark zu einem feststehenden Kurse beibehalten, so sind Renten- und Papiermark gleichwertig. Man kann sich des Eindruckes nicht ganz erwehren, daß hier etwas zu schnell gehandelt worden ist. Immerhin entspricht ja diese Regelung einer schon lange erhobenen Forderung von Theorie und Praxis.

Besonders interessant verspricht die Sachlage zu werden, wenn die verschiedenen für wertbeständig erklärten Rechnungseinheiten untereinander Wertabweichungen aufzeigen. Sicher wird das der Fall sein, wenn man, wie bei der Umsatzsteuer, die Devisen als Rechnungseinheit neben der Rentenmark einführt. Zwar könnte eine Stabilisierung der Wechselkurse in Rentenmark erfolgen, aber dazu gehört wieder viel wirtschaftliche Kraft, die derzeit besser auf Stabilisierung der Inlandpreise verwandt wird. Will man etwa die Goldanleihe und Dollarschatzanweisungen als wertbeständig einbeziehen, so ergeben sich noch weitere Variationen. Kurz, der Kaufmann wird noch vor einer ganzen Reihe von Problemen stehen und der geschickte Disponent wird voraussichtlich durch die Wahl der geeignetsten Rechenwährung sein Einkommen größer oder kleiner erscheinen lassen können. Jetzt rächt sich das Durcheinander der Währungspläne.

Läßt sich also über die Gestaltung dieser wertgesicherten Buchhaltung derzeit noch nichts Endgültiges sagen, so ist eines unter allen Umständen sicher, nämlich, daß es eine vollkommen wertgesicherte Währung überhaupt nicht gibt. Schon in normalen Zeiten zeigte der Generalindex leichte Schwankungen von höchstens 10 % in dem Durchschnitt aller Warenpreise nach oben oder unten. Seit Einleitung der Stabilisierungsaktion haben wir innerhalb von sechs Wochen ein Sinken der deutschen Indices von etwa 1,60 auf 1,10 erlebt. Ist nun die Billionmark oder die Rentenmark oder die Dollarschatzanweisung oder die Goldanleihe oder auch der Dollar, auf die alle man diese Preisentwicklung beziehen kann, wertbeständig oder nicht? Wie soll die Regelung werden, wenn etwa noch die Werte dieser Zahlungsmittel unter sich auseinanderlaufen, wie zeitweise der Wert von Papier- und Rentenmark oder Goldanleihe? Die Probleme der Einkommensberechnung und der Gewinnberechnung bleiben wie sie sind. Jede Wertänderung am ruhenden Vermögen einer Unternehmung muß aus der Erfolgsrechnung ausgeschaltet werden. Wenn es vor dem Kriege nicht geschah, so konnte man davon absehen, weil die Wertverschiebungen eben relativ geringe waren. In dem kommenden Jahr aber werden wir noch mit sehr erheblichen Wertschwankungen rechnen müssen, weil die Wertbildung noch auf sehr unsicheren Wegen wandelt, weil die erste Goldbilanz manche Ueberraschungen bringen wird und weil unsere Produktion gerade jetzt in einem Umbau begriffen ist, der jederzeit durch neue Eingriffe eines auf Zerstörung bedachten Gegners ungünstig beeinflußt werden kann.

An sich kann der Kaufmann in einer ungefähr stabilen Rentenmark mit ähnlicher Sicherheit Bücher führen, wie er es vor dem Kriege in Reichsgoldmark tat. Für die große Mehrheit wird damit die Hauptschwierigkeit beseitigt sein. Wer dann noch die Trennung von Vermögens- und Erfolgsrechnung vornehmen will, kann es auf dem Wege nachträglicher Korrekturen tun, über die noch bei der neuen Goldmarkbilanz zu sprechen ist, von denen aber das Einkommensteuergesetz vorläufig noch nichts weiß. Allerdings ist dabei zu berücksichtigen, daß erst im Laufe des Jahres 1924 ein neues Einkommensteuergesetz geschaffen werden soll. Es wird sich mit der Frage der Erfassung von Wertschwankungen am ruhenden Vermögen und am Gelde eingehend auseinandersetzen müssen, soll nicht wieder eine Fehlerquelle von großer Bedeutung offen bleiben. Freilich, wenn auch die Möglichkeit der Wertänderungen in Rentenmark oder Dollar vorliegt, so können sie doch niemals die gewaltigen Ausmaße erreichen, die während der Inflation eintraten.

Technisch wird der Kaufmann so verfahren müssen, daß er sich aus der Reihe der als wertbeständig anerkannten Währungszeichen eines aussucht, in dem er dann nach Möglichkeit seine gesamten Geschäfte abwickelt. Soweit das der Fall ist, wird die Buchhaltung wie bisher in einer Kolonne geführt werden können. Laufen aber mehrere Währungen nebeneinander im Inlande um und besteht die Möglichkeit, daß sich ihr Wertverhältnis ändert, so muß auch neben der Hauptwährung, in der man die Bücher führt, in jedem Falle, in dem ein Geschäft in anderen Währungszeichen abgewickelt wird, diese Währung in einer zweiten Kolonne mit verbucht werden. Dann besteht natürlich auch die Möglichkeit, daß bei einem Geschäft in buchhaltungsfremder Währung am Gelde Wertveränderungen eintreten, die besonders ermittelt werden müssen. Sie ergeben sich, wenn die Einzelkonten abgeschlossen werden, weil dann in der Hauptwährung, obgleich etwa in Dollar voll bezahlt wurde, noch ein Plus- oder Minussaldo offen bleibt.

Inzwischen sind seitens des Reichsfinanzministers Ausführungsbestimmungen über die wertgesicherte Buchhaltung erlassen worden, und zwar sowohl für die Umsatzsteuer, wie auch für die Einkommensteuer. Unserem Einwand, daß man die Beachtung von Bestimmungen erst verlangen kann, wenn sie geschaffen und bekannt gemacht sind, hat man dadurch Rechnung getragen, daß die Regelung für die Einkommensteuer erst mit Anfang Februar zu laufen beginnt. Für beide Steuern baut man in erster Linie auf fremden Währungen auf. Dollar, Pfund Sterling, holländischer Gulden und Schweizer Franken können als Grundlage der wertgesicherten Buchhaltung direkt benutzt werden. Außerdem kann eine vom Dollarkurs abhängige Goldmark, die jeweils zu $^{10}/_{42}$ Dollar bewertet wird, verwendet werden. Während für die Umsatzsteuer dies die einzigen Rechnungsgrundlagen sind, hat die Bestimmung für die Einkommensteuer, welche etwa eine Woche später herauskam, eine Erweiterung der in Betracht kommenden Währungen vorgenommen, indem auch die Billionmark und die Rentenmark solange als Grundlage wertgesicherter Rechnung verwendet werden dürfen, als sie mit $^{10}/_{42}$ des Berliner amtlichen Dollarkurses gleich bleiben. Man wird diese Konzesion auch auf die Umsatzsteuerbuchführung ausdehnen müssen, will man nicht neue Verwirrung stiften.

Ueberraschend an der neuen Regelung ist die Tatsache, daß man plötzlich jeden Krämer im entferntesten Dorf zwingt, im Prinzip mit einer ausländischen Währung zu rechnen, und dies für jeden einzelnen Geschäftsfall. Es ist wunderbar, wie schnell die geistige Einstellung der Gesetzgebung sich ändert. Noch vor wenigen Monaten waren ganze Ministerien eifrigst bemüht, zu verhindern, daß die Kaufleute die Preispolitik auf Auslandswährungen aufbauten und schwere Strafen drohten dem, welcher dieser Weisung nicht folgte. Heute wird derjenige, welcher das vor kurzem noch Verbotene nicht tut, mit der Nichtachtung seiner Buchführung seitens der Finanzämter bedroht. Vor kurzem noch war es gefährlich, auch nur in sachlicher Kritik ein Wort darüber zu sagen, daß unter gewissen Umständen die Rentenmark auch wertunsicher werden könnte, und heute schon erklärt der Reichsfinanzminister, daß im Grunde nur eine ausländische Währung Anspruch auf Wertsicherheit hat. Man fällt aus einem Extrem in das andere.

Vom Standpunkte der Praxis ist zunächst zu sagen, daß es ein widernatürlicher Zustand sein muß, wenn Kaufleute, die ausschließlich mit Inlandswaren und Inlandskosten arbeiten, die sie in Inlandswährung bezahlen und bezahlt erhalten, jeden Posten in eine fremde Währung umrechnen sollen. Solange der Dollar in Rentenmark oder Billmark 4,20 kostet, braucht allerdings an der bisherigen Buchhaltung nichts geändert zu werden. Es wird sehr von der weiteren Entwicklung unserer internationalen Beziehungen, die ja leider nicht nur wirtschaftlich bedingt sind, abhängen, wie lange dieser Gleichlauf bestehen bleibt. Ohne eine Beeinflussung des Dollarkurses könnte er niemals so starr auf seinem heutigen Stande bleiben. Hoffen wir, daß genügend Kraft für die Dollarstabilisierung vorhanden ist. Kommt der Dollar ins Wanken, so muß nach der Vorschrift, die unverzügliche Buchung jedes Geschäftsvorfalles verlangt, auch jeder Posten sogleich zum Vortageskurs in Goldmark oder Fremdwährung umgerechnet werden. Da immerhin der Umrechnungskurs für jeden Tag unverändert bleibt, **so wird man wenigstens Tagessummen bilden können, die in einem Posten umgerechnet werden**, soweit das buchhalterisch möglich ist. Der dazu erforderliche Arbeitsaufwand ist sehr erheblich. Man hätte wohl auch die Umrechnung mit Monatsdurchschnittssummen erlauben dürfen, ist aber sicher von der Furcht, daß eine Inflation von dem Tempo der letzten Monate noch einmal eintreten könnte, befallen.

Vor allem ist an dieser Regelung falsch, daß man so ausschließlich auf der Auslandswährung aufbaut. Berechtigt wäre das nur, wenn die Väter dieser Vorschrift bestimmt damit rechnen, daß es in der nächsten Zeit in Deutschland kein wertsicheres Inlandszahlungsmittel geben werde. Denkt man schon an die Inflation Serie 1924? Aber selbst, wenn diese käme, bestünde doch gute Aussicht, daß die ihrem Emissionsbetrage nach eng begrenzte Rentenmark wertbeständig bliebe, es sei denn, daß das Deutsche Reich und damit die wertsichernden Goldhypotheken zerfielen. Wenn gleichzeitig auch die Goldnotenbank ihrer Verwirklichung immer näher kommt, darf man doch die Hoffnung auf Stabilisierung eines inländischen Geldzeichens nicht so offenkundig verleugnen, hat man doch bisher recht häufig mit der Phrase gearbeitet, daß es staatsfeindlich sei, das Vertrauen in die inländischen Zahlungsmittel zu untergraben. Praktisch allerdings hat diese Redensart nicht viel zu sagen. Wir haben Geld in unbeschränkten Quantitäten genommen, auch wenn wir unbeschränktes Mißtrauen in seine Sicherheit hatten. Es genügt das Bewußtsein, daß es möglich sei, für die Geldzeichen sofort Ware kaufen zu können.

Eine ernste Seite erhält das Problem, wenn wir annehmen, was sehr wahrscheinlich ist, daß es gelingt, ein inländisches Geldzeichen annähernd wertstabil zu erhalten, so stabil, als eben Geld gegenüber dem Durchschnitt aller Waren sein kann. Dann ist es trotzdem möglich, daß in diesem Inlandsgelde der Preis für die Ware Dollar, Gulden, Pfund oder Franken einmal steigt oder fällt. Der Devisenmarkt ist immer an dem Gesamtmarkte der Volkswirtschaft gemessen, ein Spezialmarkt, dessen Verhältnisse nicht mit dem Durchschnitt aller Preise parallel zu laufen brauchen. So könnten z. B. besonders starke Anforderungen an den Devisenmarkt gestellt werden, wenn aus dem Friedensvertrage sehr hohe Devisenzahlungen notwendig werden. Dann muß der Devisenkurs über das Inlandsniveau der Preise hinaus steigen, weil nur so die Ausscheidung der schwachen Käufer in diesem Markte und gleichzeitig der Anreiz zu vermehrter Devisenschöpfung mittels Mehrexport geschaffen werden kann. Sollen in diesem Falle, nur weil der Dollar in Rentenmark steigt, bei sonst gleichbleibenden Preisen für Inlandswaren alle Kaufleute des Inlandes Verluste ausrechnen, die dadurch entstehen, daß man für die Verkaufserlöse weniger Dollar erhält als am Kauftage, obgleich man für den Verkaufserlös mehr Waren einkaufen kann als man besessen hat?

Auch für die Bilanz kann die Anwendung der Devise als Wertgrundlage gefährlich werden. Man denke sich zwei Bilanzen, die ihrem realen Bestande nach vollkommen gleich sind. In Rentenmark seien die Werte ebenfalls identisch. Wenn nun an dem ersten Bilanztage der Dollar in Rentenmark auf 4,20 und am zweiten auf 2,10 steht, so würde diese Goldmarkbilanz einen Gewinn von 100 % anzeigen, obgleich keiner vorhanden ist, selbst wenn man hier Vermögenszuwachs als Gewinn ansieht. Notierte der Dollar am zweiten Bilanztage aber 8,40, so würden alle Bilanzen Verluste in Dollar zeigen, obgleich sie in Renten- oder inländischer Goldmark, die ja sicher nicht einlösbar sein würde, ohne Verluste abschließen. Indessen ist anzunehmen, daß alle Bestrebungen, die Währungsfrage zu regeln, in erster Linie das Ziel einer Stabilisierung der Wechselkurse in einer wertgesicherten Inlandswährung verfolgen. Das ist alte Währungstradition. Gelingt diese Stabilisierung, so ist ja auch der Gleichlauf von Inlands- und Auslandswährung gesichert, gelingt sie nicht, so wird der vorstehend skizzierte Fall Bedeutung erlangen.

b) Die drei neuen Goldmarkbilanzen.

Kennzeichnend für die verfahrene Lage auf dem Gebiete der Bilanzen ist die Tatsache, daß uns auf einmal gleich drei neue Goldmarkbilanzen beschert werden. Zunächst bringt man uns in einer Verordnung über die Goldbilanzen vom 28. Dezember die neue handelsrechtliche Bilanz. Die Vorschriften darüber sind die eingehendsten. Beachtenswert ist jedoch hierbei, daß handelsrechtlich noch kein Zwang zu wertbeständiger laufender Buchhaltung ausgeübt wird. Praktisch liegt es allerdings nahe, unter allen Umständen eine der noch bekanntzugebenden Währungen als Buchhaltungsgrundlage zu wählen, schon damit man die Vorteile der Anrechenbarkeit in steuerlicher Hinsicht genießt. Die Hauptaufgabe der handelsrechtlichen Bilanz ist, derzeit überhaupt erst einmal einen Kontakt zwischen Buchhaltung und Wirklichkeit herzustellen. Für die große Mehrheit der Unternehmungen war diese Verbindung, die praktische Brauchbarkeit der Buchhaltung und Bilanz zur Beurteilung der geschäftlichen Lage vollkommen zerstört. Oft war sie auch in normalen Zeiten nicht sehr groß. Hauptprobleme der handelsrechtlichen Goldmarkbilanz sind die Fragen der Bewertung einerseits und der Umwertung des Geschäftskapitals andererseits. Obgleich die Goldmarkbilanz für alle buchführenden Kaufleute vorgeschrieben ist, sind die Einzelheiten der Verordnung hauptsächlich für die Gesellschaftsunternehmungen, Aktiengesellschaften, Kommanditgesellschaften auf Aktien und G. m. b. H. bestimmt. Am Schlusse aber gibt ein Absatz der Reichsregierung das Recht, Einzelvorschriften auch auf andere Unternehmungen auszudehnen. Ursache dieser einseitigen Behandlung ist der Umstand, daß die genannten Gesellschaften im Handelsrecht besonderer Regelung unterliegen, die gerade in der Umstellungsperiode unbedingt geändert werden mußten, wenn nicht große Fehler in die weitere Zukunft hineingeschleppt werden sollten.

Als zweiter Goldmarkbilanz begegnen wir der des Einkommensteuergesetzes (§ 34 II. Steuernotverordnung). Sie bezweckt zunächst nur für die Einkommensperiode des Jahres 1924 und aller nach dem 1. Januar 1924 liegenden Teiljahre eine Grundlage zu schaffen, auf der später eine bessere Einkommensberechnung aufgebaut werden soll. Wieweit man sich bisher in unlösbare Konflikte hineinverrannt hatte, sieht man deutlich daran, daß für das Einkommensjahr 1923 die Finanzverwaltung überhaupt darauf verzichtet, die Einkommenbesteuerung auf der kaufmännischen Buchhaltung aufzubauen. Man ist sich offenbar bewußt, daß für dies Jahr, in dem der Dollar von 7300 auf 4,2 Billionen Mark stieg, nach den bisherigen Methoden eine Gewinnberechnung überhaupt unmöglich ist. Zwar gäbe es Wege, doch zum Ziele zu kommen, aber die Finanzverwaltung vermutet wahrscheinlich mit Recht, daß auch die exakteste Rechnung für das Jahr der Ruhrwirren doch nur im großen Ganzen einen Minusgewinn ergeben würde. Außerdem kann man billigerweise niemand zumuten, die umfangreichen Korrekturen vorzunehmen, die notwendig sind, um einigermaßen auf den richtigen Gewinn zu kommen. Allerdings bleibt dabei die Frage offen, wie sich die Gewinnverteilungsgesellschaften zu verhalten haben. Handelsrechtlich sind sie auch heute noch gezwungen, eine Verlust- und Gewinnrechnung aufzumachen. Das können die Aktionäre verlangen und die Direktoren sind gebunden es zu leisten. Sie haben aber im Rahmen der für das alte Jahr noch gültigen Vorschriften des Handelsgesetzbuches volle Freiheit, und diese gestattet ihnen nahezu die Ausschüttung des gesamten Kapitals als Gewinn. Daran wird aber kaum jemand denken, denn es wird nur sehr wenig Unternehmungen geben, die heute an Kapitalfülle leiden. Bei der großen Masse handelt es sich um das Problem, möglichst alle Kraft der Unternehmung zu erhalten. Dabei unterstützen die Zeitverhältnisse die Leiter der Unternehmungen insofern, als heute die Banken es ablehnen, die nominal hohen aber in Goldmark vollkommen entwerteten Dividenden überhaupt auszuzahlen. Das Einfachste wird sein, den Generalversammlungen vorzuschlagen, überhaupt auf jede Dividende zu verzichten. Wo das nicht angebracht erscheint, kann man irgend einen Betrag, den man für richtig hält, als Gewinn annehmen und diesmal wirklich, wie es auch sonst schon vorgekommen sein soll, die Gewinnrechnung nach der in Aussicht genommenen Dividende aufstellen. Da alle Scheingewinne nach dem bisherigen Handelsrecht ja echte Gewinne sind, so läuft niemand, der so handelt, Gefahr, mit dem Gesetz in Konflikt zu kommen. Wohl aber sollte jeder, der überhaupt Dividende auszuschütten beabsichtigt, sein betriebswirtschaftliches Gewissen genau prüfen. Solange als die Unternehmung an Kapitalmangel leidet, sollte keine Ausschüttung erfolgen. Es wird im laufenden Jahr nur ehrenhaft sein, keine Gewinne auszuschütten. Die Sorge um den Emissionskredit sollte daran nicht hindern, weil unzweifelhaft die neuen Goldmarkbilanzen als Grundlage einer Beurteilung der Vermögenslage viel wichtiger sind als die doch in fast allen Fällen geringen Dividenden.

Was nun das neue Einkommensteuergesetz an Bilanzvorschriften bringen wird, ist heute noch nicht zu übersehen. Die Kaufleute müssen jedenfalls sehr auf der Hut sein, daß es nicht wieder grobe Fehler enthält, die unter Umständen das alte Spiel der Bilanzverschleierung von Gesetzes wegen weitertreibt. Betriebs- und volkswirtschaftliche Notwendigkeit wäre die volle Anerkennung der getrennten Rechnung des Vermögens mit allen Wertveränderungen und der Erfolgsrechnung aus Umsatz. Solange man diese beiden Arten der Wertänderung im Betriebe vermischt, kann niemals das richtige Einkommen, der richtige Gewinn errechnet werden. Man darf aus dem Satz, daß die Werte der Einkommensteuergoldmarkbilanz für den 1. Januar 1924 als Anschaffungswerte für die Gewinnermittlung am Ende des Jahres 1924 gelten sollen, auf die gesetzgeberische Absicht schließen, den alten falschen Gewinnbegriff, nämlich die Differenz zwischen Anfangs- und Endwert, wieder zugrunde zu legen. Es könnte sein, daß die Finanzbehörden sich bekehren, wenn sie sehen, daß im Laufe des Jahres 1924 eine erhebliche Minderung der Betriebswerte eintritt. Dafür spricht Vieles, insbesondere die Wahrscheinlichkeit, daß die Erträge der Unternehmungen in Gold wahrscheinlich recht mäßige sein werden. Dann könnte allein die Wertminderung der Umsatzbestände alle echten Umsatzgewinne ausgleichen.

Der § 34 der zweiten Steuernotverordnung schreibt zunächst eine Vermögensaufstellung nach Art und Menge vor. Um doppelte Arbeit zu ersparen, soll auch die Inventur eines früheren Zeitpunktes zugrunde gelegt werden dürfen, jedoch nur bezüglich der Quantitäten, nicht der Werte. Die Bewertung hat unter allen Umständen auf Grundlage des Preisniveaus vom 1. Januar 1924 zu erfolgen. Der vorsichtige Kaufmann, der noch nicht voll übersehen kann, ob es günstiger sein wird, eine Bilanz mit vielem oder wenigem Vermögen zu machen, kann auf alle Fälle zunächst einmal neben der bis zum 30. Juni zurückliegenden Inventur eine neue mit den Beständen des 1. Januar 1924 aufstellen und dann die günstigere auswählen. Die aus der Inventur und der Buchhaltung zu entwickelnde Einkommensteuerbilanz soll Tageswertbilanz per 1. Januar 1924 sein. Ihre

Werte gelten für die weitere steuerliche Einkommensermittlung als Anschaffungswerte. In Wirklichkeit können diese Bilanzwerte in Goldmark sowohl höher als auch niedriger sein, wie die wirklichen Anschaffungswerte, die seinerzeit in die Buchhaltung übergingen. Um zu vermeiden, daß in der Einkommensteuerbilanz recht hohe Werte, in der noch zu besprechenden Vermögenssteuerbilanz dagegen sehr niedrige verzeichnet werden, wird gleichzeitig bestimmt, daß die Werte der Einkommensteuerbilanz Mindestwerte im Sinne der Vermögenssteuerbilanz seien. Damit ist wohl gleichzeitig gesagt, daß auch in der Vermögenssteuerbilanz auf alle Fälle die Tageswerte eingesetzt werden können, auch wenn sie höher sind als die Vorschriften für die Vermögensteuer verlangen. Es ist durchaus zu prüfen, ob solch Verfahren, das die Vermögenssteuer selbst erhöhen muß, nicht andere Vorteile bietet.

Die **Vermögenssteuerbilanz** soll in Goldmark aufgestellt werden. Damit ist dann ohne weiteres eine Besteuerung in Goldmark möglich, die, auch wenn nochmalige Geldwertänderungen eintreten, wertbeständig sein würde, solange die Zahlungsbedingungen darauf Rücksicht nehmen. Die Wertermittlung für die Vermögensbilanz ist sehr viel eingehender geregelt als für die handelsrechtliche und Einkommensteuerbilanz. Man will offenbar hier zum Zwecke gleichmäßiger Erfassung aller Zensiten die bisher sehr weitgehenden Verschiedenheiten beseitigen. Die Vorteile, welche für den Kaufmann aus niedrigen Bilanzwerten herausspringen konnten, sind damit beseitigt, und es besteht jetzt in dieser Hinsicht kein Anlaß mehr, die handelsrechtlichen Bilanzen zu verkrüppeln und mit übermäßigen stillen Reserven zu durchsetzen. Die Vermögenssteuer wird dadurch nicht geringer. Von Vorteil ist es, daß hinsichtlich der Vermögensbesteuerung auch bereits die Tarifsätze bekannt gegeben werden. Sie sind verhältnismäßig nach den Uebertreibungen, die man bisher beging, recht mäßig, aber es besteht im Gegensatz zu den bisherigen Vermögensteuern die große Wahrscheinlichkeit, daß die vorgeschriebenen Sätze, von 3 bis 7½ vom Tausend schwankend, auch wirklich und in Goldmark bezahlt werden müssen. Bei einigermaßen normalem Verlauf des Jahres 1924 wird es möglich sein, diese Abgabe aus dem Ertrag zu decken, so daß die unentbehrliche Substanz der Betriebe nicht zerstört wird. Die Einzelheiten der Bewertung sollen noch besprochen werden. Wesentlich ist, daß auch hier der Reichsminister der Finanzen Vollmacht hat, weitere Bestimmungen für die Wertermittlung zu erlassen.

c) Die Grundsätze der neuen Regelung.

1. Die Bewertung.

Die Gesetzgeber, welche in so kurzer Zeit nicht weniger als drei verschiedene Bilanzen produzierten, nachdem sie viele Jahre brauchten, ehe sie auch nur geringe Aenderungen an dem Bilanzgebäude vornahmen, müssen der Ansicht gewesen sein, daß es unmöglich sei, den Zwecken, welche jede der Bilanzen dienen soll, mit einer Einheitsbilanz gerecht zu werden. Möglich wäre allerdings noch, daß die gesonderte Regelung von handelsrechtlicher und Steuerbilanz darauf zurückzuführen ist, daß verschiedene Ressorts, das Reichsfinanzministerium und das Reichsjustizministerium sie bearbeiten. Mir scheint dringend notwendig zu untersuchen, ob nicht eine Vereinheitlichung Platz greifen kann. Diese Untersuchung hat in erster Linie die Frage der Bewertung vorzunehmen.

Die entscheidenden Bestimmungen über die Bewertung der handelsrechtlichen Bilanz finden sich im § 4 der Verordnung über Goldbilanzen. Sie laufen darauf hinaus, für alle Vermögensteile der Unternehmung die Ueberschreitung des Anschaffungswertes in der Bilanz zu gestatten. In der Verordnung selbst ist nichts darüber gesagt, welche Wertgrenze nach oben nun erlaubt sei. Indessen weist ja der § 261 des Handelsgesetzbuches auf den § 40 hin, der die Bewertung für den Einzelkaufmann und die offene Handelsgesellschaft regelt. Dieser Paragraph sagt, daß sämtliche Vermögensgegenstände und Schulden eines Kaufmanns mit dem Werte anzusetzen sind, den sie am Bilanztage haben. Das ist eindeutige Anerkennung des von uns vertretenen Tageswertes als Grundlage der Bilanz, und es ist für uns erfreulich zu registrieren, daß die anderslautenden Vorschriften für die Aktiengesellschaften die Probe weniger gut überstanden haben wie der Tageswert. Auch mit einer weiteren Bestimmung kann ich als Verfechter des Grundsatzes der Trennung von Vermögenswertänderung und Umsatzgewinn sehr zufrieden sein. Die Erhöhungen, welche die Bilanzwerte anläßlich der Umwertung auf die Neubilanz erfahren, sollen auf einem besonderen Konto ausgewiesen werden. Dieses Konto enthält Wertänderungen am ruhenden Vermögen, die sich zwischen Anschaffungstag und Bilanztag einstellten. Im § 5 ist dann auch ein negatives Wertänderungskonto vorgesehen, das in Funktion tritt, wenn die Aktiven im ganzen zu geringe Werte ergeben, um das nominale Aktienkapital und die Schulden zu decken. Dann kann zunächst das Gleichgewicht durch ein aktives Kapitalentwertungskonto hergestellt werden. Dieses Entwertungskonto enthält Wertveränderung auf die Aktiven, und zwar nach unten, es entspricht einer Unterbilanz mit teilweisem Verlust des Aktienkapitals. In diesem Falle kann aber die Kapitalentwertung rein nominal sein, insofern, als es sich um Nominalbeträge handelt, die auf Grund von entwerteten Papiermarkeinzahlungen geschaffen wurden, bei denen also das neue Nominalkapital selbst schon entwertet war, als es ins Leben trat. Für den Fall, daß die Aktiven abzüglich der Schulden den Betrag des Nominalkapitals überragen, was nur bei vollkommen unverwässertem Aktienkapital und sehr guter Unternehmungspolitik der Fall sein kann, soll der Ueberschuß als Reserve oder zur Erhöhung des Nominalkapitals Verwendung finden. Die Werterhöhungen über die Anschaffungswerte hinaus, die auf einem Wertberichtigungskonto auszuweisen sind, können also Kapital- oder Reservenerhöhung herbeiführen, denn § 5 macht keinerlei Ausnahme für diesen Teil der Vermögenswerte. Weiter bedeutet die Vorschrift über die Umwertung des Kapitals, daß alle Reserven zunächst vollkommen verschwinden. Man ermittelt sie neu als eine Differenz zwischen dem Reinvermögen und dem nominalen Goldkapital, muß sich aber bei Festsetzung des Goldkapitals entscheiden, welches Verhältnis zwischen Reserven und Kapital hergestellt werden soll.

Für die Beurteilung des Bewertungsproblems für die Kaufleute entsteht nun noch die Frage, welcher Wert als Bilanzwert durch den § 40 HGB. vorgeschrieben ist. Unzweifelhaft ist es ein Tageswert, aber es gibt deren mehrere. Soll es ein Einkaufswert oder ein Verkaufswert sein. Handelt es sich um einen Ertragswert oder etwa den ominösen „wirklich gemeinten" Wert, der sehr dehnbar ist? Man muß dabei berücksichtigen, daß der Kaufmann in allen Fällen verpflichtet ist, die Sorgfalt eines ordentlichen Kaufmanns anzuwenden. Dieser typische ordentliche Kaufmann ist zwar auch gewohnt, Fehler zu machen, wenn sie sein Großvater bereits zu machen pflegte, aber er hat doch in einem Punkte immer vollkommen eindeutig gehandelt. Er hat niemals Verkaufswerte mit gutem Gewissen in eine Betriebsbilanz eingesetzt, weil er wußte, daß er dadurch schon Gewinne auswies, die erst in der Zukunft realisiert werden sollten. Also muß es sich um Einkaufswerte des Bilanztages handeln. Für die Betriebsanlagen pflegte allerdings der Kaufmann bisher meistens die Anschaffungswerte einzusetzen, aber heute könnte man ihm unter Umständen vorwerfen, daß er dadurch seine Bilanz fälsche, denn die Anschaffungswerte können durch Preissenkung der Anlagegüter in Gold unterschritten sein. Dann würde der Kaufmann Werte ausweisen, die nicht mehr vorhanden sind. Das ist auch bisher schon betriebswirtschaftlich falsch gewesen, aber die geringen Wertänderungen ließen die Gefahren aus dieser Quelle nicht deutlich erscheinen.

Zwar könnte man auch in Betracht ziehen, Ertragswerte zu bilanzieren, aber es ist praktisch immer nur möglich, Ertragswerte für die ganze Unternehmung, nicht aber für ihre Einzelteile zu ermitteln. Dabei ist anzunehmen, daß die Zerrüttung vieler Unternehmungen ihre Ertragswerte weit unter die Summe der Tageseinkaufswerte ihrer Einzelteile gesenkt hat. Auf die Dauer wird damit auch die Unternehmung unhaltbar sein, denn nur wenn sie Ertrag bringt, hat sie als Ganzes Wert. Man könnte wohl sagen, daß eine Unternehmung nicht den Wert ihrer einzelnen Vermögensteile mit dem Tageseinkaufswert des Bilanztages einsetzen dürfe, wenn der Ertragswert unter diesem Reproduktionswert liege. Dann dürften nur die Werte eingesetzt werden, die sich bei einer Liquidation der Unternehmung herausschlagen lassen. Voraussetzung für diese Einstellung ist, daß man die Bilanz als Vermögensbilanz betrachtet, was sie erst in zweiter Linie sein soll. Vor allem ist sie Mittel der Erfolgsrechnung, aber wenn wir mit den Tageseinkaufs=Reproduktionswerten bilanzieren, so haben wir bei der normalen Unternehmung auch den Vermögenswert, weil auf alle einzelnen Vermögensteile zu ihrem Tageswerte Ertrag erzielt wird, und weil andererseits für die Tageswerte jederzeit auch eine neue Unternehmung gleicher Art herzustellen ist. Den gemeinen Wert hier heranzuziehen, ist undiskutabel, weil er nicht ein Gebilde des Marktes, sondern des Rechts ist, das immer erst der Interpretation bedarf. Es kann also für alle Einzelteile des Unternehmungsvermögens a l s O b e r g r e n z e n u r d e r T a g e s w e r t d i e s e r T e i l e i m B e = s c h a f f u n g s m a r k t e d e r U n t e r n e h m u n g i n B e t r a c h t k o m = m e n . Das ist auch aus der Bezeichnung Eröffnungsbilanz für die neue Bilanz zu entnehmen. Für eine solche Bilanz würde auch schon bisher der Beschaffungswert am Bilanztage die Norm gewesen sein. Niedrigere Werte sind dabei durchaus zulässig. Es fragt sich nur, ob die Unternehmung heute so stark ist, daß sie Teile ihres Vermögens verstecken kann, ohne sich zu schaden. Die meisten Betriebe werden jede Goldmark bitter notwendig haben, um nicht zu starke Zusammenlegungen ihres Aktienkapitals vor= nehmen zu müssen. Außerdem sollen auch die Werte für die weiteren Bi= lanzen als Anschaffungswerte gelten; hier gilt das Gleiche wie bei der Ein= kommensteuereröffnungsbilanz. Hohe Anschaffungswerte erlauben aber für die Zukunft, die offenbar wieder nach altem Schema den Gewinn ermitteln soll, hohe Abschreibungen und damit Minderung des buchmäßigen Gewinns und der Einkommensteuer.

Bedauerlich ist an der neuen Regelung, daß sie offenbar den Zweck ver= folgt, wieder in die alten Gleise der Bilanzierung zurückzuführen. Solange das der Fall ist, muß der Kaufmann aus solcher Absicht wenigstens die günstigste Seite heraussuchen. Er wird sie finden, wenn er seine Eröffnungsbilanz mit möglichst hohen Werten ausstattet, natürlich ohne die erlaubte Grenze zu überschreiten und weiter, indem er sein Kapital in Goldmark auf eine Größe bringt, die für die Zukunft mit normalem Ertrag bedacht werden kann.

Während wir feststellten, daß in bezug auf Bewertung die handelsrechtliche und die Einkommensteuereröffnungsbilanz am 1. Januar 1924 vollkommen übereinstimmen dürfen und können, ist es doch nicht unbedingt notwendig, sie übereinstimmen zu lassen. Für die Einkommensteuerbilanz sind die Tageswerte zwingend vorgeschrieben, während sie für die handelsrechtliche Goldmarkbilanz Höchstsätze darstellen. Es ist also durchaus denkbar, daß die handelsrechtliche Bilanz von vornherein mit stillen Reserven arbeitet, die in der Einkommensteuerbilanz offen zu Tage treten müssen. Freilich wird sich diese Abweichung nur die Unternehmung leisten können, die ihre Werte sehr gut erhalten hat. Auf eine angemessene Reservenbildung bei der Neuordnung ist großer Wert zu legen, weil die kommenden Jahre die deutsche Wirtschaft noch keinesfalls im sicheren Hafen sehen werden. Wir müssen noch mit großen Unsicherheiten in den Ertragsverhältnissen und hohen Wertschwankungen, auch in stabiler Währung, rechnen, und solchen Gefahren begegnet man am besten durch Vorsorge für angemessene Reserven. Man wird sie offen ausweisen können, wenn nicht Prestigegefahren oder Aktionärsansprüche sie bedrohen. Der alte Grund der Steuerersparnis wird kaum noch in Betracht kommen, es sei denn, die Veranlagungsbehörde werde in der Einkommensteuerbilanz getäuscht, ein Spiel, das jetzt, wo die Maßstäbe klarer geworden sind, recht gefährlich sein dürfte und auch sein soll.

Viel eingehender als die Bewertungsvorschriften der beiden bisher behandelten Bilanzen sind die der **Vermögenssteuerbilanz**. In Artikel II § 3 werden unter neun Punkten eine Reihe sehr verschieden erscheinender Bewertungsvorschriften getroffen. Es wird unsere Aufgabe sein, nicht nur die einzelnen kennen zu lernen, sondern auch zu versuchen, ob vielleicht doch in dem Gewirr der Einzelvorschriften ein einheitlicher Gedanke enthalten ist. Das Eingehen auf die Details der Bewertung seitens des Gesetzgebers ist wohl zu verstehen, hat er doch in der jüngsten Vergangenheit immer wieder die Erfahrung gemacht, daß über die Bewertung die größten Ungerechtigkeiten in das Steuerwesen hineingekommen sind. Die Eile, mit der die Steuernotverordnungen fertiggestellt wurden, hat selbst auf die Redaktion ungünstig gewirkt. In den Punkten 1—3, 5 und 6 sind die Bestimmungen für die Ermittlung des Wertes der einzelnen Vermögensteile enthalten. Unter 4 findet sich unlogischerweise eine Vorschrift für die Ermittlung des Wertes von Aktienunternehmungen als Ganzes eingeschaltet, die übrigen Punkte betreffen Sonderfälle der Bewertung.

Die Grundsätze der Vermögensbewertung in ihren **einzelnen Teilen sind die folgenden**:

1. Grundstücke sind mit dem Wehrbeitragswert zu bewerten, doch sind zu dessen Berichtigung Bestimmungen zu erlassen, **um eine gleichmäßige Belastung aller Steuerpflichtigen zu erreichen**. Sicher ist, daß der Wehrbeitragswert nur Ausgangspunkt sein soll, denn die Vorschrift zum Erlaß von Berichtigungsbestimmungen ist bindend und allgemein. Man wird in den weiteren Bestimmungen nach einer Korrekturgröße suchen müssen, die vollkommen eindeutig den Wert nennt, den man haben

will; dieser muß dann auch der Richtwert für die Grundstückswerte sein, sonst käme man nicht zur gleichmäßigen Belastung aller Steuerpflichtigen.

Der Absatz 7 (§ 3) läßt deutlich erkennen, daß die Berichtigung des Wehrbeitragswerts auf Grund des Tageswertes am 31. Dezember 1923 erfolgen soll, somit dieser Tageswert von längerer Dauer ist.

2. Aus dem Betriebsvermögen soll das Anlagekapital ausschließlich der Vorräte, Wertpapiere, Forderungen und Schulden mit dem Anschaffungspreise vom Ende des Jahres 1913 bewertet werden. Für die Abnutzung soll ein entsprechender Abschlag gemacht werden. Es handelt sich in erster Linie um die Gebäude, Maschinen, Werkzeuge usw. Diese Art der Bewertung greift selbst dann Platz, wenn die betreffenden Vermögensteile erst nach dem Jahre 1913 erworben wurden. Offenbar mißtraute man in diesem Punkte der Wertgestaltung am Ende des Jahres 1923 und dies mit einem gewissen Recht, denn es ist gerade dies ein Zeitpunkt der Wertumstellung, der sich für die Erlangung sicherer Werte wenig eignet. Wahrscheinlich steckt auch ein wenig Intcressenpolitik dahinter, denn die Anschaffungswerte von 1913 werden im ganzen erheblich niedriger sein, als die von 1923 und 1924, denn inzwischen ist die Produktivität zurückgegangen und die Preise sind entsprechend gestiegen, auch in Goldmark. Immerhin kann man annehmen, daß allmählich, wenn die deutsche Produktion wieder in Gang kommt, eine Annäherung der Tageswerte an die des Jahres 1913 stattfindet. Die Steuerbehörden wollten wahrscheinlich mit der Bezugnahme auf die Werte von 1913 einen leichter erfaßbaren Maßstab gewinnen.

3. Die Vorräte sind entgegen dem bisherigen Gebrauch mit dem Tageswerte vom Ende 1923 in die Vermögensbilanz einzusetzen. Selbst spätere Wertminderungen zwischen Bilanztag und dem Tage der Bilanzfertigstellung dürfen nicht durch Abschläge berücksichtigt werden. Sonst müßte man auch spätere Werterhöhungen berücksichtigen. In dieser Bestimmung werden wir auch den Maßstab sehen müssen, nach dem die Grundstückswerte aus dem Wehrbeitrag von 1913 zu berichtigen sind, wenn gleichmäßige Behandlung aller Zensiten gesichert sein soll. Spätere Wertänderungen am Vermögen müssen über ein Wertberichtigungskonto, nicht über Verlust- und Gewinnkonto geleitet werden, damit sie nicht als Plus- oder Minuseinkommen erscheinen.

4. Für Wertpapiere jeder Art ist als Wertmaßstab ebenfalls eindeutig der Tageswert vorgeschrieben, einerlei ob sie zum Betriebsvermögen oder zum Privateigentum eines Kaufmanns gehören. Indessen handelt es sich bei dieser Gruppe von Vermögenswerten nicht um die Tagesanschaffungswerte, sondern um die Verkaufswerte. Der Unterschied ist hier, wo es sich um reine Kapitalanlage und nicht um Umsatzgüter handelt, nur durch die Spesen beim Verkauf gegeben, die demnach abziehbar sein müßten, obgleich man wahrscheinlich nicht daran gedacht hat. Um die Doppelbesteuerung der Vermögen von Kapitalgesellschaften zu mindern, hat man bestimmt, daß deren Anteile von ihrem Eigentümer nur mit der Hälfte des Wertes zu versteuern und in die Vermögensaufstellungen einzusetzen sind.

5. Zahlungsmittel und Forderungen in ausländischer Währung sind ebenfalls mit ihrem Tageswerte am Bilanztage einzusetzen.

Daraus ergibt sich, daß der Tageswert des Bilanztages offen vorgeschrieben ist für Vorräte, Wertpapiere, ausländische Zahlungsmittel und Forderungen. Logischerweise auch für Schulden in ausländischer Währung. Bedingt ist der Tageswert anerkannt für die Grundstücke, denn die Berichtigung der

Wehrbeitragswerte kann nur den Sinn haben, diese den Tageswerten, die im allgemeinen erheblich unter den Wehrbeitragswerten liegen werden, näher zu führen. Ein Kompromiß ist die Lösung für das Anlagevermögen. Hier hat offenbar das Bedürfnis nach Sicherheit der Bewertung das Uebergewicht erlangt, aber die Korrektur der Werte von 1913, welche im § 3 Absatz 7 vorgesehen ist, bezweckt doch die Annäherung an den Tageswert. Spätere Vermögensbilanzen werden unzweifelhaft auch hier den Tageswert anzusetzen haben. Im ganzen ist also ein erheblicher Fortschritt zu verzeichnen in der Richtung auf einheitliche Bewertungsgrundsätze. Wer wie ich seit langem den Tageswert als alleinigen Bilanzmaßstab fordert, kann damit zufrieden sein, nicht aber mit den Resten der Inkonsequenz, die noch verblieben sind. Die neuen Vorschriften werden endlich dazu führen, daß der Kaufmann gezwungen ist, in Zukunft regelmäßig in den Intervallen, die von der Vermögenssteuer vorgeschrieben werden, Bilanzen zu machen, die im wesentlichen Tageswertbilanzen sind. Für viele wird das eine Offenbarung sein, weil sie bisher gewohnt waren, ihr Vermögen vor sich selbst zu verstecken. Vielleicht erleichtert diese Regelung und die Tatsache, daß auch für die Golderöffnungsbilanz wie die Einkommensteuerbilanz jetzt Tageswerte als Höchstgrenze zugelassen sind, den Entschluß, zu einer Bilanzrechnung überzugehen, die allein imstande ist, den wirklichen Umsatzgewinn der Unternehmung zu ermitteln und allein den wirklichen Stand des Unternehmungsvermögens wie auch die Rentabilität angeben kann.

Eine weitere Wertgrenze ist der Vermögenssteuerbilanz dadurch gesetzt, daß die Vermögenswerte, welche in der Einkommensteuerbilanz angegeben werden, auch als Mindestsätze für die Vermögenssteuerbilanz Verwendung finden müssen. Praktische Bedeutung kann die Bestimmung nur für Grundstücke und das Anlagekapital erlangen. Für Grundstücke nur, wenn die Berichtigung der Wehrbeitragswerte eine Höhe ergibt, die geringer ist als der Wert, den die Grundstücke am 1. Januar 1924 haben. In diesem Falle dürfen alle Kaufleute einschließlich der Kapitalgesellschaften die Tageswerte der Grundstücke in die Einkommensteuer- wie in die handelsrechtliche Bilanz einsetzen. Diese Tageswerte sind dann auch Vermögenswerte für die Vermögenssteuerbilanz.

Schließlich hat die Vermögenssteuerbilanz auch Rücksicht auf den **Ertragswert der Unternehmung als Ganzes** zu nehmen. Die Erwerbsgesellschaften sollen nicht die aus der Vermögenssteuerbilanz ersichtlichen Werte als Wert ihres Vermögens versteuern, wenn der Ertragswert des Ganzen höher ist. Die Hauptfrage ist hier, was denn ein Ertragswert ist. Er hängt ab vom Ertrage einerseits und der durchschnittlichen Ertragsquote in einer Volkswirtschaft andererseits. Das letztere ist der durchschnittliche Landeszinsfuß. Man kann den richtig ermittelten Jahresertrag einer Unternehmung mit dem Durchschnittszinssatz kapitalisieren und bekommt dann den Ertragswert der Unternehmung. Zu berücksichtigen sind dabei die Risiken, welche den Ertrag in der Zukunft bedrohen. Man trägt diesen dadurch Rechnung, daß eine Risikoprämie in die Rechnung einbezogen wird, die man entweder vom Ertrage abzieht, oder dem Durchschnittszinssatze zuschlägt. Diese Art Rechnung ist für jede Unternehmung, die ihre Erträge richtig berechnet, möglich. Deshalb ist auch im § 3 vorgesehen, daß für alle Kaufleute, die Bücher führen, eine solche Rechnung vorgeschrieben werden kann. Da aber in der Vergangenheit alle Gewinne falsch berechnet wurden, müßten auch die Ertragswerte falsch werden, die man daraus ableiten will. Man wird deshalb erst die Erfolgsrechnung selbst auf richtige Grundsätze, nämlich die Trennung der Vermögensrechnung von der Umsatzrechnung einstellen müssen, wenn diese Art Ertragswertrechnung richtig werden soll.

Immerhin gibt es eine Stelle in der Volkswirtschaft, die berufsmäßig damit befaßt ist, die Ertragswerte der Kapitalgesellschaften zu ermitteln, mindestens abzuschätzen. Das ist die Börse. Sie als Vermittlerin der Kapitalanlage wertet die Anteile der Kapitalgesellschaften in erster Linie als Ertragswert, wenn man auch zugeben muß, daß sie sich von diesem sicheren Untergrunde in den letzten Jahren, in denen auch ihren Mitgliedern die Inflationsnebel den Ausblick trübten, sehr weit entfernt hat. Wer kennt nicht das Schlagwort von dem Substanzgehalt der Unternehmungen, nach dem in letzter Zeit die Börsenwerte so weitgehend gebildet wurden. Die Substanz an sich ist in einer Unternehmung aber dann vollkommen wertlos, wenn diese keinen Ertrag darauf bringt. Dann haben die Vermögensteile nur den Wert, den man bei einer Liquidation erzielen kann. Man wird also auch die Börsenwerte des 1. Januar 1924 mit aller Vorsicht verwenden müssen; sie sind nicht der Ausdruck richtiger Ertragswerte. Aber deswegen wird man schwerlich das Prinzip verlassen dürfen, denn das ist vollkommen richtig. Die neue Bilanzierung wird, wenn man noch eine richtige Regelung der Erfolgsermittlung einfügt, die Grundlage für die Ermittlung des richtigen Gewinns und damit auch des Ertragswertes schaffen. Für die Bilanz vom 1. Januar 1924 darf man annehmen, daß in der großen Mehrzahl der Fälle die Werte sämtlicher Aktien und Genußscheine, wie sie an diesem Tage an der Börse ermittelt wurden, erheblich unter dem Werte der einzelnen Vermögensteile, wie sie die Vermögensbilanz ausweisen wird, liegen werden. Nur bei den Neugründungen von Kapitalgesellschaften, die in letzter Zeit an die Börse lanziert wurden, ist es sehr wohl möglich, daß der Substanzgehalt auf Tageswertbasis in Goldmark erheblich hinter den aufgeblähten Börsenwerten aller Anteile zurückbleibt. Man mag es als eine gerechte Strafe auffassen, wenn solche Gesellschaften daraufhin mit einer höheren Vermögenssteuer belastet werden. Es wird aber auch in Zukunft ein Interesse der Gesellschaften in der Richtung vorliegen, dafür zu sorgen, daß ihre Anteilscheine an der Börse nicht zu hoch bewertet werden. Damit käme ein sehr heilsamer Einfluß auf die Bewertung zur Geltung. Im übrigen ist auch Vorsorge getroffen, daß Zufälligkeiten der Börsenbewertung, wie sie gern an den Terminen auftreten, an denen Steuerkurse entstehen, durch eine Korrektur seitens des Reichsfinanzministers beseitigt werden können. Der Reichsfinanzminister darf als Steuerwert einen anderen Börsenkurs als den vom 31. Dezember 1923 wählen und bis zu den Kursen vom 16. November zurückgreifen.

Eine wirtschaftlich vollkommen unverständliche Bestimmung aber findet sich in § 3 Punkt 4 insofern, als dort der Ertragswert der Unternehmung als Ganzes nicht nur aus dem Gesamtwerte aller Aktien und Genußscheine, sondern auch der S c h u l d v e r s c h r e i b u n g e n ermittelt werden soll. Es ist ein ganz neuer Gedanke, daß das Vermögen einer Unternehmung auch ihre Schulden als Pluspositen enthält. Dann würde also die Unternehmung mit den relativ höchsten Schulden die vermögendste sein? Allerdings ist selbst dieser an sich falsche Gedanke noch unvollständig durchgeführt, denn man müßte dann nicht nur den Wert der Schuldverschreibungen an der Börse in das Vermögen einrechnen, sondern auch den aller übrigen Schulden.

Das Ganze ist völliger Unsinn und wohl nur ein Redaktionsfehler, der in der Eile, mit der man arbeitet, den zahlreichen Köchen, die am Gesetze wirken, entgangen ist. Man wird aber, da die Vorschrift nun Gesetz ist, wohl die Gesetzgebung noch einmal bemühen müssen, um den Fehler wieder gut zu machen.

Da hier nun von den Schuldverschreibungen die Rede ist, so soll auch ein Wort über deren Wert für die Bilanz gesagt werden. Heute, wo die Frage der Aufwertung langfristiger Schulden noch ganz im Dunkeln liegt, läßt sich ein Wert für diese Schulden überhaupt noch nicht bestimmen. Es wird also unbedingt notwendig sein, daß die gesetzliche Regelung dieser Materie so bald als möglich vorgenommen wird. Anerkannt ist ja vom Reichsgericht, daß eine Rückzahlung in Goldmark aufgenommener Schulden nicht mehr als Tilgung anerkannt werden muß. Nachdem das höchste Gericht so lange gezögert hat, die elementare Erkenntnis, daß Papiermark nicht gleich Goldmark ist, zu begreifen und Auswege zu suchen, die aus Recht wieder wirkliches Recht machen, besteht jetzt die Gefahr, daß durch Uebertreibungen nach der Gegenseite die Schuldner bankrott werden, weil sie sich plötzlich übermäßig aufgewerteten Schulden gegenübersehen. Glücklicherweise befinden sich alle Goldmarkschuldner in sehr guter Gesellschaft. Der Staat selbst ist der stärkste Goldmarkschuldner, und er hat noch immer seine Macht gebraucht, wenn es gilt seine Interessen gegenüber denen seiner Bürger zur Geltung zu bringen. Außerdem muß man anerkennen, daß derzeit eine Aufwertung der Staatsschulden den vorhandenen Bankrott zum unheilbaren machen würde, was gegen die Interessen aller Staatsbürger ginge. Das Richtige wäre Verzicht auf jede Aufwertung, dafür aber Schutz der dem Verhungern ausgesetzten Kleinrentner durch Zuteilung der Erträge einer Entwertungsgewinnsteuer in mäßigem Umfange. Volle Aufwertung wäre heute, nachdem sich das Wirtschaftsleben in den letzten Jahren schon so weitgehend auf die Entwertung der Schulden eingestellt hatte, nachdem man jahrelang die Gewinne aus dieser Quelle als echte Gewinne versteuert und verteilt hat, in vielen Fällen der Bankrott der Schuldner. Der Gedanke des Reichsgerichts, nach der Fähigkeit des Schuldners aufzuwerten, bedingt neue Ungerechtigkeiten für die Gläubiger. Kurz, man wird hier ohne herzhaften Schnitt nicht zu einer Lösung kommen.*)

Das Ergebnis unserer Betrachtung über die Bewertungsgrundsätze ist die Feststellung, daß der Tageswert als anerkannter Bilanzwert auf der ganzen Linie in siegreichem Vordringen ist. Einen vollen Sieg hat er nirgends errungen. Aber der bisher allein herrschende Anschaffungswert ist doch vollkommen beseitigt worden, obgleich sicher ist, daß ihm nicht nur aus den Kreisen der Praktiker, sondern auch der Theoretiker die lebhaftesten Verteidiger zur Verfügung standen. Ein in sich falsches Prinzip kann zwar in normalen Zeiten mit geringen Wertschwankungen lange Zeit Geltung haben, aber niemals ist es in der Lage Stürmen zu widerstehen, die sich in der Wertbildung auswirken.

2. Die Behandlung des Eigenkapitals.

Ein wesentlicher Teil der neuen Goldbilanzverordnung und wohl der Hauptanlaß zu ihrem schnellen Erlaß ist die Entwirrung der verwässerten

---

*) Inzwischen ist der Entwurf der Aufwertungsverordnung bekannt geworden. Er sieht für den Normalfall einschließlich einer Geldwertgewinnsteuer eine Aufwertung von höchstens 12% vor.

Eigenkapitalien der Kapitalgesellschaften. Bei diesen ist das Kapital durch die Gesetzgebung nominal gebunden. Wenn nun, wie durch die Kapitalverwässerungen, Nominalbeträge mit Papiermark ganz verschiedener Kaufkraft eingezahlt wurden, so konnten auch für Nominalbeträge, die in Zeiten der Inflation entstanden, nicht Aktiven beschafft werden, die dem vollen Goldwert des neuen Aktienkapitals entsprachen. Ferner waren viele Unternehmungen nicht einmal in der Lage, im Laufe der Inflationsperiode die eingezahlten neuen Kapitalbeträge in dem Werte zu sichern, den sie am Tage der Einzahlung hatten. Andere wieder mögen bei besonders günstiger Anlage die Werte der eingezahlten Beträge erhöht haben. Man ersieht schon hieraus, daß auch die Frage der Bemessung des neuen Goldkapitals im Grunde eine Bewertungsfrage ist. Der Wert des Eigenkapitals einer Unternehmung ergibt sich, wenn man die Summe der Aktivwerte um die Schuldwerte kürzt. Fraglich bleibt auch hier, welchen Maßstab man anwenden soll. Wie bei allen Bewertungen kann man vom Anschaffungswert oder vom Tageswert ausgehen. Zuerst zeigten die Entwürfe der neuen Verordnung den Aufbau auf dem Anschaffungswert des Nominalkapitals, das heißt, man wollte jede Kapitaleinzahlung mit dem Index des Einzahlungstages in Goldmark umrechnen und aus der Summe der einzelnen Posten den Gesamtwert des Aktienkapitals und damit das neue Nominalkapital feststellen. Glücklicherweise ist man von diesem Vorhaben abgekommen. Man hat rechtzeitig eingesehen, daß auch hier der Anschaffungswert versagen mußte, weil er keinerlei Sicherheit gibt, daß nun wirklich auch die ihm entsprechenden Vermögenswerte vorhanden sind. Einerseits konnten die aus dem Eigenkapital beschafften Vermögensteile in ihrem Werte gesunken, andererseits gestiegen sein. Das Erstere hat in der Mehrzahl der Fälle die Wahrscheinlichkeit für sich. Man wollte dann die in der Bilanz entstehende Lücke zwischen den im Werte gesunkenen Aktiven und dem zu hoch angesetzten Nominalkapital durch ein Entwertungskonto ausgleichen, das allmählich abgeschrieben werden sollte. Mit anderen Worten heißt das, man wollte Vermögenswertminderungen der Vergangenheit aus Gewinnen der Zukunft decken und Vermögensrechnung und Erfolgsrechnung unlösbar verquicken. Das wäre eine gute Grundlage dafür geworden, daß die meisten Unternehmungen für die nächsten Jahre keinerlei Gewinn auszuweisen hätten. Ich habe auf diese Einseitigkeit bereits hingewiesen, und man hat diesem Hinweis in der endgültigen Regelung auch Rechnung getragen, indem für solchen Fall der Tilgung von Vermögenswertminderung aus Gewinn wenigstens die Steuerpflicht aus Einkommen sichergestellt ist.

Die Verordnung über die Goldmarkbilanz selbst geht anders vor, als im Entwurf vorgesehen war. Zunächst baut das Ganze auf dem Tageswert als Höchstgrenze für die Vermögensseite auf. In die Bilanz ist dann das jetzt vorhandene Nominalkapital einzusetzen. Soweit dieses während der Inflationszeit verwässert wurde, muß die Summe der Aktiven kleiner sein als die des Nominalkapitals plus Schulden, es sei denn, daß die Unternehmung mit ganz außergewöhnlichem Erfolge gearbeitet hätte und imstande war, große echte Gewinne als stille Reserve zurückzuhalten. Diese Lücke zwischen derzeitigem Nominalkapital und dem Reinvermögen in Goldmark zu Tageswerten oder niedrigeren Werten ist buchhaltungstechnisch durch ein Kapitalentwertungskonto zu füllen. Bezüglich dieses Kontos bestimmt § 5 der Goldbilanzverordnung, daß es unter die Aktiven einzusetzen sei. Es darf nach § 6 nicht höher sein als neun Zehntel des nominalen Aktienkapitals. Was in dem

Falle einer höheren Kapitalentwertung geschehen soll, ist nicht ausdrücklich gesagt worden, doch kann es aus den Grundsätzen normaler Geschäftsführung abgeleitet werden. Dieser Fall bedeutet, daß ein sehr hohes aus Papiermark entstandenes Kapital nur durch wenig Goldmark gedeckt ist. Es muß also, wie im Falle einer Verlustperiode in normalen Zeiten, die einen Teil des Eigenkapitals aufzehrte, eine Sanierung, hier unter Umständen eine Scheinsanierung stattfinden, die in Wirklichkeit nichts anderes bedeutet, als die Umwandlung des alten Papiermarknominalkapitals in Goldmarknominalbeträge. Wäre etwa das vorhandene Reinvermögen in Goldmark nur ein Hundertstel des Nominalkapitals, so ist die einfachste Lösung die, bereits der nächsten Generalversammlung die Zusammenlegung der Aktien auf mindestens ein Hundertstel vorzuschlagen. Erlaubt wäre auch die Zusammenlegung auf ein Zehntel, aber das wäre keine endgültige Lösung, denn dann stünden immer noch hinter dem Goldnominalwert jeder Aktie nur ein Zehntel Goldvermögen. Man könnte dies Defizit beseitigen, indem man jede Aktie von 1000 auf 100 Goldmark Nominalbetrag herunterstempelt. Unter 100 Mark zu gehen, ist nicht erlaubt, es handele sich dann um Aktien, die schon bisher nur auf 200 Mark lauten durften. Soweit die Kapitalentwertung neun Zehntel des bisherigen Nominalbetrages nicht überschreitet, kommt nur Herabsetzung des Nominalbetrages der Aktien in Betracht. Zusammenlegungen von Aktien dürfen im Interesse der Kleinaktionäre erst vorgenommen werden, wenn die Kapitalentwertung durch Heruntersetzung der Nominalbeträge nicht voll beseitigt wird (§ 11).

Empfehlenswert ist sogar bei der Zusammenlegung, die für die meisten Aktiengesellschaften in Betracht kommen wird, soweit zu gehen, daß ein Ueberschuß des Reinvermögens in Gold über das Nominalkapital, also eine Goldmarkreserve entsteht. Ob man dann diese Reserve ganz oder in Teilen als stille Reserve verrechnet, ist eine Tatfrage, die nach den Verhältnissen jeder Branche gesondert zu beantworten ist. Mindestens wird man darauf halten, der offenen Reserve 10 % zuzuführen, damit aus den in späteren Jahren erzielten Gewinnen nicht Teile an diesen Fonds abzuführen sind.

Wo das Kapitalentwertungskonto weniger als neun Zehntel des Nominalkapitals ausmacht, besteht die Möglichkeit, dieses Konto für die nächsten drei Geschäftsjahre als Aktivum weiterzuführen. In diesem Falle muß aber die Tilgung des Kontos nach Ablauf der drei Jahre erfolgt sein. Es ist nun praktisch wohl vollkommen ausgeschlossen, daß ein Betrieb innerhalb dreier Jahre 900 % seines Kapitals als Gewinn erzielen kann. Also kommt keiner dieser Betriebe um eine Herabsetzung seines Kapitals herum, und dann ist es schon einfacher, diese schmerzhafte und unangenehme Operation auf einmal und gründlich vorzunehmen, als damit Jahre zu warten. Außerdem würde das Vorhandensein des Kapitalentwertungskontos auch nach § 6 der Verordnung eine Verteilungssperre für den erzielten Gewinn bedeuten, denn dieser muß solange zur Tilgung des Kapitalentwertungskontos verwendet werden, bis es getilgt ist. Vollkommene Tilgung innerhalb dreier Jahre ist nicht möglich, der Rest kann am Schluß des dritten Jahres nur durch Herabsetzung des Aktienkapitals getilgt werden.

Es entsteht nun die Frage, ob es vorteilhaft sein wird, die Herabsetzungsoperation schon für den 1. Januar 1924 oder einen späteren Zeitpunkt vorzunehmen. Unbedingt notwendig ist sie, wenn das Kapitalentwertungskonto mehr als neun Zehntel des Aktiennominalkapitals beträgt, weil das Konto diese Grenze nicht überschreiten darf. Für alle Gesellschaften aber, die weniger als neun Zehntel ihres Nominalkapitals auf Kapitalentwertungskonto zu verbuchen haben, ist es sehr fraglich, ob eine sofortige Zusammenlegung des Aktienkapitals ratsam ist, denn die Wertverhältnisse der Vermögensteile sind derzeit sehr unsichere. Aus diesem Grunde hätte man wohl die ganze Umstellungsaktion noch etwas länger hinausschieben und zunächst nur einmal den Zwang zur Goldbilanz in Tageswerten einführen können. Bei den meisten Gesellschaften wird es diesmal nicht gelten wie bisher, Ueberschüsse an Werten zu verstecken, sondern man wird alle Mühe haben, genügend Werte in Goldmark zusammenzubringen, um das Kapitalentwertungskonto, das in vielem der Ausdruck für mehr oder weniger gute Geschäftsführung sein wird, nicht zu hoch belasten zu müssen. Daraus ergibt sich diesmal ein sehr starker Druck auf Ausnutzung der Bewertungsgrenzen nach oben. Wir werden zum ersten Mal deutsche Bilanzen mit wahren Ziffern zu sehen bekommen, viele Unternehmungen werden alle stillen Reserven aufleben lassen müssen und volle Tageswerte ausweisen, um nicht zu hohe Kapitalentwertungskonten zu erhalten.

Für den bisher behandelten Fall, daß das Nominalkapital von Kapitalgesellschaften höher ist, als das bilanzmäßig ermittelte Reinvermögen, sind im ganzen vier Möglichkeiten des Ausgleichs vorgesehen. Einmal die beschriebene durch das Kapitalentwertungskonto, dann die Herabsetzung des Aktiennominalwertes nicht unter 100 Mark, weiter bei Entwertung unter neun Zehntel des bisherigen Nominalkapitals die Zusammenlegung der Aktien bis auf 100 Mark Goldnominal und ferner als letzte die Einzahlung von Goldmarkbeträgen in solcher Höhe, daß die Lücke zwischen Nominalkapital und Reinvermögen vollkommen gedeckt wird. Diese letztere Form des Ausgleichs mag derzeit manchen Leitern sehr nahe liegen, weil sie ihnen die Ueberwindung der Geldklemme erleichtert. Indessen sollte man sehr vorsichtig sein, denn solches Neukapital darf nur herangezogen werden, wenn es auf die Dauer mit Nutzen in der Unternehmung arbeiten kann. Uebermäßige Beanspruchung des Geldmarktes durch solche Nachforderungen muß zu einem starken Druck auf die Aktienkurse führen, und für die Zukunft belastet sich die Unternehmung mit Dividendenverpflichtungen, die sie nicht erfüllen kann.

Der einfachste Fall liegt dann vor, wenn die Goldmarkbilanz ergibt, daß das Nominalkapital durch das Reinvermögen voll oder übervoll gedeckt ist. Bei voller Gleichheit beider Posten bedarf es keinerlei Korrektur. Wenn sich kleine Spitzen zeigen, so kann man die durch Minderbewertung der Aktiven verschwinden lassen. Wo das Reinvermögen das nominale Eigenkapital sehr erheblich übersteigt, wird man den Ueberschuß entweder als offene Reserve, teilweise wohl auch als stille, verrechnen, oder man muß den anderen vorgesehenen Weg einschlagen, nämlich den Nominalbetrag des Geschäftskapitals entweder durch Heraufsetzung der Nominalbeträge oder durch Ausgabe von Gratisaktien an die bisherigen Aktionäre heraufsetzen. Das Letzere werden nur wenige mit Vorteil tun, denn wenn die Ueberschüsse nicht sehr erheblich sind, bilden sie sehr erwünschte stille oder offene Reserven. Nur, wo es sich um die Herabdrückung von Dividendensätzen handelt, wird man dazu schreiten. Da in der Steuergesetzgebung öfter die Tendenz zutrage tritt, die Unternehmungen verschieden zu belasten, wenn ihre Dividendensätze in Prozenten des Eigenkapitals verschieden sind, wird man immerhin die zu starke Zusammenschrumpfung des Goldnominalkapitals vermeiden müssen, und auch zu Kapitalerhöhungen schreiten, wenn die Bilanzverhältnisse das richtig erscheinen lassen.

Als Mindestsumme für das Geschäftskapital einer bestehenden Aktiengesellschaft sind 5000 Goldmark vorgeschrieben. Für die G. m. b. H. müssen es mindestens 500 Goldmark sein. Für Neugründungen gelten die zehnfachen Sätze. Die Zahl der Kapitalanteile ist nur durch Festsetzung einer Mindesthöhe von 100 Goldmark für die Aktie und von 20 Goldmark für den Anteil der G. m. b. H. festgelegt. Bei vielen Aktien junger Gesellschaften wird sich daraus schon die Notwendigkeit der Zusammenlegungen ergeben. Wenn man den Kurszettel durchsieht, findet man eine ganze Anzahl von Aktien, die heute einen Wert von 10 und 20 Goldmark haben. Alle diese müssen zusammengelegt werden, um den Vorschriften der Verordnung zu genügen. Hier sollte man offenbar nicht mit zu großer Eile handeln. Es wäre besser, erst noch ein Geschäftsjahr hingehen zu lassen. Nach dem Wortlaut der Verordnung kann auch die endgültige Bereinigung spätestens am Ende des dritten Geschäftsjahres erfolgen. Zu prüfen bleibt die Frage, ob es empfehlenswert ist, die alte 1000 Goldmarkaktie wieder einzuführen, oder die 100 Markaktie zu bevorzugen. Das verarmte Deutschland wird gut tun, zunächst mit der kleineren Aktie zu arbeiten, die leichter Abnehmer findet. Es ist kein Fehler, wenn auch für die nächste Zeit die Industrie kleinere Sparer zur Anlage ihres Kapitals in Aktien befähigt. Es ist doch eines der wenigen Aktiven, die aus der Vergangenheit herausgewachsen sind, daß die Anteilnahme der Gesamtheit an der Kapitalisierung der Industrie erheblich größer geworden ist als früher.

Schließlich sind noch Sicherheitsbestimmungen (§ 13) zu erwähnen, die insbesondere den Vorgang der Umwertung betreffen. Der Aufsichtsrat hat die Eröffnungsbilanz und die Umwertung des Gesellschaftskapitals zu prüfen und der Generalversammlung muß durch Aufsichtsrat und Vorstand berichtet werden. Die Generalversammlung kann mit einfacher Majorität Revisoren zur Prüfung der Vorgänge bestellen. Ganz besonders wichtig ist die Bestimmung (§ 14), daß auch wenn die Umstellungsbilanz eine Ueberschuldung ergibt, der Vorstand einer Aktiengesellschaft nicht verpflichtet sein soll, den Konkurs anzumelden, solange die Frist für die Umstellung läuft. Das heißt mit anderen Worten, man kann bankrott sein, braucht aber für drei Jahre daraus keine Konsequenzen zu ziehen. Diese Vorschrift kennzeichnet, wo wir derzeit stehen. Man rechnet wohl mit gewissem Recht damit, daß der Fall öfter Bedeutung erlangt. Zunächst ist mit der Vorschrift nicht gesagt, daß nicht jeder Gläubiger, der Zahlungsunfähigkeit der Gesellschaft feststellt, weiter befugt sein soll, den Konkurs zu beantragen, ferner ist auch der Fall der Zahlungsunfähigkeit durch die Dispensvorschrift nicht gedeckt. In diesem Fall müßte also der Vorstand den Konkurs anmelden. Die Ausnahmevorschrift ist auch auf den Fall des Verlustes des halben Geschäftskapitals ausgedehnt worden. Dies mit dem größten Recht, denn bei der Umrechnung werden mindestens die Hälfte aller Aktiengesellschaften in dieser Lage sein. Es muß ja auf alle Fälle innerhalb dreier Jahre eine Generalversammlung stattfinden, die sich mit der Bereinigung befaßt und die nominale Sanierung vornimmt.

Die ganze Frage des Eigenkapitals ist bei den Aktiengesellschaften und Gesellschaften mit beschränkter Haftung nur deshalb so eingehend geregelt, weil diese Gesellschaften ein nominal starres Kapital aufweisen. Bei den Einzelkaufleuten und offenen Handelsgesellschaften bedarf die Frage keiner Sonderbehandlung. Man ermittelt einfach als Differenz von Aktiven und Passiven das Eigenvermögen der Unternehmung in Goldmark, und dies ist dann der Betrag, welcher auf dem Kapitalkonto als Geschäftskapital verbleibt. Rechnungsmäßig kann man das in der Weise behandeln, daß man alle Wertveränderungen auf Aktiven und Passiven mit dem Kapitalkonto verrechnet, aber selbst das ist entbehrlich, weil ja die neue Bilanz als Eröffnungsbilanz gedacht ist, die nicht direkt an die alten Buchungsbestände anzuschließen braucht. Man kann also eine vollkommen neue Buchhaltung mit den Zahlen dieser Bilanz beginnen und braucht die alten Konten nur insoweit zu beachten, als sie Auskunft über die Bestände geben.

3. Die Gewinnrechnung.

Während für die Bewertung der Bestände das Prinzip der Tageswertrechnung nahezu voll anerkanr.t ist, liegt über den Fragen der Gewinnrechnung noch das alte Dunkel. Die Goldmarkbilanzverordnung bestimmt nur, daß die in der neuen Bilanz verzeichneten Werte als Anschaffungswerte im Sinne der sonstigen Bilanzvorschriften gelten sollen. Also will man das alte Spiel der Gewinnrechnung auf Grundlage der Anschaffungswerte wieder aufnehmen. Das ist eine logische Ungereimtheit sondergleichen. Soeben hat man den völligen Bankrott der Anschaffungswertrechnung öffentlich bekennen müssen, indem man Ausnahmevorschriften erläßt, die auf dem Tageswert aufbauen, und doch bringt man es fertig, im gleichen Atem das alte Verfahren doch für richtig zu erklären. Ebenso verfährt die Einkommensteuerbilanz. Auch sie will die neuen Werte als Anschaffungswerte für kommende Abrechnungen betrachten.

Es ist ja durchaus zu verstehen, daß die Praktiker die Buchhaltung und Bilanz als ein Aschenbrödel betrachten, weil sie seit jeher so unlogisch aufgebaut war und niemals das gewesen ist, was sie sein sollte, nämlich ein Mittel der richtigen Unternehmungsleitung, das nicht nur für die Behandlung der Aktionäre und der Steuerbehörden größere Bedeutung erlangt. Man braucht die Buchhaltung praktisch allenfalls noch als Mittel der Bestandsrechnung für Kasse und Schuldverhältnisse. Will man aber das Rechnungswesen zum wirklichen Kompaß der Betriebsleitung machen, so muß man das alte Spiel mit den Anschaffungswerten aufgeben. Man muß sich klar sein, daß der als Differenz zwischen Anschaffungswert und Erlös ausgewiesene Erfolg aus zwei ganz verschiedenen Dingen besteht, die grundsätzlich nichts miteinander gemein haben, aus Vermögenswertänderungen und echten Umsatzgewinnen. Ein Kaufmann oder Industrieller, der beide miteinander vermischt, wird nie richtig disponieren können, und wir haben in den letzten Jahren gesehen, wohin das führt. Aber auch in den nächsten Jahren wird man mit dem alten Verfahren die allerschlechtesten Erfahrungen machen. Wir sind zwar im Augenblick im Uebergang zu einer Goldrechnung, aber auch sie wird infolge der zahlreichen Umstellungsvorgänge in der Wirtschaft mit sehr starken Wertschwankungen zu rechnen haben, selbst wenn die Neuwährung ihre relative Stabilität, die sie bieten kann, behält. Was soll ein Kaufmann tun, wenn seine Aktiven, in Goldmark gerechnet, innerhalb der letzten sechs Wochen ungefähr 30 % im Werte gesunken sind. Soll er das als echten Verlust ausweisen, obgleich er bei jedem Umsatz verdient hat und derzeit mehr Ware besitzt als vor Beginn der Preissenkung? Die Tatsache, daß alle drei neuen Bilanzarten im wesentlichen auf Tageswerten aufgebaut sind, wird sich dahin auswirken, daß sehr viele Unternehmungen die Bewertung bis zu dieser Höchstgrenze hinauf führen, weil sie angesichts der Substanzverluste während der Inflationsjahre die Vollwerte brauchen, um eine einigermaßen befriedigende Bilanz zu bekommen. Sollen dann alle diese Kaufleute jede Wertminderung an den derzeitigen Tageswerten als echte Verluste ausweisen und alle Wertsteigerungen als echte Gewinne? Es müßte geschehen, wenn man die alten Bilanzgrundsätze weiter anerkennt. Für die Aktiengesellschaft, die wahrscheinlich in der Zukunft wieder die Normalbilanz nach § 261 HGB. machen soll, würde wieder die Einrechenbarkeit von Wertminderungen am ruhenden Vermögen in die Erfolgsrechnung, nicht aber von Wertsteigerungen zugelassen sein, derart, daß sie im Durchschnitt immer weniger Einkommen auch nach dem falschen Maßstab ausweisen würde, als der grundsätzlich mit Tageswerten bilanzierende Einzelkaufmann, der sich allerdings gern dem Brauch der Aktiengesellschaft anschließt. Die falsche Einstellung des bilanzmäßigen Denkens seitens der Kaufleute ist eine wesentliche Ursache, für das so weitgehende Versagen auch der Führer unserer Großunternehmungen, die erst sehr langsam auf dem Wege des Experimentes, nicht des logischen Schlusses, Ausgleichsmethoden für die Auswirkungen der Geldentwertung entwickelt haben. Es ist sicher, daß bei Einstellung der Betriebe auf die Tageswertbilanz und Tageswerterfolgsrechnung jetzt überhaupt keine Ueberleitungsmaßnahme in die neue Rechnung notwendig wäre. Die Tageswertbilanz hätte während der ganzen Inflationsperiode immer gleich richtige Gewinne ergeben und sie wäre, wie die Wiederbeschaffungspreiskalkulation, die auf dem gleichen Grundsatz aufbaut, ein sicheres Mittel gewesen, um die wirtschaftlichen Seh- und Denkfehler von vornherein zu vermeiden. Hat doch in erster Linie die endlich nach vielem Ringen in den letzten Monaten zum vollen Durchbruch gekommene Kalkulation mit Wiederbeschaffungspreisen, die sich im wesentlichen auch mit Goldpreisen decken, die psychologische Grundlage geschaffen, welche das ganze Volk einmütig für den Gedanken einer Sanierung gewann, weil endlich jeder sah, daß nur eine kleine Gruppe bevorzugter Geldwertschieber die Hauptnutznießer im Entwertungsprozeß waren.

Man kann es den Kaufleuten nicht übelnehmen, wenn sie in gewohnten Gleisen weiter denken, wenn ihnen auch heute an der Bilanz die Auswirkungen für Finanzierung, Dividendenpolitik und Steuer wichtiger sind als ihre betriebswirtschaftlichen Leistungen, die sie nie kennen lernten. Wohl aber hätten die Instanzen, welche durch die Wirtschaftsgesetzgebung Wirtschaftspolitik und Erziehung der Wirtschafter treiben, die Verpflichtung, zu der Frage der richtigen Gewinnrechnung mit dem Tageswert oder Wiederbeschaffungswert des Umsatztages klare und wohldurchdachte Stellung zu nehmen. Ich habe noch keinerlei Argumente erfahren, die das Tageswertprinzip in Bilanz und Kalkulation widerlegen. Wenn diese geistige Trägheit der Berufensten andauert, wenn beim Kaufmann weiter etwas Einkommen sein soll, das es beim Privatmann nicht ist, wenn alle Gesetze der Logik für das Gebiet der Wirtschaft solchermaßen geleugnet werden, dann bleibt als einzige Hoffnung die, daß einzelne gute Köpfe in der Praxis sich mit den Grundsätzen der Tageswertrechnung vollkommen vertraut machen und sie anwenden. Indem sie dies tun, werden sie neue Gesichtspunkte für ihre Betriebspolitik gewinnen, die sich mit Notwendigkeit in Goldmarkgewinnen niederschlagen müssen, denn sie gestatten geschäftlich erfolgreiche Dispositionen, wo der falsch rechnende Konkurrent in verlustbringender Richtung arbeitet. Wenn das Gesetz für die Zukunft wieder die falschen Bilanzen mit den bankrotten Anschaffungswerten will, so soll es sie haben. Auf falsch gestimmtem Instrument wird nie eine reine Melodie ertönen.

Im übrigen ist die Sachlage vom Standpunkt der Tageswertbilanz nicht trostlos. Einmal werden alle Kaufleute jetzt zum ersten Mal in ihrem Leben Tageswertbilanzen machen, und dabei vieles sehen, was sie vielleicht veran= laßt, diesen Weg, wenigstens für internen Gebrauch, regelmäßig zu gehen, ehe sie ihre zukünftige handelsrechtliche Bilanz der Frisur durch stille Reser= ven und Anschaffungswerte unterziehen. Dann scheint es sicher, daß die Vermögensteuer endgültig zur Tageswertbilanz als der allein möglichen Er= fassung der wirklichen Vermögenswerte übergeht. Also lebt die Tageswert= bilanz weiter und wirkt durch Anschauung. Wenn dann dieselben Gesetz= geber, welche einem Zensiten ein Grundstück als Vermögen besteuern, noch begreifen, daß, solange als dieses Grundstück in gleichgebliebener realer Form vorhanden ist, auch eine Aenderung seines Wertes zwar für den Besitzer eine Minderung oder Mehrung des Vermögenswertes, niemals aber ein Plus oder Minuseinkommen sein kann, ist der Weg zum richtigen Einkommensbegriff gebahnt. Wirtschaftspolitisch handelt es sich nicht nur darum, daß ein paar Kaufleute zu wenig oder zu viel Einkommensteuern zahlen, daß eine Reihe von Aktionären und Direktoren falsche Dividenden und Tantiemen beziehen, es geht um letzte Fragen der staatlichen Wirtschaft. Wenn die Gesetze durch falsche Normen die Unternehmer als die Disponenten über das volks= wirtschaftliche Kapital veranlassen, in Zeiten der Wertsteigerung die Wert= änderungen des ruhenden Volksvermögens als Gewinn und Einkommen zu verrechnen, so bringt man die Gesamtwirtschaft aus dem Gleichgewicht, man schafft eine Inflation der Einkommen und der Preise der Konsumgüter bei gleichzeitiger Minderung der Kaufkraft im Markte der Kapitalgüter. Man trägt eine Reibungs= und Schwankungstendenz in die Wirtschaft hinein, die sich als Krisen und Konjunkturen auswirkt und im einzelnen Jahr die Wirt= schaft ausmergelt, indem sie alle Produktionsstätten in Ueberarbeit laufen läßt, während zu anderen Zeiten der Apparat und die Menschen nur zum kleinen Teil ausgenutzt werden, während Arbeitslosigkeit Schwierigkeiten schafft, die eine richtige Kalkulations= und Bilanzgrundlage, nämlich die Rech= nung mit dem Tageswert vermieden hätte.

4. Die Goldmarkbilanz mit Indexrechnung (Methode Schmalenbach=Mahlberg).*)

Ich habe die Goldmarkbilanz mit Indexrechnung seit dem Auftauchen der ersten Vorschläge bekämpft, nicht in dem Sinne, daß ich nicht anerkenne, sie besitze große Vorzüge gegenüber der rein auf nominale Papiermark aufgebau= ten Bilanz= und Erfolgsrechnung. Meine Kritik ging dahin, daß sie bestenfalls imstande sei, eine ebenso falsche Bilanz herzustellen, wie sie in den Zeiten der sogenannten stabilen Währung bestand. Mehr wollten wohl auch Schmalen= bach und Mahlberg nicht erzielen. Mit der Entwicklung der Dinge kann ich als Theoretiker sehr zufrieden sein. Obgleich sicherlich die große Mehrheit der an der neuen Bilanzreform beteiligten Personen keine Tageswertbilanz machen wollte, haben sie sie einführen müssen, durch die Kraft, die in den Dingen und Verhältnissen selbst liegt. Man konnte die neue Wirtschaftsperiode nicht mehr mit den alten und durch Indexrechnung weiter verzerrten An= schaffungswerten beginnen, ohne den größten Schaden anzurichten. Man konnte nicht behaupten, daß die historischen Anschaffungswerte einen Maß=

---

*) Vgl. Mahlberg, Bilanztechnik und Bewertung, 3. Aufl., Leipzig 1923; Schmalenbach, Goldmarkbilanz, Berlin 1923.

stab des steuerbaren Vermögens darstellen, als den man sie bisher gern benutzte, weil die Ergebnisse für die Zensiten nicht ungünstige waren. Man hat noch nicht den Schritt zur richtigen Gewinnrechnung getan, aber die Vorbedingungen dazu sind geschaffen.

Die Indexbilanz in Goldmark mußte alle Fehler aufweisen, die eine Anschaffungswertbilanz enthielt und dazu noch die Verzerrungen, welche aus den Einseitigkeiten des Index selbst herauswuchsen. Was jetzt als Goldmarkbilanz geschaffen ist, entspricht durchaus der von mir vorgeschlagenen Tageswertbilanz mit Umrechnung in Goldmark. Eine volle Anerkennung der Tageswertbilanz ist aber noch nicht erfolgt, solange als die Trennung der Vermögens- und Erfolgsrechnung nicht durchgeführt ist. Zwar finden sich auch dafür bereits wertvolle Ansätze, so in der Vorschrift, daß Wertänderungen am Vermögen gesondert auszuweisen sind, in dem Kapitalentwertungskonto und anderem, aber logisch durchdacht ist dieser Gedanke nicht. Die Anhänger der Anschaffungswertbilanz haben versucht, sich die Zukunft zu sichern, indem sie die neuen Bilanzen als Eröffnungsbilanzen bezeichnen. Sie müssen ihr System zerbrechen, um zur Wahrheit zu kommen, das hätte eine Tageswertbilanz nicht nötig gehabt, sie führte durch alle Wertänderungen höchsten Grades mit immer gleicher Präzision und hätte am Tage der Stabilisierung nur in die Goldmark umgerechnet werden müssen, um den Uebergang zu schaffen. Sie würde in jedem späteren Zeitpunkt den gleichen Vorteil aufweisen.

IV. Was soll die Praxis tun?

Der Praktiker wird sich nunmehr überlegen müssen, in welcher Weise er zu den neuen Bilanzvorschriften Stellung nehmen will. Es ist ihm genügend Bewegungsfreiheit gelassen, um die Wahl schwierig zu machen. In der handelsrechtlichen und Einkommensteuerbilanz sind die Tageswerte nur Höchstsätze, die er unterschreiten darf, während die Vermögenssteuerbilanz ganz bestimmte Wertgrößen vorschreibt. Eine weitere Schwierigkeit liegt derzeit in dem Fehlen der Ausführungsbestimmungen, für die der Gesetzgeber der Reichsregierung weitgehende Vollmachten erteilte, so daß darin sehr einschneidende Modifikationen der Grundgedanken enthalten sein können.

Sicher ist, daß jeder Kaufmann für den 1. Januar 1924 eine I n v e n t u r aufstellen muß. Für die handelsrechtliche Bilanz ist allerdings nur vorgeschrieben, die Inventur und Goldmarkbilanz zu dem ersten normalen Abschlußtermin, der im Jahre 1924 erreicht wird, vorzunehmen. Für die Einkommensteuer wird ab 1. Januar 1924 die Goldmarkbuchführung vorgeschrieben, außerdem muß auch eine Bilanz für den Jahresbeginn gemacht werden, so daß also hieraus die Pflicht zur Bilanzaufstellung für 1924 schon eindeutig gegeben ist. Die gleiche Verpflichtung wird im Vermögenssteuergesetz auferlegt, wenn auch dort nicht von einer Bilanz gesprochen wird. Die vorgeschriebene Veranlagung der Betriebsvermögen muß zu einer Bilanz führen. Im Einkommensteuergesetz ist zwar gestattet, daß solche Kaufleute, welche in der Zeit vom 30. Juni bis 31. Dezember ihr Geschäftsjahr schließen, die zwischen diesen Zeitpunkten aufgestellten Inventare als Grundlage der Vermögensaufstellung für die Einkommensteuer verwenden dürfen, also davon absehen können, eine neue Bestandsaufnahme vorzunehmen. Indessen ist es empfehlenswert, von dieser Freiheit in keinem Falle Gebrauch zu machen, schon deswegen, weil für die Vermögensteuer nur der Stand vom 31. Dezember 1923 in Betracht kommt (II § 1). Jeder Kaufmann wird klug handeln, auch am 1. Januar 1924 eine vollwertige Bestandaufnahme herzustellen. Die Ausrechnung der einzelnen Werte allerdings wird mit Vorteil solange aufgeschoben, bis die Ausführungsbestimmungen zu den verschiedenen Gesetzen herausgekommen sind, denn diese können noch sehr einschneidende Bestimmungen enthalten. Für Einkommen- und Vermögensteuer wird anscheinend in Zukunft das Kalenderjahr die Grundlage der Besteuerung sein. Am besten werden die Betriebe fahren, welche seit jeher auf diesen Termin abschließen. Andere werden sich überlegen müssen, ob es nicht vorteilhaft ist, ihr Geschäftsjahr mit dem 1. Januar schließen zu lassen und jetzt ein Rumpfgeschäftsjahr einzuschieben. Wesentlich ist, daß, wenn eine Inventur, die vor dem 1. Januar 1924 hergestellt wurde, der Bilanz zugrunde gelegt wird, doch die Einzelvermögensteile mit dem Werte des 1. Januar anzusetzen sind. Es bleibt nun noch zu untersuchen, ob es vorteilhaft ist, am Bilanztermin ein relativ hohes Vermögen oder ein niedrigeres auszuweisen. Wer in der glücklichen Lage ist, zwei Inventuren verwenden zu dürfen, hat die Wahl und kann daraus Vorteile haben. Deshalb sollten alle Kaufleute am 1. Januar Inventur machen, auch wenn sie schon eine solche aus der Zeit nach dem 30. Juni 1923 zur Hand haben.

Schwierigkeiten bereitet auch die Einführung der **Goldmarkbuchführung**. Handelsrechtlich braucht sie erst mit dem neuen Geschäftsjahr im Laufe des Kalenderjahres 1924 zu beginnen. Die Einkommensteuerverordnung dagegen verlangt, daß damit am Anfang des Kalenderjahres 1924 begonnen werde. Man wird also den 1. Januar als Anfangstermin wählen müssen. Freilich ist die Sache dadurch erschwert, daß an diesem Termin und erheblich später noch nicht bekannt war, welche Rechnungseinheiten denn der Reichsfinanzminister in den von ihm zu erlassenden Grundsätzen als wertbeständig erklären wird. Bisher ist es ja gleichgültig gewesen, ob man in Billionmark, Rentenmark, Dollarmarkschatzanweisungen, Dollarmarkgoldanleihe oder Dollar rechnete. Es wäre aber denkbar, daß sich auch Abweichungen unter den Einzelwerten entwickelten. Schlimmstenfalls wird es dann immer noch möglich sein, Umrechnungen vorzunehmen. Auf alle Fälle aber muß sich der Herr Reichsfinanzminister etwas beeilen. Hoffentlich wird wenigstens zwischen Justiz- und Finanzministerium insoweit Fühlung genommen, daß nicht etwa verschiedene Werteinheiten als wertbeständig vorgeschrieben werden. Die handelsrechtliche Bilanz schreibt derzeit jedenfalls nur den Dollarkurs als Maßstab vor und der kann sich am allerleichtesten von den Werten der inländischen Zahlungsmittel entfernen.*)

Die aufzunehmende Inventur wird zunächst das Hauptgewicht auf richtige Erfassung der Quantitäten legen müssen. Dazu wird es gut sein, in alter Weise die Anschaffungswerte zu erfassen, nicht weil sie der richtige Wert sind, sondern um sie als Hilfsmittel zur Ermittlung des Tageswertes zu benutzen. **Der wichtigste Wert ist der *Tageswert* der einzelnen Vermögensteile am 1. Januar 1924.** Allerdings sind an ihm Korrekturen möglich. Die Einkommensteuerbilanz zwar schreibt eindeutig den Tageswert vor, aber die handelsrechtliche Bilanz läßt die gleiche Freiheit, wie schon bisher der § 40 HGB., nämlich eine Bewertung unter dem Tageswerte. Für die Vermögensteuerbilanz dagegen sind die Werte der einzelnen Gruppen von Vermögensteilen durch bestimmte Vorschriften beengt. Nicht immer wird es den Vorschriften gelingen, die Tendenz zum Tages-

---

*) Vgl. das unter wertgesicherter Buchhaltung III a Gesagte.

wert vollkommen zum Ausdruck zu bringen. Die Steuerbilanzen sind ihrem Wesen nach interne Bilanzen, die Außenstehende nicht kennen lernen, die handelsrechtliche Bilanz dagegen muß von den Kapitalgesellschaften veröffentlicht werden. Es ist aber von größter Wichtigkeit für jede Unternehmung, den Tageswert ihres Vermögens regelmäßig zu verfolgen, und man kann es als schweres Uebel bezeichnen, daß die bisherige auf Anschaffungswerten aufbauende Bilanzgesetzgebung die Kaufleute zur wirtschaftlichen Blindheit erzogen hat.

Praktisch wird also das Vorgehen so sein müssen, daß zunächst einmal als interne Betriebsbilanz und als Einkommensteuerbilanz eine reine Tageswertbilanz aufgestellt wird. Dann müssen die so ermittelten Werte mit den Wertmaßstäben der Vermögensteuerbilanz verglichen werden, die ja in vielen Punkten mit den Tageswerten, die der Kaufmann ansetzt, identisch sind. Wo das nicht der Fall ist, muß man entscheiden, ob man die vollen Tageswerte oder niedrigere Vermögenswerte in die Vermögensteuer und Einkommensteuerbilanz setzen will. Wenn auch die Einkommensteuerbilanz grundsätzlich volle Tageswerte will, so wird sich die steuerliche Praxis sicherlich mit den Maßen der Vermögensteuer begnügen. Andererseits kann aber der Zensit ein Interesse daran haben, volle Tageswerte zu buchen. Dann gelten diese auch als Vermögensteuerwerte. Die dadurch erhöhte Vermögensteuer wird leicht durch verringerte Einkommensteuer aufgewogen werden können.

Untersuchen wir zunächst, ob es Vorteile verspricht, die Werte von Einkommen- und Vermögensteuerbilanz so hoch als möglich anzusetzen? Je höher der Vermögenswert ist, desto höher muß auch die Vermögensteuer werden. Sie beträgt mindestens 3 vom Tausend und höchstens 7½ vom Tausend, letzteres bei Goldmarkvermögen von mehr als 5 Millionen. Nehmen wir den ungünstigsten Fall der Höchstbesteuerung an, so würde eine Erhöhung des Vermögens um 5 Millionen Goldmark infolge Einsetzung der erlaubten Höchstwerte über die vorgeschriebenen Mindestwerte hinaus ein Mehr von 37 500 Goldmark für die Vermögensteuer bedeuten. Handelt es sich hier um abschreibungsfähige Anlagen, für die während der nächsten zehn Jahre je 10 % Abschreibung in die Erfolgsrechnung als Ertragsminderung übergehen, so würde jedes Jahr daraus ein Mehr an Abschreibung von 500 000 Goldmark aufweisen und ein entsprechendes Weniger an Gewinn. Bei so bedeutenden Anlagen ist mit einem ziemlich hohen Einkommen zu rechnen, das auch in die hohen Staffelungssätze hineinkommt. Wenn wir annehmen, daß das Einkommen nur mit 20 % besteuert werde, so ergibt sich auf die Einkommensminderung durch Abschreibung allein ein Minus an Einkommensteuer von 100 000 Goldmark. Die Ersparnis an Einkommensteuer infolge voller Einsetzung der Tageswerte überragt also das Mehr an Vermögensteuer um 62 500 Goldmark jährlich, ein sehr wesentlicher Anreiz zur Einsetzung der wirklichen Tageswerte für abschreibungsfähige Anlagen.

Noch größer ist der Unterschied bei der Bewertung der Umsatzvorräte, weil bei ihnen schon beim ersten Verkauf die Erniedrigung der Bilanzwerte unter den Tageswert als Gewinn in Erscheinung tritt, der bestenfalls durch Unterbewertung der Neuanschaffungen von Vorräten beseitigt werden kann. Außerdem schreibt hierfür die Vermögensbilanz wie auch die Einkommensbilanz ganz eindeutig die Tageswerte vor. Weniger vorteilhaft ist an sich die hohe Bewertung der Vermögensteile, welche nicht durch Abschreibung oder Verbrauch auf die Erfolgsrechnung wirken, aber für diese wird gerade und mit Recht die Finanzverwaltung sehr exakte Maßstäbe angeben, weil für sie die Gefahr der Unterbewertung am größten ist; denn die hohe Bewertung der Vermögensteile bewirkt einseitig Vermehrung der Vermögensteuer.

Abgesehen von den unverbrauchbaren Vermögensteilen, wird also der Kaufmann in seiner Steuerbilanz schon aus Eigennutz den erlaubten höchsten Tageswert einsetzen. Es wäre ein großer Irrtum, der mit starken wirtschaftlichen Nachteilen bezahlt werden müßte, wenn die Unternehmer von dem großen Geschenk, das ihnen der § 19 der Goldbilanzverordnung macht, nicht Vorteil zögen. Indem dort alle Aufwertungen für die Vergangenheit keine Einkommen=, Vermögen= oder Körperschaftssteuer begründen und auch die Heraufsetzung selbst von der Kapitalverkehrsteuer freigestellt ist, erhalten die Betriebe eine nie wiederkehrende Möglichkeit, früher bilanzmäßig unter den stillen Reserven verdeckte Einkommen und Vermögensteile aufleben zu lassen. Was schon einmal in der Vergangenheit unter Kürzung des Einkommens abgeschrieben worden ist, kann in der Zukunft nochmals abgeschrieben werden. Man könnte fragen, ob die Steuerbehörde recht handelt, solch ein weitreichendes Geschenk zu machen. Es ist gerechtfertigt vom Standpunkte einer endgültigen Bereinigung der Bilanzen von falschen Posten. Man würde auch schwerlich imstande sein, das Gewirr der innerlich völlig unwahren Bilanzziffern zu klären, und die Steuerlast der Gegenwart wird stark genug sein, um den Betrieben genügend Sorgen zu bereiten. Wollte man noch alle Fehler der Vergangenheit berichtigen, so wäre die Steuerlast wahrscheinlich nicht ohne Vermögenskonfiskation zu tragen und die ist nicht Zweck einer Steuergesetzgebung. Wohl aber hat die Finanzbehörde nach so weitem Entgegenkommen ein moralisches Recht und die Pflicht, für die Zukunft zu verhindern, daß in Kürze die Bilanzen wieder mit einer Fülle von Verschleierungsposten angefüllt sind. Das aber kann nur erreicht werden, wenn die Trennung von Vermögensrechnung und Erfolgsrechnung vollkommen durchgeführt ist. Will man für die Einkommensteuer den alten bilanzmäßigen Ertragsbegriff: Die Differenz zwischen dem Vermögenstande an zwei Bilanztagen aufrechterhalten, so droht die Gefahr, daß nach einem Jahre der wirtschaftlichen Sanierung, in der die Ertragslosigkeit vieler Vermögensteile offenbar werden muß, viele Betriebe infolge Sinkens des Wertes dieser Vermögensteile überhaupt keinen Gewinn ausweisen, obgleich sie am Umsatz gut verdient haben, weil die Senkungen der Vermögenswerte den Umsatzerfolg übersteigen.

Wenn wir für die Steuerbilanzen und die interne Betriebsbilanz unbedingt für den Tageswert eintreten, so heißt das nicht, daß alle öffentlichen Bilanzen nun auch unbedingt auf den Tageswert gestellt werden müßten. Allerdings wird sich für viele Gesellschaften, auch gegen ihren Willen, die Notwendigkeit ergeben, daß sie die Bewertung bis zur erlaubten Höchstgrenze ausnutzen, weil ihre öffentlichen Bilanzen sonst angesichts der eingetretenen Verarmung ein zu klägliches Bild abgeben würden. Je niedriger man bewertet, desto höher wird bei Gesellschaften, die ihr Kapital verwässerten oder Substanz= verluste aufweisen, die Lücke zwischen dem nominalen Eigenkapital und der Summe der Aktiven. Das wird den Kredit der Unternehmungen nicht fördern, ihnen auch die Sanierung erschweren, so daß also hier ein starker Anreiz zur richtigen Bewertung gegeben ist. Freilich kann es auch Unternehmungen geben, die in der Lage gewesen sind, ihr Vermögen zu mehren und bei diesen kann der Fall eintreten, daß auch in der handelsrechtlichen Goldmarkbilanz stille Reserven enthalten sind. Man wird dann am besten so verfahren, die reine Tageswertbilanz zugrunde zu legen und vor der Veröffentlichung einige Posten im Werte herunterzusetzen. Um dabei die handelsrechtliche Bilanz für die Zukunft den gleichen Gewinn ausweisen zu lassen, wird es richtig sein, als Träger der stillen Reserven die Gebrauchsteile des Betriebsvermögens auszuwählen, weil diese weder durch Abschreibung noch Verbrauch in die Erfolgsrechnung übergehen. Im übrigen hat das Spiel mit den stillen Reserven durch die Neuregelung sehr an Wert verloren. Steuerliche Vorteile sind kaum dadurch zu erlangen, damit fällt seine Hauptstütze und die Dividendenpolitik kann ebenso mit offenen Reserven betrieben werden. Soweit es sich um Dividendenausgleichspolitik zwischen Jahren verschiedenen Ertrages handelt, würde schon eine richtig eingestellte Gewinnrechnung viele der bisherigen Schwankungen beseitigen. Es wäre von höchstem erzieherischen Wert, wenn gesetzlich überhaupt keinerlei Gelegenheit zur Bilanzverschleierung durch stille Reserven gegeben wäre. Heute stehen dadurch viele Kaufleute auf dem Standpunkte, daß sie auch in bezug auf die Steuer das wohlerworbene Recht besitzen, einen Teil ihres wirklichen Vermögens buchmäßig verschwinden zu lassen.

Eine gewisse Berechtigung haben die Kritiken an den neuen Verordnungen, welche darauf hinweisen, daß die B e w e r t u n g zum Tageswert besonders s c h w i e r i g sei. Es soll nicht geleugnet werden, daß sie erhebliche Arbeit verursacht, aber für die Umsatzwerte der Unternehmung ergibt sie sich sehr leicht aus den Einkaufspreisen der ersten Tage nach dem Abschluß. Für Anlagen kann die Bewertung schwieriger sein, indessen wird jeder Unternehmer ungefähr wissen, wie im Durchschnitt etwa die Preise von Maschinen sich verändert haben, ebenso die der Gebäude und Grundstücke. Es wird ihm sehr heilsam sein, wenn das Gesetz ihn zwingt, sich darüber wenigstens jährlich einmal Rechenschaft abzulegen. Jeder Unternehmer ist im übrigen gar nicht so schlecht in diesen Wertfragen unterrichtet, wenn es sich darum handelt, einen Betrieb zu verkaufen. Indessen ist anzuerkennen, daß die Wirrungen der letzten Jahre eine ganz besondere Art von Bewertungsschwierigkeiten geschaffen haben. Einmal handelt es sich um die langfristigen Geldschulden und Guthaben, bei denen die Frage der Aufwertung gerade jetzt im Vordergrunde steht. Ehe hier nicht die Gesetzgeber durch eine klare Verordnung, die die Aufwertungsverhältnisse regelt, reine Bahn geschaffen haben, kann eine Bewertung nur zu Mindestsätzen stattfinden, soweit es sich um Guthaben handelt und zu Höchstsätzen bei den Schulden. Ohne einheitliche Regelung durch Verordnung müßte erst eine Fülle von Prozessen stattfinden, die in jedem Einzelfalle die Aufwertungsquote festlegten. Die dritte Steuernotverordnung soll nach dem Entwurf den Höchstbetrag der Aufwertung einschließlich Geldwertgewinnsteuer auf 12% für den Normalfall festsetzen. Weiter sind besonders schwierig die Bewertungen von Guthaben und Schulden, welche durch die Beschlagnahmungen des Versailler Vertrages sehr unsicher geworden sind. Ein Teil ist ja wohl bereits abgewickelt, aber die schwebenden Schuldverhältnisse bedürfen einer weiteren Klärung. Auch sonst werden noch manche unsichere Posten vorhanden sein, indessen braucht man die Klagen der Praktiker nicht zu ernst zu nehmen. Sie haben es noch immer verstanden, unsichere Posten zu bewerten, mehr als den wahrscheinlichen Wert hat solch ein unsicherer Posten auch heute nicht.

Schließlich ist die Frage aufzuwerfen, ob der Betrieb ein Interesse daran hat, das E i g e n k a p i t a l hoch oder niedrig anzusetzen. Die Grenzen nach oben oder unten sind durch die Bewertungsgrenzen gegeben.

Mehr als den Tageswert des Reinvermögens in Goldmark darf das Kapitalkonto nicht enthalten. Diese Lösung ist die beste und einfachste in allen Fällen, wo Rücksichten auf die Veröffentlichung nicht in Betracht kommen. Ein Einzelkaufmann oder die offene Handelsgesellschaft, die vor sich selbst stille Reserven legen, sind wirtschaftlich minderwertig, wenn die sonst wohl treibende Ursache der Steuerersparnisse wegfällt. Schon bisher war es bei Einzelkaufleuten und offenen Handelsgesellschaften nicht üblich, besondere Reservekonten zu bilden, die andere als steuerliche Bedeutung hatten. Für die Kapitalgesellschaften mit öffentlicher Bilanzierung kann es ein Nachteil sein, wenn nach Jahrzehnte altem Brauch der Verschleierung ihre Interessenten plötzlich das blendende Licht einer Tageswertbilanz schauen müssen. Eine Verschleierung der Bilanzposten kommt jedoch nur in Frage, soweit die Lage schlechter dargestellt wird, als sie ist. Auch dann hat die Gesellschaft noch die Wahl, nur einen Teil des Reinvermögens als Gesellschaftskapital und den Rest als o f f e n e o d e r s t i l l e R e s e r v e auszuweisen. Es wird keinen schlechten Eindruck machen, sogleich mit einem guten Bestand offener Reserven zu beginnen; stille Reserven kommen praktisch nur für Zwecke der Dividendenstabilisierung und des heimlichen Ausgleichs von Verlusten in Betracht. Dabei muß berücksichtigt werden, daß alles, was aus dem Gegenwartsvermögen etwa in späteren Jahren als Dividende ausgeschüttet wird, im Grunde Vermögensverteilung darstellt. Für das nächste Jahr wird bei den meisten Gesellschaften die Hauptaufgabe darin bestehen, die Organisation wieder zur alten Leistungsfähigkeit zurückzuführen. Es gilt zunächst, erst wieder eine Grundlage für neue Rentabilität zu schaffen, nichts wird mehr dazu beitragen können als eine klare Betriebsrechnung auf Grundlage des Tageswertes sowohl in Bilanz, Erfolgsrechnung, als auch in der Kalkulation. Möge aus dem ersten Einblick in die Wirklichkeit der Werte in allen Betrieben der Wille zur endlichen Einstellung der Unternehmungspolitik auf die ewigen Gesetze der Wirtschaft herauswachsen.

Praxisorientierter Überblick mit vielen konkreten Anwendungsbeispielen

↗

WWW.GABLER.DE

Daniel F. Oriesek / Jan Oliver Schwarz
Business Wargaming
Unternehmenswert schaffen und schützen
2009. XVIII, 181 S. Geb. EUR 39,90
ISBN 978-3-8349-1879-6

Daniel F. Oriesek und Jan Oliver Schwarz geben einen praxisorientierten Überblick über die Methodik des Business Wargaming und schildern eine Vielzahl von konkreten Anwendungsbeispielen in der Unternehmenspraxis. Ein Business Wargame – auch als Strategie-Simulation bezeichnet – ist eine Rollenspielsimulation einer dynamischen Wirtschaftssituation. Durch die dabei gewonnenen Erkenntnisse werden kostspielige Fehlentscheidungen vermieden und zusätzliche Chancen erkannt. Fallstudien zu unterschiedlichen Bereichen der Unternehmensführung illustrieren die Anwendung.

Die Autoren
Daniel F. Oriesek ist Principal bei der Beratungsfirma A.T. Kearney in Zürich und berät nationale und internationale Kunden in verschiedenen strategischen und organisatorischen Fragestellungen, darunter auch Business Wargaming. Neben seiner beruflichen Tätigkeit ist er aktiver Generalstabsoffizier im Führungsstab der Schweizer Armee und arbeitete zuvor für Russel Reynolds Associates, Booz Allen Hamilton und die UBS.
Jan Oliver Schwarz unterrichtet Studierende in Masterprogrammen zu Business Wargaming und publizierte verschiedene Artikel u. a. zu diesem Thema und zu Strategic Foresight. Er ist zur Zeit Doktorand an der Universität der Künste Berlin.

www.wirtschaftslexikon.gabler.de
Jetzt online, frei verfügbar!

↗

Einfach bestellen: buch@gabler.de Telefon +49(0)611. 7878-626

KOMPETENZ IN SACHEN WIRTSCHAFT

GABLER

Die Gründung von Aktiengesellschaften[1,]

Von Prof. Dr. Wilhelm Kalveram, Frankfurt a. M.

Inhalt:

I. *Begriffliches.*
   A. *Wesen der Gründung.*
   B. *Bar- und Sachgründung.*
II. *Motive der Gründung.*
   A. *Allgemeine Gründe.*
   B. *Veranlassungen für die Gründungen der Gegenwart.*

---

[1]) Benutzte Quellen: Schmalenbach, Finanzierungen, 3. Aufl., Leipzig 1922; Werner, Die Handelsgesellschaften, Teil III; Gloeckners Handelsbücherei Bd. 62/63; Wolf-Birkenbihl, Die Praxis der Finanzierung, Berlin 1922; Steiner, Buch- und Rechnungswesen der A.-G., 3. Aufl., Dresden; Schröter, Doppelte Buchführung für A.-G. und Kom.-Ges. a. A., Leipzig 1906; Passow, Die Aktien-Gesellschaften, Jena 1922; Zeitschrift für Aktienwesen, seit 1. November 1923 betitelt: Zeitschrift für Gesellschaftswesen; Zeitschrift für handelswissenschaftliche Forschung; Gründungsakten der Handelskammer Frankfurt a. M.

III. *Juristische Erfordernisse der Gründung.*
   A. *Rechtsgrundlagen.*
   B. *Simultan= und Sukzessivgründung.*
   C. *Erfordernisse einer Bargründung in der Form der Simultan=gründung.*
   D. *Zusätzliche Erfordernisse einer qualifizierten Gründung.*
   E. *Besondere Bestimmungen für die Scheinbargründung.*
IV. *Haftung für die Richtigkeit der Gründungsangaben.*
V. *Die Prüfung des Gründungsherganges durch unabhängige Revi=soren.*
   A. *Der Revisor.*
   B. *Umfang der Prüfung.*
   C. *Inhalt des Prüfungsberichtes.*
   D. *Kritik des Instituts der Prüfung durch unabhängige Revisoren.*
VI. *Wahrung der Rechte der Vorbesitzer bei der Umgründung.*
   A. *Einwirkung der Umgründung auf Vermögen und Gewinn=anteil der Inferrenten.*
   B. *Sicherung des dauernden Einflusses der Vorbesitzer auf die A.G.*
VII. *Gründungskosten und dauernde Mehrkosten der A.G.*
VIII. *Errechnung der Rentabilität und Bestimmung der Kapitalhöhe der zu gründenden A.G.*
IX. *Buchhalterische Darstellung der Gründungsvorgänge.*
X. *Praktisches Beispiel einer Umgründung.*
XI. *Die Haupttypen der Aktiengesellschaften.*
XII. *Die Goldmark=Aktiengründung.*

I. Begriffliches.

A. Wesen der Gründung.

Bei einer Gründung im engeren Sinne oder Neugründung tritt ein neues Erwerbsunternehmen ins Leben. Der Betrag des Grund=kapitalswird entweder ganz in bar eingezahlt, oder es werden neben dem Barkapital einzelne Betriebsgegenstände, wie Maschinen und Gebäude, oder einzelne Rechte, wie Patente und Konzessionen, von den Gründern ein=gebracht.

Der Begriff der Gründung im weiteren Sinne umschließt auch die Umgründung, d. h. jenen Vorgang, durch welchen ein bestehendes wirtschaftliches Unternehmen eine neue Rechtsbasis etwa durch Umwand=lung einer Einzelfirma in eine A.G. (Aktiengesellschaft) erhält. Auch die Zusammenfassung mehrerer wirtschaftlicher Unternehmungen in einer neu zu gründenden Gesellschaft mit anderer Rechtsform ist eine Umgründung. Mit der Aenderung der Rechtsgrundlage kann auch eine Verschiebung der wirtschaftlichen Basis verbunden sein; doch gehört das nicht zum Wesen der Gründung. Eine wirtschaftliche Umstellung des Betriebes durch Aende=rung des Produktionsprogrammes unter Beibehaltung der juristischen Form wird nicht als Gründung bezeichnet.

Der Uebergang von Unternehmungen in andere Hände durch Kauf, Tausch, Erbgang oder Erwerb von Aktienmajoritäten fällt nicht unter den Begriff der Gründung, falls die gleiche Rechtsform beibehalten wird. Werden dagegen vorhandene oder herzustellende Anlagen oder ganze bestehende Unternehmungen von einer zu gründenden Aktiengesellschaft durch Kauf übernommen, so spricht man von **Uebernahmegründung**.

Von der Gründung ist die **Fusion** zu unterscheiden, die darin besteht, daß eine bestehende A.G. die Aktiva und Passiva einer sich auflösenden A.G. gegen Hingabe von eigenen Aktien übernimmt, oder daß eine neue A.G. auf dem Wege des Aktienaustausches durch Uebernahme des Vermögens und der Schulden mehrerer sich auflösender A.G. gebildet wird.

Zu den **Gründern einer A.G.** gehören (§ 187 HGB.) 1. diejenigen **Personen, die den Gesellschaftsvertrag feststellen**, 2. diejenigen, welche **andere als durch Barzahlung zu leistende Einlagen** (Sacheinlagen, Apports) machen. Die Mindestzahl der Gründer ist 5; sie können sowohl physische als auch juristische Personen sein.

B. Bar- und Sachgründung.

Nach der Art der Einbringungsgegenstände unterscheidet man **Bar-, Sach- und verschleierte Sachgründungen**.

1. Die **Bargründung** oder **Gründung „von Grund auf"**. Das aus Bareinlagen gebildete Unternehmerkapital wird dazu verwendet, das Unternehmen zu errichten und zu führen; es dient dem Bau von Gebäuden, dem Erwerb von Maschinen und Vorräten usw. In manchen Fällen wird für jede Aktie ein höherer als der Nominalpreis bezahlt, also etwa für eine 1000 Mark-Aktie 1200,— Mark. Das Agio dient dazu, die Kosten der Gründung zu decken und die gesetzliche Reserve zu bilden (§ 262, 2.).

Die Ausgabe von Agioaktien bei einer Bargründung ist gerechtfertigt, wenn die Persönlichkeiten der Gründer eine Gewähr für das Gelingen des Unternehmungsplanes bieten, wenn günstige Lieferungsbedingungen und gute Konnexe bestehen und durch die Besetzung von Vorstand und Aufsichtsrat garantiert sind.

2. Die **echte Sachgründung**. (**Qualifizierte Gründung, Einbringungsgründung, Illationsgründung**, von inferre = hineinbringen, illatum = hineingebracht.) Drei Fälle sind möglich:

a) **Neben dem Barkapital werden einzelne Sachwerte von den Inferrenten eingebracht**. Die eingebrachten Sachwerte können sein: α) **Körperliche Sachen** (Grundstücke, Gebäude, Waren), β) **Rechte** (Patente, Erfindungen, Anteilsrechte an fremden Unternehmungen, Rechte aus Pacht- und Mietverträgen), γ) **Forderungen** aus Schuldverhältnissen, und zwar sowohl Forderungen der Gründer an ein anderes Unternehmen als auch Forderungen der Gläubiger der umzuwandelnden Gesellschaft an diese. Die Gläubiger werden dann in Aktien abgefunden und tauschen so ihre Gläubigerrechte gegen Inhaberrechte aus.

b) **Ein ganzes wirtschaftliches Unternehmen wird in die Rechtsform einer A.G. umgewandelt** (**Umgründung**). Der gesamte Wert des Unternehmens als wirtschaftliche Einheit, als lebendiger Organismus mit allen Aktiven und Passiven, einschließlich seiner immateriellen Werte (Firmenwert, Kundschaft, Organisation usw.) wird eingebracht. Meist muß der Einleger die Garantie für den Eingang der bestehenden Forderungen übernehmen und die Erklärung abgeben, daß keine anderen als die in der Uebernahmebilanz aufgeführten Forderungen bestehen.²) Auch Konkurrenzklauseln sind in Vorgründungsverträgen nicht selten. Der Inferrent verzichtet auf Errichtung eines ähnlichen Unternehmens oder auf eine Betätigung in einem solchen und unterwirft sich im Falle einer Zuwiderhandlung einer Konventionalstrafe.

Bei der Abfindung der Inferrenten in Aktien sind folgende Fälle möglich: α) Die Einleger bekommen für den vollen Wert der Sacheinlagen Aktien zu pari, die als voll eingezahlt angesehen werden (Gebräuchlichster Fall). — β) Durch die Sacheinlagen wird nur ein Teil des Aktienwertes abgegolten, der verbleibende Rest ist sofort oder später in bar einzuzahlen. — γ) Die Inferrenten werden durch einen Nominalbetrag von Aktien voll abgefunden, der hinter dem Wert der Sacheinlagen zurückbleibt, z. B. bei einer Sacheinlage im Werte von 60 000,— M. werden 50 Aktien zu 1000,— M. nominal gewährt, so daß also jede Aktie als Ueberpari-Aktie im Kurse von 120% gilt. — δ) Die Einleger erhalten einen Teil ihrer Einlagen in Pari oder Agioaktien, den Rest in bar. Das ist besonders der Fall, wenn kleine Spitzenbeträge des Kapitalkontos der Vorbesitzer ausgeglichen werden sollen. ε) Die Inferrenten erhalten als Ausgleich für die zu niedrige Bewertung ihrer Sacheinlagen neben den Aktien auch Genußscheine. Es ist nicht ausgeschlossen, daß die alten Besitzer mit einem Teilbetrage Gläubiger des Unternehmens werden und daß diese Forderungen an das neue Unternehmen durch Eintragung einer Hypothek auf den Grundbesitz der A.G. oder durch Ausgabe von Obligationen besonders verbrieft werden.

c) Einzelne Sachwerte oder ganze Unternehmungen werden von der zu gründenden A.G. durch Kauf übernommen.³) Diese Uebernahmegründung ist rechtlich der Illations- oder Einbringungsgründung gleichgestellt, weil sonst eine Umgehung der Bestimmung der Sachgründung leicht möglich wäre.⁴)

3. Die verschleierte Sachgründung (Scheinbargründung oder Nachgründung). Man vollzieht zuerst eine Bargründung und kauft später mit den Barmitteln das umzuwandelnde Unternehmen bzw. einzelne Anlagen und Betriebsgegenstände; oder man gründet die A.G. zunächst mit kleinem Kapital in der Form der Bargründung und erhöht das Kapital in naher Zukunft zum Zwecke der Einbringung von Sachwerten. Diese Gründungsform dient zur Umgehung der reinen Sachgründung, die durch gesetzliche Vorschriften erschwert ist. Juristisch ist die Nachgründung eine Bargründung mit nachfolgender Kapitalerhöhung, wirtschaftlich aber stellen beide Akte einen einheitlichen Gründungsvorgang dar.

---

²) In der Regel liegt eine Bescheinigung eines Treuhänders vor, die erklärt, daß die Debitoren in voller Höhe vorhanden sind, und daß die ausgewiesenen Darlehen und Kreditoren den schriftlichen Darlehnsverträgen und der Korrespondenz entsprechen. Meist enthält die Bescheinigung eine Spezialisierung der Schuldner und Gläubiger mit Umrechnungskursen der Valutaverpflichtungen und Forderungen.

³) Die Gründer leisten ihre Einlagen zwar in Bar. Die Bareinlagen dienen aber zum Erwerb von Sachwerten, die sich im Besitz von Aktionären oder Dritten befinden.

⁴) „Eingelegte" Gegenstände (Einlagen) sind gegen Aushändigung von Aktien dem Unternehmen zur Verfügung gestellte Sachwerte. Bei „übernommenen" Gegenständen besteht die Gegenleistung nicht in Aktien sondern in einer anderen Vergütung (Bargeld usw.).

II. Motive der Gründung.

A. Allgemeine Gründe.

1. **Kapitalanlage.** Bei einer Bargründung wollen Kapitalbesitzer einen Teil ihrer verfügbaren Mittel in einem von ihnen geleiteten oder beeinflußten Unternehmen fruchtbringend anlegen und zugleich ihr Risiko auf diese Kapitalanlage beschränken. Da die Rentabilität eines geplanten Unternehmens nicht vorausgesehen werden kann, so hat ein Appell an den Kapitalmarkt zur Gewinnung von Mitgründern im Falle der Bargründung nicht immer Erfolg. Im allgemeinen zieht der Kapitalbesitzer vor, seine Mittel einem Unternehmen anzuvertrauen, dessen Lebensfähigkeit bereits in Form einer Einzelfirma oder Personengesellschaft erprobt wurde, und das dann in eine A.G. umgewandelt werden soll.

2. **Ausnutzung von Sachwerten oder Rechten.** Einzelne Sachwerte oder Rechte sollen in einer zu gründenden A.G. nutzbar gemacht werden; vielleicht erhofft der Inferrent auf diesem Wege durch besonders günstige Bewertung oder durch Ausbeutung unter seinem Einfluß einen höheren Ertrag, als er sich durch Verkauf erzielen läßt. Bei der Einbringung kann auch die Absicht vorherrschend sein, sehr illiquide Gegenstände in der Form der marktgängigen Anteilspapiere zu mobilisieren.

3. **Finanzierung.** Ein bereits bestehendes Unternehmen hat einen Kapitalbedarf, der über das Privatvermögen der Unternehmer hinausgeht. Es sucht dieses neue Kapital auf dem Wege der Umgründung in eine A.G. Die Gründung hat also den Hauptzweck der Finanzierung. Die Höhe des Aktienkapitals wird dann bestimmt durch das bisherige Reinvermögen der Unternehmung, vermehrt um das notwendige Neukapital. Nur wenn neue Mittel voraussichtlich dauernd benötigt werden, ist die Beschaffung auf dem Wege der Aktienausgabe zu empfehlen. Wollen die bisherigen Besitzer nur den hinzukommenden Teil des Kapitals in der Form der Aktien mobilisieren, so entsteht die schwerfällige Form der Kommanditgesellschaft auf Aktien.

Auch die höhere **Kreditfähigkeit der A.G.**, welcher Darlehen in Form von Obligationen oder Buchkrediten leichter zur Verfügung stehen als Personengesellschaften, kann ein Grund für die Umwandlung sein.

4. **Sicherung des Privatvermögens.** Die bisherigen Inhaber einer Personengesellschaft möchten ihr Risiko vermindern oder wenigstens nicht vermehren und ihre Haftung auf ihren Aktienbesitz am Unternehmen beschränken. Gerät die A.G. in Konkurs, so verliert der Aktionär höchstens seine Einlage. Sein Privatvermögen wird im übrigen vom Konkurse nicht berührt. Wünschenswert ist eine solche Risikobeschränkung besonders, wenn verantwortungsvolle und wagnisreiche Geschäfte Angestellten überlassen werden müssen, wenn die Gesellschafter einer Personengesellschaft sich nicht gegenseitig überwachen können, weil jeder einem anderen Betriebe vorsteht, wenn die Gesellschafter sich nicht genügend kennen oder wenn die wirtschaftliche Lage sehr verworren ist.

5. **Teilweise Liquidierung des Geschäftsvermögens.** Die alten Inhaber wollen ihr Kapital oder einen Teil desselben aus dem Unternehmen zurückziehen. Sie wählen statt einer Veräußerung des Geschäftes im Ganzen oder einer Liquidation die Umwandlung in eine A.G. und den Verkauf eines Teiles der ihnen zufallenden Aktien. Auf diesem Wege vermögen sie ihren Einfluß auf das Unternehmen ganz oder teilweise zu erhalten. Durch **Schaffung von mehrstimmigen Vorzugs**

aktien kann dem Vorbesitzer trotz Abstoßung eines großen Teiles der ihm zufallenden Aktien ein weitgehender Einfluß auf sein Unternehmen verbleiben. Vielfach sichert sich der Vorbesitzer durch Umgründung den Kapitalwert des Unternehmens auf der Grundlage der gegenwärtigen Rentabilität. In dem Agio, das ihm bei Veräußerung der Aktien gezahlt wird, erhält er den durch seine Tätigkeit erzielten Erfolg.

6. Sicherung der Familie. Die Umgründung erleichtert Vermögensauseinandersetzungen zwischen den Inhabern einer Unternehmung beim Tod oder Austritt eines Teilhabers, ohne das Unternehmen zu schwächen und zu erschüttern oder seinen Bestand zu gefährden. Das ausscheidende Mitglied oder seine Erben werden in Aktien abgefunden, die nach freiem Ermessen veräußert werden können. Ueberlebende Ehefrauen werden durch Umwandlung der Firma zu Lebzeiten des Mannes oft am besten geschützt. Die allmähliche Ueberführung einer Unternehmung auf die heranwachsenden Söhne wird durch Umgründung zuweilen erleichtert.

7. Loslösung der Person von der Unternehmung. Das Gedeihen des Geschäftes wird unabhängig vom Schicksal des Inhabers; sein Tod gefährdet nicht den Fortbestand des Unternehmens. Scharfe Differenzen und Reibungen zwischen den Inhabern oder Erben über die Höhe der Abfindungssumme, wie sie bei der Offenen Handelsgesellschaft nicht selten sind, sind bei der A.G. ausgeschlossen, da eine Abfindung überhaupt nicht stattfindet. Auch der Konkurs eines Aktionärs berührt die A.G. in keiner Weise. Wenn ein unfähiger Kopf die Entwicklung eines Unternehmens hemmt, oder wenn Disharmonie zwischen seinen Leitern besteht, kann durch geschickte Formulierung der Satzungen bei der Umgründung eine wirtschaftlichere Verteilung der Funktionen und eine Ausschaltung hemmender Persönlichkeiten herbeigeführt werden.

8. Gründergewinn. Ferner können die Aussichten auf Gründergewinn und Gründerprovisionen, auf Emissionsgewinn bei dem „auf den Markt bringen" der Aktien oder auf indirekte Vorteile (Wahl in den Vorstand oder Aufsichtsrat) zur Gründung von A.G. veranlassen.

9. Verkehrsfähigkeit. Die A.G. erleichtert den Anschluß an andere Werke durch Beteiligung, Interessengemeinschaften, Eintritt in Verkaufssyndikate usw., macht also das Unternehmen verkehrsfähiger.

B. Veranlassungen für die Gründungen der Gegenwart.

In der Gegenwart spielen bei der massenhaften Gründung von Aktien-Gesellschaften Kredit-, Risiko- und Steuerfragen eine wichtige Rolle. Das gewaltige Kapitalbedürfnis der Inflationszeit, zum Teil hervorgerufen durch falsche Kalkulation und Bilanzierung, zum Teil auch erwachsen aus der Rückbildung des Kreditverkehrs zum Bar- und Vorauszahlungsverkehr, läßt sich auf dem Wege der Aktiengründung am leichtesten befriedigen. Hierbei sucht man gleichzeitig eine feste Verkettung mit der Emissionsbank, die im Aufsichtsrat einen Sitz erhält, um vor Kreditrestriktionen in schwierigen Zeiten sicher zu sein. Starker Substanzverlust infolge nomineller Selbstkostenrechnung war die wichtigste Ursache für die Hochflut von Aktiengründungen. Zahlreiche Unternehmen, die sich festgefahren hatten, sollten auf diese Weise wieder flott werden. Man vermochte keine Rohstoffe mehr einzukaufen bzw. keine Produktionsmittel zu ersetzen und mußte einen Teil der Inhaberrechte herausgeben, um das Unternehmen als Ganzes zu retten.

Auch die Möglichkeit der Beschränkung der Haftung auf das Aktienkapital spielte bei den zahlreichen Umgründungen mit Rücksicht auf die unsichere wirtschaftliche Lage eine große Rolle.

Sodann war die Bildung der A.G. vielfach ein Mittel, das Betriebs= kapital vor einem Uebermaß von Steuern zu schützen. Der Steuersatz war bisher bei der Körperschaftssteuer konstant: 20% vom ausgewiesenen und außerdem 25% vom ausgeschütteten Gewinn, dazu kam die vom Aktionär zu zahlende Einkommensteuer. Bei der Personengesell= schaft aber fand eine progressive Besteuerung des Gesamteinkommens bis zu 60% statt. Wenn ein Unternehmen nur einen Teil des Gewinnes zur Ausschüttung brachte, den Rest aber zur inneren Kräftigung verwendete, so konnte bei einer erheblichen Gewinnquote die Form der A.G. steuerlich günstiger als die der offenen Handelsgesellschaft sein. Steuerlich vorteilhaft wirkte auch, daß die Bezüge von Aufsichtsrat und Vorstand auf Unkosten verbucht werden konnten, so daß diese ebenso wie die Entnahmen der Gesell= schafter nur der Einkommensteuer bei den Empfängern, nicht aber der Körperschaftssteuer unterlagen. Wenn bei einer A.G. ein Geschäftsjahr mit Verlust schloß, so waren die Reinerträgnisse des nächsten Gewinnjahres so weit von der Körperschaftssteuer frei zu lassen, als sie zur Deckung des Ver= lustes des Vorjahres erforderlich waren. Diese Möglichkeit der Aufrechnung war dem Einzelkaufmann und der Personengesellschaft nicht gegeben. Hier war der ganze Jahresgewinn zu versteuern.[5]) Trotzdem ist die Behauptung. die A.G. sei steuerlich bevorzugt, sehr gewagt. Der einzelne Fall ist nachzu= prüfen. Außerdem ist stets zu bedenken, daß ein rascher Wechsel der Steuer= gesetze solche Vorteile aufheben und in ihr Gegenteil wandeln kann. Bei der Erbschaftssteuer liegt für den Aktionär der Verkaufswert des An= teils, nicht der rechnerische Anteil am tatsächlichen Verkaufswert (gemeiner Wert) der Gesamtunternehmung zugrunde. Daraus kann sich insofern ein Vorteil ergeben, als erfahrungsgemäß der Verkaufswert der Aktien oft hinter dem rechnungsmäßigen Anteil an der Unternehmung zurückbleibt, vor allem, wenn das Dividendenmaß beschränkt wird, um das Unternehmen innerlich zu stärken.

In vielen Fällen waren Aktiengründungen eine Sache der Mode. Ohne wirtschaftliche Notwendigkeit wurde oft der schwerfällige Apparat der A.G. für Tätigkeiten gewählt, die von einer Einzelperson im Nebenamte leicht hätten durchgeführt werden können. Ausnutzung der Gutgläubigkeit und Dummheit Dritter, Spekulationslust, Großmannssucht und Schlimmeres mögen dabei mitgewirkt haben.

Als eine häufige Veranlassung zur Gründung von A.G. ist schließlich Ver= drossenheit und Verärgerung mancher Geschäftsinhaber über die Wandlungen der Gegenwart zu nennen. Mancher Kaufmann identifiziert sich mit seinem Geschäft, arbeitet nicht nur aus Gewinnstreben, sondern auch, um sein ureigenes Werk wachsen zu sehen. Gesetzliche Ein= griffe in den freien Markt und den freien Arbeitsvertrag, der Zwang zur Ein= stellung oder Weiterbeschäftigung von Kräften, die vielleicht einen verhäng= nisvollen Einfluß auf die Werksangehörigen ausübten, die starre Bindung an die Entscheidungen der Tarifkommissionen und Schlichtungsausschüsse, die sich vermehrende Spannung zwischen ihm und den Arbeitnehmern infolge der nie endenden unerquicklichen Lohnverhandlungen, die Unsumme von un=

---

[5]) Die alte Körperschaftssteuer ist durch die Steuernotverordnungen vom 7. und 19. Dezember 1923 mit dem 1. Januar 1924 außer Hebung gesetzt worden.

produktiver Arbeit, die mit der Lohnrechnung und Lohnauszahlung und mit steuerlichen Verpflichtungen verbunden war, das Zusammenschrumpfen seiner Lagervorräte und die Undurchsichtigkeit seiner Rechnungsführung ließen sein Interesse an seinem Werk erkalten und den Wunsch aufkommen, in einer A.G. als Leiter oder Angestellter in einem begrenzten Arbeitsfelde mit begrenztem Risiko zu wirken, um den Mühen des allein verantwortlichen Leiters enthoben zu sein.

III. Juristische Erfordernisse der Gründung.
A. Rechtsgrundlagen.

Bis zum Jahre 1870 war die Errichtung einer A.G. von staatlicher Genehmigung abhängig. Durch die Aktiennovelle vom 11. Juni 1870 trat an die Stelle der Konzessionspflicht das System der Normativbestimmungen, wonach die Gründung der A.G. rechtswirksam wurde, wenn der Gesellschaftsvertrag und der Gründungsvorgang den zwingenden Anforderungen des Aktienrechtes entsprachen. Da in den Jahren 1870 bis 1873 zahlreiche ungesunde, kurzlebige Gründungen erfolgten, bei denen insbesondere die Frage der Angemessenheit der Bewertung der eingebrachten Sachgüter nicht mit der Sorgfalt eines ordentlichen Kaufmanns behandelt wurde, stellte man in der Aktiennovelle vom 18. Juli 1884 wesentlich straffere Anforderungen an die Sachgründung. Vor allem wurde die Verantwortlichkeit der Gründer und der Verwaltungsorgane verschärft und die sorgfältige Nachprüfung des Gründungsherganges vorgeschrieben, um Aktionäre und Gläubiger gegen unlautere und leichtfertige Gründungen zu schützen. Diese Vorschriften sind in das HGB. vom 10. Mai 1897 übernommen und teilweise erweitert worden.

B. Simultan- und Sukzessivgründung.

Das Aktiengesetz unterscheidet zwei Gründungsarten. Bei der Simultan- oder Einheitsgründung (§ 188) werden sämtliche Aktien von den mindestens fünf Gründern bei der Gründung übernommen. Bei der Sukzessiv- oder Stufengründung (§ 189) übernehmen die Gründer nur einen Teil der Aktien selbst; es genügt die Uebernahme von je 1 Aktie gegen Leistung einer Bar- oder Sacheinlage. Die Unterbringung der übrigen Aktien erfolgt durch die der Errichtung der Gesellschaft vorangehende Zeichnung. Wer diese Aktien ganz oder teilweise übernimmt, hat eine schriftliche Erklärung abzugeben, „aus der die Beteiligung nach der Anzahl und, falls verschiedene Gattungen von Aktien ausgegeben werden, nach dem Betrag oder der Gattung hervorgehen muß". In der Gegenwart hat die Unterscheidung zwischen Simultan- und Sukzessivgründung kaum eine praktische Bedeutung, da die durch die Aktiennovelle von 1884 mit gesetzlichen Fesseln umgebene Stufengründung fast nicht mehr gewählt wird. Falls die Gründer das gesamte Kapital bei der Neu- oder Umgründung nicht aufbringen können, wird meist eine Bank als Mitgründer herangezogen, die den Rest der Aktien mit der Absicht späterer Emission fest übernimmt und so die Simultangründung ermöglicht. Im Gründerkonsortium nimmt die Bank meist nicht unter ihrem eigenen Namen teil; als Gründer erscheint vielmehr ein von ihr vorgeschobenes Aufsichtsratsmitglied, ein leitender Beamter oder eine andere ihr nahestehende Persönlichkeit.

In England und zum Teil in den Vereinigten Staaten ist auch heute noch die Sukzessivgründung üblich, weil dort die starken gesetzlichen Hemmungen fehlen. Die sieben Gründer (promoters) brauchen selbst nur je eine Aktie zu übernehmen. Die Unterbringung der Aktien wird den meist nicht kapitalkräftigen Gründern durch das Underwriting-System erleichtert. Die Underwriters verpflichten sich, alle oder einen bestimmten Teil jener Aktien, die auf dem Markte auf Grund von Prospekten nicht untergebracht werden können, zu übernehmen und sichern so das Gelingen des Geschäftes. Für diese Garantieübernahme wird eine Underwriting-Provision auf die ganze Emission gewährt. Ist nur die Hälfte der Aktien plaziert worden, so erhält der Underwriter bei einem vereinbarten Satz von 2% den Rest der Aktien zu einem 4% unter dem Emissionskurse liegenden Preis, so daß also der Uebernahmekurs um so mehr sinkt, je mehr Aktien durch den Promoter untergebracht werden. Der Underwriter begrenzt vielfach sein Risiko durch teilweise Abwälzung der Uebernahmegarantie auf Subunderwriters. Zur Uebernahme der Garantie findet zuweilen eine förmliche Zeichnung statt.

C. Erfordernisse einer Bargründung in der Form einer Simultangründung.

1. Von den mindestens fünf Gründern ist ein Gesellschaftsvertrag aufzustellen, dessen obligatorischer Inhalt umfaßt (§ 182): a) Betrag und Gattung der von jedem Gründer übernommenen Aktien, b) Firma und Sitz der Gesellschaft, c) Gegenstand des Unternehmens, d) ziffernmäßige Angabe der Höhe des Grundkapitals und der einzelnen Aktien, e) Art der Bestellung und Zusammensetzung des Vorstandes, f) Form, in der die Berufung der Generalversammlung und die Bekanntmachungen der Gesellschaft erfolgen.

2. Ueber die Feststellung des Gesellschaftsvertrages ist eine gerichtliche oder notarielle Verhandlung aufzunehmen (Gründungsprotokoll). Diese Beschlußfassung über den Gesellschaftsvertrag hat den Charakter einer konstituierenden Generalversammlung.

3. In der gleichen oder einer späteren Verhandlung ist der erste Aufsichtsrat zu bestellen. Das Protokoll muß die Erklärung der Gewählten über die Annahme der Wahl enthalten.

4. Der erste Vorstand wird auf Grund der Bestimmungen des Gesellschaftsvertrages bestimmt. Durch Statut kann die Bestellung des Vorstandes dem Aufsichtsrat übertragen werden. Erfolgt die Wahl gleichzeitig mit der Feststellung der Statuten und der Wahl des Aufsichtsrates, so ermäßigen sich die notariellen Kosten. Unabhängig von der notariell beglaubigten Bestellung des Gesamtvorstandes wird ein Anstellungsvertrag unter Privatunterschriften mit jedem einzelnen Vorstandsmitgliede abgeschlossen, der dessen Rechte und Pflichten genau umgrenzt.

5. Die Gesellschaft gilt erst als errichtet, wenn die fünf Gründer die Aktien im eigenen Namen übernommen haben; mindestens 25% des Nennbetrages jeder Aktie und bei einer Ueberpariemission außerdem das volle Agio müssen zur Verfügung des Vorstandes stehen. Akzept- oder Scheckhingabe oder Verrechnung mit einer Gegenforderung sind unzulässig; dagegen genügt Einzahlung bei einer Bank und Bestätigung der Bank über die erfolgte Deponierung.

6. Alle Mitglieder des Vorstandes und Aufsichtsrates haben den Gründungshergang zu prüfen und darüber einen Bericht

aufzusetzen (Prüfungsbericht, § 192). Sie sollen insbesondere feststellen, ob die in Ansehung der Einzahlung des Grundkapitals gemachten Angaben richtig und vollständig sind. Bei der Prüfung bilden Vorstand und Aufsichtsrat nicht eine geschlossene Körperschaft; sie sind verpflichtet, einzeln und selbständig zu prüfen, wenn auch ein gemeinsamer Bericht erstattet werden darf.

7. Die Gesellschaft ist bei dem Gericht, in dessen Bezirk sie ihren Sitz hat, von allen Gründern und Mitgliedern des Vorstandes und Aufsichtsrates zur Eintragung in das Handelsregister anzumelden (§ 195). Werden Zweigniederlassungen errichtet, so ist die Eintragung auch bei den für die Zweigniederlassungen zuständigen Gerichten zu bewirken. Vor der Eintragung besteht die Gesellschaft nach außen als solche nicht. Für Handlungen vor der Eintragung haftet also nicht die Gesellschaft, sondern der Kontrahent persönlich (§ 200). In der Anmeldung ist die Erklärung abzugeben, daß auf jede Aktie der eingeforderte Betrag bar eingezahlt und im Besitze des Vorstandes ist. Von einer Aufzählung des Geldes vor dem Richter wird jetzt meist abgesehen. In der Regel wird eine Erklärung der Bank vorgelegt, daß der neuen Gesellschaft der Betrag zur Verfügung des Vorstandes unter der Bedingung gutgeschrieben ist, daß das Depot bis zur handelsgerichtlichen Eintragung gesperrt bleibt. Auch ein Nachweis der Einzahlung durch bestätigten Reichsbankscheck ist üblich.

Der Anmeldung sind folgende Nachweise in Urschrift oder beglaubigter Abschrift beizufügen: a) der Gesellschaftsvertrag, b) die gerichtliche oder notarielle Verhandlung über die Feststellung des Gesellschaftsvertrages (Gründungsprotokoll) und — falls die Aktienübernahme nicht bei Feststellung des Statutes erfolgt — auch die Verhandlungen über die nachträgliche Uebernahme der Aktien durch die Gründer unter genauer Angabe der Beträge, welche die Gründer übernehmen, c) die Urkunden über die Bestellung von Aufsichtsrat und Vorstand, wenn nicht das Gründungsprotokoll diese Angaben enthält, d) Prüfungsbericht von Vorstand und Aufsichtsrat über den Gründungshergang, e) die Genehmigungsurkunden, falls der Gegenstand des Unternehmens einer staatlichen Genehmigung bedarf, und falls es sich um die Ausgabe von Kleinaktien handelt (§ 180), f) ein Nachweis des Finanzamtes, daß die aus Anlaß der Gründung zu zahlende Gesellschaftssteuer entrichtet ist,[6]) g) eine Erklärung, daß Rechtsgeschäfte, die auf einen Erwerb durch die A.G. hinzielen, nicht abgeschlossen wurden.

Alle Mitglieder des Vorstandes haben ihre Unterschrift zur Aufbewahrung beim Gericht zu zeichnen.

8. Die erfolgte Eintragung wird durch den Registerrichter unverzüglich im Reichsanzeiger und in den Gesellschaftsblättern bekannt gegeben.

D. Zusätzliche Erfordernisse einer qualifizierten Gründung.

Bei jeder Sachgründung ist eine Ueberbewertung der eingebrachten Sachwerte und eine Aktivierung von geringwertigen Rechten oder von Organisationskosten zum Zwecke der Erzielung von Gründungsgewinnen möglich.

---

[6]) Der dem Gründungsvorgang beiwohnende Notar muß binnen einer Woche nach diesem dem Finanzamt eine beglaubigte Abschrift der Gründungsurkunde mit der Versicherung, daß keinerlei nicht genannte Leistung vereinbart wurde, vorlegen, damit dieses gemäß § 75 KVStG. die Gesellschaftssteuer festsetzt.

Eine solche zu günstige Darstellung der finanziellen Kräfte muß die gesunde Entwicklung des Unternehmens hemmen und kann zur Schädigung der Aktionäre und Gläubiger führen. Zu ihrem Schutz hat der Gesetzgeber die qualifizierte Gründung durch zusätzliche Gründungserfordernisse erschwert. Den Begriff der qualifizierten Gründung beschränkt aber das Gesetz nicht auf den Tatbestand der Einbringung von Sachwerten. Sie liegt vielmehr stets vor, wenn eine o'er mehrere der folgenden Voraussetzungen zutreffen:

1. Die Aktionäre machen auf ihre Anteile andere Einlagen als bares Geld.
2. Vorhandene oder herzustellende Anlagen oder sonstige Vermögensgegenstände werden von der zu errichtenden Gesellschaft (durch Kauf usw.) übernommen.
3. Die Mitglieder des Vorstandes oder Aufsichtsrates gehören zu den Gründern. Die Identität von Gründern und Vorstand bzw. Aufsichtsrat läßt sich leicht dadurch vermeiden, daß als Gründer Strohmänner vorgeschoben werden, so daß die Verwaltungsorgane formell unbeteiligt sind.
4. Für die Gründung oder deren Vorbereitung wird eine Entschädigung oder Belohnung den Gründern, Aktionären oder anderen ausbedungen.

Die zusätzlichen Erfordernisse für die qualifizierte Gründung sind folgende:

1. Alle Sacheinleger sind Gründer und daher der Gründerverantwortlichkeit unterworfen. Mit den übrigen Gründern sind sie als Gesamtschuldner zivil- und strafrechtlich haftbar (§ 202).
2. In den Gesellschaftsvertrag sind außer dem bei der Bargründung geforderten Inhalt folgende Angaben einzufügen:

a) Der Gründungsaufwand, der zu Lasten der Gesellschaft an einzelne Aktionäre oder Dritte als Entschädigung oder Belohnung für die Gründung oder deren Vorbereitung zugestanden wurde. Das Gesetz läßt solche Entschädigungen zu, weil mit den Vorarbeiten für die Gründung und mit der Organisation des Betriebes Zeit und Mühe verbunden ist, und weil jede Gründung die Uebernahme eines Risikos erfordert. Aber der Gesamtaufwand dieser Vergütung, welcher zu Lasten der Gesellschaft als Belohnung oder Entschädigung gezahlt wird, ist im Statut anzugeben.

b) Alle anderen besonderen Vorteile, die zugunsten einzelner Aktionäre oder Dritter bedungen sind (Sondervorrechte). In Deutschland kommt eine direkte Begünstigung der Aktionäre durch Provisionen usw. nur noch selten vor. Statt dessen erhalten die Gründer manchmal das Anrecht auf einen bestimmten Gewinnanteil zugesprochen, der ihnen durch Ausgabe von Genußscheinen besonders verbrieft wird. Auch die vertragliche Zusicherung einer Umsatzprovision oder einer jährlichen Mindestzahlung sind nicht selten. Weitere Vorteile entstehen ihnen meist aus ihrer Mitgliedschaft im Aufsichtsrate und Vorstande. Die Banken als Mitglieder des Aufsichtsrates sichern sich zuweilen durch besondere Verträge die Abwicklung des gesamten Geld- und Kreditverkehrs für das neue Unternehmen. Industrieunternehmen gründen zuweilen Tochtergesellschaften mit der Absicht, sich bei diesen sämtliche Aufträge, die in ihre eigene Produktionssphäre fallen, zu sichern. Diese Sondervorteile sind also nicht mit den Vorteilen, welche bestimmten Gattungen von Aktien zugesprochen werden, zu verwechseln. Sie sind entweder an die Person des Gründers geknüpft oder werden durch außer den Aktien ausgegebene Genußscheine verbrieft. § 283 verbietet ausdrücklich, den Gründern ein Vorrecht auf den Bezug neu auszugebender Aktien zu gewähren. Für alte Gesellschaften bieten solche aus der Zeit vor der Aktiennovelle von 1884 stammenden Ansprüche der Gründer auf junge Aktien eine starke Fessel. Die meisten dieser Gründervorrechte sind aber abgelöst worden.

c) Die auf das Gründerkapital an Geldes statt gemachten Sacheinlagen mit Nennung der Einleger, des Gegenstandes und Wertes der Einlage und des Betrages der Aktien der hierfür gewährt wurde (§ 186, 2). Entsprechend sind im Falle der Uebernahme vorhandener oder herzustellender Anlagen oder sonstiger Gegenstände der Gegenstand der Uebernahme, die Person, welche übergeben hat und die zu gewährenden Vergütungen in das Statut einzufügen. Fehlen diese Angaben im Statut, so ist der betreffende Verkauf der Gesellschaft gegenüber nicht wirksam.

d) Bei Umwandlungen auch die Einzelheiten der Uebernahmebedingungen. Um dem Gesellschaftsvertrage den Charakter eines Dauervertrages zu geben, werden vielfach die Bestimmungen über Gründungsaufwand, Sacheinlagen, besonders vorteilhafte Uebernahmebedingungen usw. nicht in das Statut, sondern in das notarielle Gründungsprotokoll aufgenommen. Dieses ist dann ein Mantelvertrag zu dem Statut, der als ein wesentlicher Bestandteil der Gründungsakten erklärt wird.

3. Die Gründer haben einen schriftlichen Gründerbericht (§ 191) über die Bewertung der Apports zu erstatten und die Umstände darzulegen, aus welchen sich die Angemessenheit der für die eingelegten oder übernommenen Gegenstände gewährten Beträge ergibt (Erwerbs- und Herstellungspreise, Betriebsergebnisse der beiden letzten Jahre, vorausgegangene Rechtsgeschäfte, die auf den Erwerb durch die Gesellschaft hingezielt haben).

4. Der gesamte Gründungsvorgang ist nicht nur vom Vorstand und Aufsichtsrat, sondern auch von unabhängigen Revisoren, die vom Gericht oder der Handelskammer bestellt werden, eingehend zu prüfen (§ 192). Das Ergebnis der Prüfung ist in einem schriftlichen Bericht niederzulegen (Revisionsbericht).

5. Die unter 3. und 4. geforderten Nachweise sind mit den bei der Bargründung genannten zum Handelsregister einzureichen; außerdem sind beizufügen: Das Schreiben der Handelskammer, durch welches die Revisoren bestellt sind, die Bescheinigung der Handelskammer über die erfolgte Einreichung des Prüfungsberichtes, eine Abrechnung über den Gründungsaufwand mit genauer Angabe der gezahlten Vergütungen nach Art und Höhe ihrer Empfänger, sowie im Falle der Gewährung von besonderen Vorrechten an einzelne Aktionäre oder Aktionärgruppen der Vertrag über die Verleihung derselben. Meist wird die Erklärung hinzugefügt, daß andere Verträge als die bezeichneten nicht zugrunde liegen oder beschlossen worden sind. In der Veröffentlichung, durch welche die Eintragung zum Handelsregister bekannt gemacht wird, ist anzugeben, daß von den mit der Anmeldung eingereichten Schriftstücken beim Gericht Einsicht genommen werden kann; auch ist der Gründungsaufwand in dieser Veröffentlichung bekannt zu geben.

6. Das Börsengesetz bestimmt in § 41, daß die Zulassung von Aktien zur amtlichen Notiz im Falle einer Neu- oder Umgründung nicht vor Ablauf eines Jahres nach Eintragung der Gesellschaft in das Han-

delsregister und nicht vor der Veröffentlichung der ersten Jahresbilanz und Gewinn= und Verlustrechnung erfolgen darf.

E. **Besondere Bestimmungen für die Scheinbargründung.**

Die erschwerenden Erfordernisse einer Sachgründung sucht man vielfach dadurch illusorisch zu machen, daß man sich bei der Umgründung bestehender Unternehmungen in eine A.G. hinter einer Bargründung versteckt.

Durch diese Wahl der Nachgründung wird die Pflicht zur Prüfung durch unabhängige Revisoren umgangen, falls gleichzeitig die Zahlung von Gründergewinnen unterbleibt und Vorstand und Aufsichtsrat nicht zu den Gründern gehören. Dagegen sind für die Nachgründung andere erschwerende Bestimmungen vorgesehen (§§ 207 und 208).[7])

1. Innerhalb von zwei Jahren nach der Gründung können Betriebsgegenstände, deren Erwerbspreis mehr als 10 % des Gründungskapitals beträgt, nur nach Prüfung des Rechtsgeschäftes durch den Aufsichtsrat, Beschluß der Generalversammlung mit Dreiviertel=Mehrheit und Anmeldung zum Handelsregister übernommen werden (§ 207). Ein Schutz vor einer schwindelhaften Illation ist damit meist nicht gegeben. Die Gründer werden bis zu dem Zeitpunkt der Einbringung die Dreiviertel=Majoritäten der Aktien in Händen halten, und da sie auch im Aufsichtsrat meist maßgebenden Einfluß haben, so lassen sich die Bestimmungen des § 207 ohne Schwierigkeiten erfüllen.

2. Die Gründerverantwortlichkeit besteht auch bei Gesellschaften, welche innerhalb der beiden ersten Jahre auf Grund einer von den Gründern vor Eintragung der Gesellschaft in das Handelsregister getroffenen Vereinbarung Vermögensgegenstände erwerben (§ 208). Der Schutz des § 186 wird also ersetzt durch erweiterte Schadensersatzansprüche gegenüber den Gründern.

3. Auch wenn zuerst eine Gründung mit kleinem Kapital erfolgt und nach kurzer Zeit Kapitalerhöhung zwecks Erwerb von Sacheinlagen stattfindet, gelten die Bestimmungen der §§ 207/8.

Verkappte Sachgründungen erkennt man oft an folgenden Merkmalen:

1. Die **Kapitaleinlage** wird auf das **gesetzliche Mindestmaß** von 25 % beschränkt, es besteht dann die Möglichkeit, den Rest der Einlagen in Sachwerten oder durch Einbringung einer ganzen Unternehmung zu bewirken.
2. Einer oder mehrere **Gründer betreiben** ein der zu gründenden Gesellschaft **gleichartiges Unternehmen.**
3. Die unter 2. genannten **Gründer** werden **zum Vorstand** bestellt.
4. Die **Firma** der A.G. **lautet ähnlich der zu übernehmenden Firma.**
5. Die **Hauptgründer tragen alle Kosten und vereinigen** in ihrer Hand die ausgegebenen **Vorzugsaktien.**

Facongründungen. Eine verschleierte Gründung liegt auch vor, wenn jemand die Aktien eines bestehenden Unternehmens, das die Absicht hat, in Liquidation zu treten, oder das als heimfälliges Unternehmen seinen Daseinszweck erfüllt hat, aufkauft, um den inhalts= und leblos gewordenen

---

[7]) Der Gesetzgeber fügte diese Paragraphen dem HGB. ein, weil er annahm, daß der Gründerschutz nicht ausreiche, da man mit Rücksicht auf die Erschwerungen der Sachgründung solche Handlungen hinausschieben könne, welche bei der Revision zu beanstanden wären. Er hat aber damit leider den Gründerschutz illusorisch gemacht. Vgl. S. 75.

Wirtschaftskörper wieder zu neuem Leben zu erwecken (**Erwerb eines Aktienmantels oder einer Aktienfacon**). Nach dem Ankauf der Aktien eines solchen Unternehmens werden erforderlichenfalls der Name, der gesetzliche Zweck der Gesellschaft und der Standort geändert. Durch Kapitalerhöhung werden dann die Mittel zur Führung des neuen Unternehmens geschaffen. Die Motive solcher Facongründungen, die juristisch eine einfache Kapitalerhöhung darstellen, sind Vermeidung von Gründungsformalitäten, die Möglichkeit der Ersparnis an Gesellschaftssteuer, wenn die Kosten der erworbenen Aktien geringer sind als die Gesellschaftssteuern, Geheimhaltung des Namens der neuen Unternehmer und des Zweckes der Unternehmung.

Miet- oder pachtweise Uebernahme. Nicht zur Vermeidung der Nachprüfung, sondern aus steuerlichen Gründen werden zuweilen folgende Formen der Gründung statt der Sachgründung gewählt: Eine neue Gesellschaft erscheint als Bargründung. Wenn es sich um ein **Handelsunternehmen** handelt, so übernimmt es die **Waren und Mobilien eines bestehenden Unternehmens allmählich durch Kauf und mietet dessen Räume.** Durch **langsame Liquidation** läßt man das alte Unternehmen mit der Zeit tot laufen. Handelt es sich um ein **Fabrikunternehmen**, so werden die **Anlagen gepachtet oder gemietet, die Fabrikate und Rohstoffe durch Kauf erworben, die Forderungen zediert** usw.[8]) Das alte Unternehmen ist dann nur eine **Verwaltungsgesellschaft für die Gebäude, Grundstücke, Maschinen** usw., die jährlich ihre Pacht- oder Mieteinnahmen oder ihre Beteiligung am Gewinn verbucht. Auf diese Weise werden die bei der Uebergabe von Grundstücken entstehenden höheren Gesellschaftssteuern sowie die Grunderwerbs- und Zuwachssteuern erspart.

IV. Haftung für die Richtigkeit der Gründungsangaben.

A. **Haftung der Gründer** (§ 202). Sie haften der A.G. fünf Jahre lang als Gesamtschuldner für die Richtigkeit und Vollständigkeit der Angaben, die sie inbetreff der Zeichnung und der Einzahlung des Grundkapitals und der Festsetzung der Werte der Einlagen bei Sachgründungen zum Zwecke der Eintragung in das Handelsregister, im Gesellschaftsbericht, im Gründerbericht oder in der Anmeldung gemacht haben. Sie haben für jeden entstandenen Schaden aufzukommen, z. B. Ersatz fehlender Einzahlungen säumiger Gründer, Uebernahme der entgegen ihrer Angabe nicht untergebrachten Aktienbeträge, Zahlung des verheimlichten Gründeraufwandes, Ersatz des Schadens aus zu hoch bewerteten oder beschädigten Sacheinlagen usw. Mit den Gründern sind die Gründergenossen als Gesamtschuldner verpflichtet, wenn sie Empfänger eines verheimlichten Gründeraufwandes waren, und wenn sie wußten, daß eine Verschleierung beabsichtigt war; ebenso alle, die zu einer Schädigung der Gesellschaft böswillig oder fahrlässig mitgewirkt

---

[8]) Beispiel: Der Vorbesitzer als Mitgründer verpachtet sein Gelände für einen Zeitraum von 15 Jahren an die A.-G. unter Einräumung eines Vorkaufsrechtes und erhält als Entgelt 200 Stammaktien und jährlich 500 Goldmark. In der Bilanz erscheint ein aktives Konto für Vorkaufsrechte mit dem Gegenwert der 200 Aktien. Wird von keiner Partei 3 Monate vor Schluß der 15 Jahre gekündigt, so verlängert sich der Pachtvertrag um 5 Jahre. Die Gesellschaft hat das Recht, Baulichkeiten auf dem Grundstück zu errichten und zu verwerten.

haben: Sachverständige durch falsche Taxen, Einbringer von Sachwerten, die wußten, daß zwischen ihnen und den Gründern eine die Gesellschaft schädigende Vereinbarung bestand usw. Außerdem haften die Gründer gemäß BGB. 823—826 den Aktionären, wenn sie mit der Absicht des Betruges falsche Angaben über die Verhältnisse des Unternehmens machen, die einen Nachteil der Aktionäre zur Folge haben.

B. Haftung von Vorstand und Aufsichtsrat (§ 204): Wenn Mitglieder des Vorstandes und Aufsichtsrates bei der Prüfung die Sorgfalt eines ordentlichen Kaufmanns nicht anwenden, so haften diese der Gesellschaft als Gesamtschuldner für den daraus entstandenen Schaden, und zwar subsidiär, d. h. falls und soweit eine Deckung des Schadens von Gründern und Gründergenossen nicht zu erlangen ist.

C. Die Haftung des Revisors. Sie ist im Handelsgesetzbuch nicht bestimmt, regelt sich also nach BGB., falls er in schuldhafter Weise seine Pflicht verletzt.   (Fortsetzung folgt.)

Sicheres IFRS-Wissen durch fundierte Aufgaben mit Lösungen

WWW.GABLER.DE

Carsten Theile
Übungsbuch IFRS
Aufgaben und Lösungen zur internationalen Rechnungslegung

2., vollst. überarb. Aufl. 2010.
XXVI, 287 S. Br. EUR 27,95
ISBN 978-3-8349-1820-8

Die Rechnungslegung nach IFRS gehört inzwischen zum Standard der wirtschaftswissenschaftlichen Ausbildung an Universitäten und Fachhochschulen. Auch langjährige Mitarbeiter in Unternehmen und Prüfungsgesellschaften müssen sich immer stärker mit den IFRS beschäftigen. Hier setzt das „Übungsbuch IFRS" an: Es bietet ein breites Spektrum erprobter, praxisorientierter Übungsaufgaben und Fälle mit ausführlichen Lösungen. Jede Aufgabe ist mit einer Lernzielformulierung sowie einem Schwierigkeitsgrad versehen, der das Wissensniveau vom Beginn über das Ende des Hauptstudiums bis zum Wirtschaftsprüfer-Examen abdeckt. Auf diese Weise eignet sich das Übungsbuch sehr gut zum Selbststudium, kann aber auch mit einschlägigen Lehr- und Handbüchern kombiniert werden.

Die zweite Auflage berücksichtigt alle alle neuen Standards und Interpretationen des IASB mit Rechtsstand 1.1.2010. Die bisherigen Aufgaben wurden vollständig überarbeitet, neue Aufgaben sind hinzugekommen (z.B. zur Aktivierung von Zinskosten bei qualifying assets, zu latenten Steuern, zu Finanzinstrumenten).

Der Autor

Prof. Dr. Carsten Theile lehrt Allgemeine Betriebswirtschaftslehre, insbesondere Unternehmensrechnung und Internationale Rechnungslegung an der Hochschule Bochum. Er ist außerdem Mitglied der Prüfungskommission für das Wirtschaftsprüferexamen und wissenschaftlicher Leiter der LucaNet Academy.

www.wirtschaftslexikon.gabler.de
Jetzt online, frei verfügbar!

Einfach bestellen: buch@gabler.de   Telefon +49(0)611. 7878-626

KOMPETENZ IN SACHEN WIRTSCHAFT

Die Gründung von Aktiengesellschaften

Von Prof. Dr. Wilhelm Kalveram, Frankfurt a. M.

(Fortsetzung.)

V. Die Prüfung des Gründungsherganges durch unabhängige Revisoren.

A. Der Revisor. Die Handelskammern übertragen das Amt des Revisors den von ihnen vereidigten Bücherrevisoren. Neuerdings haben die Handelskammern mit den Verbänden der Bücherrevisoren Vereinbarungen über die Voraussetzungen für eine öffentliche Beeidigung getroffen, wonach die Geeignetheit für diesen Beruf durch eine besondere Prüfung nachzuweisen ist. Der Revisor muß nicht unter allen Umständen ein erfahrener Fachmann der betreffenden Branche sein; aber er muß in der Lage sein, die Entwicklungsmöglichkeiten des Unternehmens aus seiner betrieblichen und finanziellen Struktur und aus volkswirtschaftlichen Gesichtspunkten zu beurteilen. Deshalb muß er über eine gründliche **kaufmännische Praxis, Sicherheit in der Schätzungstechnik, volkswirtschaftlichen Weitblick** und eine **genaue Kenntnis der rechtlichen Verhältnisse** verfügen. Er darf nicht Organ der Gesellschaft oder von ihr abhängig sein. Bei seiner Revision untersteht er nicht der Aufsicht der Gesellschaft; seine Stellung ist eine öffentlich rechtliche, von der Handelskammer erhält er seine Bestellungsurkunde.

In den Richtlinien der Handelskammer Frankfurt a. M. heißt es zum Zwecke der Bewahrung ihrer vollen Unabhängigkeit: „Zu Bücherrevisoren sollen in der Regel nicht bestellt werden Personen, welche an der Gesellschaft, deren Gründungshergang zu prüfen ist, als Gründer, Aktionäre, Mitglieder des Vorstandes oder Aufsichtsrates, Angestellter oder an den Einlagen oder zu über=

nehmenden Anlagen oder sonstigen Vermögensstücken unmittelbar oder mittelbar beteiligt sind oder für eine der vorbezeichneten Beteiligten bei der Vorbereitung der Gründung oder sonst im Interesse der Gesellschaft (z. B. als Bücherrevisor) gegen Entgelt tätig gewesen sind. Eine zum Revisor bestellte Person hat, sofern eine der oben genannten Tatsachen vorliegt, dies unverzüglich der Handelskammer anzuzeigen."

B. Der Umfang der Prüfung. Der Umfang der Revision ist nicht durch gesetzliche Bestimmungen beschränkt, der gesamte Gründungshergang ist zu prüfen. Alle Unterlagen, die auf die Prüfung Bezug haben, sind den Revisoren zur materiellen und formellen Prüfung zu überlassen. Ergeben sich Meinungsverschiedenheiten über den Umfang der den Revisoren zu gebenden Aufklärungen, so entscheidet die Stelle, welche die Revisoren ernannt hat.

Als Prüfungsmaterial können außer der ordentlichen Buchhaltung und Korrespondenz dienen: a) Die notariellen Protokolle über Festsetzung des Statuts, Nachweis der Grundkapitalübernahme, Wahl von Aufsichtsrat und Bestellung des Vorstandes, b) Nachweis der erfolgten Leistungen auf die von den Gründern übernommenen Beträge des Aktienkapitals, c) Gründererklärung und Prüfungsbericht von Vorstand und Aufsichtsrat, d) beglaubigte Grundbuchauszüge, welche die Eigentumsübergänge in den beiden letzten Jahren ersichtlich machen, e) Kaufverträge über die zu übernehmenden Gegenstände, f) Abschriften von Pachtverträgen und Verträgen über eingeräumte Vorkaufsrechte, g) Verträge mit den Banken bezüglich Uebernahme und Unterbringung der Aktien, h) Gutachten von technischen oder kaufmännischen Sachverständigen, i) Auszüge aus dem Handelsregister bei Einbringung einer Firma oder eines eintragungspflichtigen Geschäfts, k) Erklärung der Vorbesitzer, daß sie gegen die Umwandlung der Firma in die Form der A.G. nichts einzuwenden haben, l) Bescheinigungen über die Vertretungsbefugnis von Personen, die im Namen von Kapitalgesellschaften als Gründer tätig sind.

C. Inhalt des Prüfungsberichtes:

1. Beschreibung der benutzten Unterlagen; Name und Wohnort der Gründer; Name, Zweck und Sitz der zu gründenden Gesellschaft.

2. Prüfung des formellen Gründungsherganges; kurze Beschreibung der Gründung nach dem Protokoll; Uebereinstimmung der Satzung mit den gesetzlichen Bestimmungen; Bestellung, Rechte und Pflichten von Aufsichtsrat und Vorstand; rechtliche Verhältnisse der Aktionäre; Feststellung, daß Gegenstand der Einlage oder Uebernahme, Person, von welcher übernommen wird und Gegenwert der Einlage oder Uebernahme in der Satzung aufgeführt sind; Gründungsaufwand und Gründungskosten; Beurkundung, daß Gründer- und Prüfungsbericht in Ordnung sind.

3. Materielle Prüfung.

a) Feststellung der Sacheinlagen und der Vergütungen hierfür; Beschreibung des Unternehmens, seines Geschäftsganges und seiner Anlagen als Ganzes; Angabe des Gegenwertes, der den einzelnen Sacheinlegern gewährt wurde.

b) Prüfung der Angemessenheit der in die Einbringungsbilanz eingesetzten Werte; Nachweis, in welcher Weise sich der Revisor die Ueberzeugung von der Angemessenheit der Bewertung verschafft hat (Buchprüfung, Besichtigung, Stichproben usw.); Angabe und Kritik der auf den Erwerb durch die Gesellschaft hinzielenden Rechtsgeschäfte, der Erwerbs- und Herstellungspreise und der Betriebserträgnisse und Umsätze der beiden letzten Jahre; Erläuterung der einzelnen Bilanzposten.

c) **Bestätigung, daß die Bareinlagen vorschriftsmäßig geleistet sind.**

4. **Versicherung, daß eine persönliche oder geschäftliche Beziehung zu dem umzugründenden Unternehmen oder den Gründern nicht besteht.** Der Prüfungsbericht muß in mindestens zwei Exemplaren ausgefertigt werden; das eine geht an die Gesellschaft gegen Zahlung der von der Handelskammer festgesetzten Gebühren, das andere an die Handelskammer, die in der nächsten Nummer ihrer Mitteilungen veröffentlicht, daß der Bericht zur Einsicht aufliegt.

D. Kritik des Instituts der Prüfung durch unabhängige Revisoren.

Das Bedürfnis einer Nachprüfung des Gründungsherganges durch Revisoren zum Schutze der Aktionäre und Gläubiger ist in jüngster Zeit wiederholt aus folgenden Gründen bestritten worden:

1. Der Hauptzweck der Revision besteht darin, **Ueberbewertungen der Sacheinlagen vorzubeugen.** Diese Gefahr der zu hohen Bewertung besteht im allgemeinen nicht. Schon aus steuerlichen Gründen wird nicht der volle Tageswert zugrunde gelegt; auch mit Rücksicht auf die Lebensfähigkeit des Unternehmens in Zeiten sinkender Konjunktur wird bei Gründungsbilanzen selten vom Tageswert ausgegangen.

2. Die Revision verlangsamt den Gründungshergang außerordentlich und **verzögert den Beginn der Aktionsfähigkeit der A. G.** oft um Monate. Das ist bei dem schnellen Schwanken der wirtschaftlichen Lage, die rasches Handeln und Anpassung an die wechselnden Verhältnisse unter Vermeidung aller zeitraubenden Formalitäten verlangt, unerträglich.

3. Bei den meisten Aktiengründungen wird die **Hilfe einer Bank oder eines Treuhandinstitutes** in Anspruch genommen, selbst wenn das Gründungskapital von den Gründern und ihnen nahestehenden Interessenten aufgebracht wird. Die Bank aber muß, um ihren guten Ruf und ihren Emissionskredit nicht zu gefährden, den Gründungshergang mindestens ebenso sorgfältig prüfen, wie die persönlich uninteressierten Revisoren, die sich von den formellen Richtlinien der Handelskammer leiten lassen.

4. Die **Steuerbehörde erleidet** durch die Form der Nachgründung **keine Einbuße**, da für sie der Grundsatz gilt, daß für die Besteuerung der wirtschaftliche Zweck der Gründung maßgebend ist; ob formelle Gründung und Einbringung sich gleichzeitig oder in zwei Akten vollziehen, ist bei der Festsetzung der Gesellschaftssteuer gleichgültig.

5. Wichtiger und wirkungsvoller als die öffentliche Revision erscheint **eine ernste Kritik in der Handelspresse.**

Diese Einwände sind zum Teil berechtigt. Das Institut der öffentlichen Revisoren ist zuweilen zwecklos und stets zeitraubend. Es könnte auch gegen die nur einen beschränkten Schutz bietende Einrichtung eingewendet werden, daß sie die Gläubiger und Aktionäre der A.G., besonders die K l e i n a k t i o - n ä r e , z u v e r t r a u e n s s e l i g macht. Andererseits hat die Revision aber starke e r z i e h e r i s c h e W i r k u n g e n auf die Gründer. Der Gründungsvorgang und die Bewertung der Sacheinlagen werden unter dem Einfluß der Revisionspflicht gewissenhafter vollzogen. Außerdem werden bei der Revision noch vor der Berichterstattung oft Mängel und Unrichtigkeiten entdeckt und weggeräumt, die sonst unaufgeklärt blieben. Um eine Ueberbewertung festzustellen, fehlt es den meisten Gründern an wirtschaftlicher Einsicht. Das Merkmal der Ueberbewertung ist nicht durch Vergleich der Einbringungswerte mit dem Zeitwerte der Anlagen festzustellen. Wirtschaftlich liegt auch dann eine Ueberbewertung vor, wenn Anlagen zwar unter dem Tageswerte, aber mit einem so hohen Einbringungswerte übergehen, daß die Abschreibungen darauf die Rentabilität des Unternehmens gefährden. Eine Feststellung von Ueberbewertungen bedingt also auch ein s o r g f ä l t i g e s E r w ä g e n d e r f r ü h e r e n u n d d e r w a h r s c h e i n - l i c h e n z u k ü n f t i g e n R e n t a b i l i t ä t. In Zeiten der Deflation und der Senkung der Marktpreise ist die Gefahr der Ueberbewertung wegen der Neigung des Kaufmannes, von den Preisen der Vergangenheit auszugehen, besonders groß.

Bei zahlreichen Gründungen der letzten Jahre hat man die Revision bei der Einbringung von Sachwerten durch Wahl der Vorbargründung umgangen; oder man hat bei Identität zwischen Gründern und Aufsichtsrat und Vorstand die revisionspflichtige Bargründung gewählt. „Bei allen Bargründungen sind gering gerechnet 80 bis 90% erlogen und strafbar, weil in Wirklichkeit Sachgründungen."[9] So machen also die §§ 207/08 d i e S c h u t z v o r - s c h r i f t d e s § 1 9 2 w i e d e r i l l u s o r i s c h, zumal eine einmal eingetragene Gesellschaft bei nachträglicher Feststellung der Umgehung des § 192 nicht mehr gelöscht werden darf. Zwar ist derjenige, der eine Sachgründung verschleiert, strafbar aus § 313, 1 in Verbindung mit § 195, 2 [HGB.]. Aber der Tatbestand der Umgehung der Revision wird von den Registerrichtern verschieden beurteilt, je nachdem, ob bei der Gründung bereits bindende Abmachungen zur Uebernahme der Sachwerte bestanden, oder ob den Gründern nur eine Offerte gemacht worden ist, über deren Annahme die Gesellschaft sich frei entscheiden kann. Bestehen keine festen Verpflichtungen, so liegt nach Meinung namhafter Juristen der Tatbestand der Umgehung der Sachgründung nicht vor. Natürlich läßt sich der Abschluß bindender Verträge leicht bis zur Eintragung der Gesellschaft hinausschieben, so daß also die Möglichkeit der Bargründung in allen Fällen gegeben wäre. Dieser Rechtszustand ist unbefriedigend. Daher haben mehrere Handelskammern und Interessenverbände angeregt, bei allen Fällen von Eintragungen von A.G. und G.m.b.H. eine gutachtliche Aeußerung der Handelskammer zu fordern. Darin kann aber, abgesehen von der Bedenklichkeit dieses Mittels, keine ausreichende Gewähr gegen Mißbrauch der bestehenden Vorschrift gegeben sein. Es sind daher Erwägungen im Gange, eine wirksame Verhütung der verkappten Sachgründung durch Ergänzung des Aktienrechts herbeizuführen.

Bekennt man sich zu der Auffassung, daß ein gewisser Schutz des Publikums hier — wie bei der Einführung von Aktien an der Börse durch den

---

[9] Dr. F i s c h e r auf dem Verbandstag der Bücherrevisoren.

Prospektzwang — unentbehrlich ist, um Urteilslose gegen das finanzielle Freibeutertum zu schützen, so muß man konsequenterweise auch fordern, daß die **Vorschriften über die Nachprüfung des Gründungsherganges durch unabhängige Revisoren für alle Gründungsarten anwendbar** sind. Es wäre dann allerdings erforderlich, daß sich Bargründungen nach zwei Jahren einer nochmaligen Nachprüfung unterzögen, um die Art der Einbringung der Sachwerte nachprüfen zu können.

VI. Wahrung der Rechte der Vorbesitzer bei der Umgründung.

A. Einwirkung der Umgründung auf Vermögen und Gewinnanteil der Inferrenten.

In bezug auf die Heranziehung von Neukapital bei einer Sachgründung sind zwei Wege möglich:

1. Die bisherigen Eigentümer eines Unternehmens oder einzelner Sachwerte gründen die A.G. allein, **ohne neues Kapital zu beanspruchen**. Erst nach vollzogener Gründung bzw. Aenderung der rechtlichen Basis wendet man sich an eine Bank oder andere Kapitalgeber zum Zwecke der Kapitalerhöhung. Die Inferrenten sind dann unabhängig bei der Bewertung der Sacheinlagen, bzw. bei der Bestimmung der Höhe des Aktienkapitals.

2. Bei der Sachgründung wird eine **Kapitalerhöhung mit Hilfe außenstehender Kapitalisten** vorgenommen. Die Bank bzw. die Kapitalgeber bilden dann mit den Vorbesitzern ein Gründerkonsortium, d. h. eine Vereinigung, welche sich die gemeinsame Durchführung der Aktiengründung zum Ziele setzt.[10])

Die Inferrenten haben, besonders wenn sie mit ihrem ganzen oder einem Teile ihres Besitzes ausscheiden wollen, ein starkes Interesse an möglichst günstiger Bewertung ihrer Einlagen. Die Kapitalgeber dagegen suchen eine geringere Bewertung der einzubringenden Sachwerte durchzusetzen, um dadurch ihr Uebernahmerisiko zu vermindern und aus der späteren Kurserhöhung der übernommenen Aktien Gewinn zu erzielen. Die Verhandlungen führen wohl immer zu einem Kompromiß, wonach durch Umwertung einzelner Posten der vorliegenden Schlußbilanz die Uebernahme- oder Einbringungsbilanz gebildet wird, in der der Saldo zwischen Aktiven und Passiven als Bewertungskonto oder Wert der Einbringung erscheint.

Es sei angenommen, ein in eine A.G. umzuwandelndes Unternehmen habe einen Buchwert von M. 600 000,—, der dem inneren Werte entspreche. Der notwendige Kapitalzufluß von M. 300 000,— gegen Pariakten soll erfolgen

a) nach vollzogener Gründung, so daß also neue Kapitalgeber die Gründung nicht beeinflussen,

b) bei der Gründung durch Bareinleger als Mitgründer. Unter ihrem Einfluß wird der Wert der einzubringenden Unternehmung auf M. 400 000,— gedrückt. Der zur Verteilung zur Verfügung stehende Gewinn des ersten

---

[10]) Dieses Gründerkonsortium ist wohl zu unterscheiden von dem Begebungs- oder Unterbringungskonsortium. Die Konsortialen, welche einen Teil der Aktien zu festen Kursen übernehmen, um sie auf den Markt zu bringen, brauchen nicht Gründer zu sein. In vielen Fällen decken sich aber die beiden Arten von Konsortien wenigstens teilweise.

Geschäftsjahres der A.G. betrage M. 54 000,—. Wie hoch beläuft sich nun der Verkaufserlös der Aktien, welche den Inferrenten zugeteilt werden nach der Kapitalerhöhung und wie hoch ist ihr Gewinnanteil in beiden Fällen?

	a) Gründung ohne Kapitalgeber	b) Gründung mit Kapitalgebern
Wert des Unternehmens	M. 600 000,—	M. 400 000,—
Kapitalzufluß	M. 300 000,—	M. 300 000,—
Aktienkapital (900 Aktien zu pari)	M. 900 000,—	(700 Aktien zu pari) M. 700 000,—
Aktienkurs gemäß innerem Wert	100%	$128^4/_7\%$
Erlös der Aktien der Inferrenten durch Verkauf	M. 600 000,—	M. 514 285,—
Dividende (M. 54 000,—)	6%	$7^5/_7\%$
Gewinnanteil der Inferrenten	M. 36 000,—	M. 30 857,$^1/_7$

Der Druck der Kapitalgeber auf die Bewertungshöhe der Sacheinlagen äußert sich also in dem geringeren Verkaufserlös und dem geringeren Gewinnanteil der Sacheinleger. Dieser Nachteil ist umso größer, je mehr die Unterbewertung zunimmt. Ist also bei der Gründung kein dringender Kapitalbedarf vorhanden, so sind die Inferrenten im Vorteil, wenn sie die Gründung ohne fremde Hilfe vornehmen.

Für die Höhe der Bewertung ist von großem Einfluß, ob die neuen Kapitalgeber Aktien zu pari oder mit einem Agio übernehmen. Werden alle stillen Reserven durch Höherbewertung aufgehoben, was wohl niemals geschieht, so wäre es billig, daß auch die Geldgeber Aktien zu pari bzw. zum gleichen Kurse wie die Vorbesitzer erhalten und daß die Kosten der Gründung zwischen beiden Gruppen nach Verhältnis der Kapitalbeteiligung aufgeteilt werden. Sind aber die Anlagen unterwertig eingebracht worden, so ist es gerechtfertigt, daß die Bareinleger Aktien mit einem der in den Sachgütern steckenden stillen Reserve entsprechenden Agio erhalten, bzw. daß ein Ausgleich durch Abwälzung der Gründungskosten auf sie stattfindet. Da im obigen Falle in den Apports eine stille Reserve von M. 200 000,—, also von 50% des Einbringungswertes steckt, so müßten die Bareinleger bei paritätischer Behandlung gleichfalls ein Agio von 50% zahlen; bei einem Kapitalbedarf von M. 300 000,— dürften sie also nur M. 200 000,— Aktien zu 150% erhalten, falls die Gründungskosten auf beide Gruppen verteilt würden. Würden die Bareinleger, die mit M. 140 000,— angenommenen Gründungskosten ganz übernehmen, so betrüge ihre Gesamtleistung M. 440 000,—. Da $^4/_7$ der Kosten = M. 80 000,— den Anteil der Inferrenten bilden, so steht dem ihnen gewährten Aktienbetrage von M. 400 000 nur ein eingebrachter Wert von M. 600 000,— minus M. 80 000 = M. 520 000,— gegenüber. Das entspricht einem Aktienwerte von 130%. Zum gleichen Kurse müßten auch die Kapitalgeber ihre Aktien beziehen, so daß bei M. 300 000,— Kapitalbedarf rund M. 230 000,— Aktien zu 130% auf sie entfielen.[12] Vom Standpunkt solider Finanzierung empfiehlt es sich, das eingebrachte Unternehmen vorsichtig zu bewerten, dafür aber das Neukapital durch

---
[12] Vgl. Berechnungen für kompliziertere Fälle bei Schmalenbach, a. a. O., S. 86 ff.

Ausgabe von Aktien mit entsprechendem Agio hereinzuholen, weil dadurch eine höhere Rentabilität des Eigenkapitals gesichert wird und die Börseneinführung der Aktien und spätere Kapitalerhöhungen erleichtert werden. Um die Erzielung des höchsten Agios für das Unternehmen zu sichern, übernimmt die Bank zuweilen die auf sie entfallenden Aktien „zur Verwertung im Interesse der Gesellschaft". Das über den Uebernahmepreis hinaus erzielte Agio wird nach einem vereinbarten Schlüssel zwischen Unternehmen und Bank aufgestellt.[13]) Ueblicher ist dieses Verfahren bei Kapitalerhöhungen.

Große Nachteile entstehen dem Sacheinleger in Zeiten der Geldentwertung, wenn der Bareinleger nicht verpflichtet ist, den einzuzahlenden Betrag — entsprechend der Entwertung des Geldes zwischen dem Tag der Bereiterklärung zur Uebernahme und dem Einzahlungstage — aufzuwerten. Dann steht der wertbeständigen Anlage der Inferrenten eine Bareinzahlung mit gesunkener Kaufkraft gegenüber. Die Möglichkeit der Gründung von A.G. mit einem Goldmark=Grundkapital verhütet am sichersten solche Vermögensverschiebungen zwischen Vorbesitzern und neuen Kapitalgebern.

B. Sicherung des dauernden Einflusses der Vorbesitzer auf das Unternehmen.

Die Inferrenten müssen, sofern sie nicht alle Aktien selbst übernehmen und behalten wollen, durch eine vorsorgliche Formulierung der Satzungen darauf hinwirken, daß ihr Einfluß auf das Unternehmen in Zukunft nicht gegen ihren Willen geschwächt werden kann. Diese Aufgabe ist um so dringlicher, als sie meist juristisch gut geschulten Kapitalgebern gegenüberstehen, die die Tendenz haben, das Statut in ihrem Sinne auszugestalten. Gar mancher sorglose und leichtgläubige Unternehmer sah sich bald nach der Umgründung einer neuen Mehrheit in der Generalversammlung oder einem allmächtigen Aufsichtsrat gegenüber, weil die Bareinleger ein Statut aufbauten, das ganz auf ihre Interessen zugeschnitten war. Dem mit dem Aktienrecht nicht genügend Vertrauten kann daher nicht dringend genug geraten werden, den Gründungshergang rechtzeitig — nicht erst bei der notariellen Feststellung des Vertrages — mit einem guten Kenner der Praxis des Aktienrechts durchzuberaten, um die Gefahren erkennen und nach Möglichkeit abwehren zu können.

Da die Generalversammlung das oberste Willensorgan der Gesellschaft ist, sind zunächst die Abstimmungsvorschriften auch für den Fall einer möglichen Kapitalverschiebung in der Zukunft zu untersuchen. Je nach der Kapitalkraft der Vorbesitzer werden sie sorgen, daß sie die einfache Stimmenmehrheit, die qualifizierte Mehrheit oder die qualifizierte Minderheit in der Hand behalten. Von dieser dauernden Kapitalbeteiligung muß die Formulierung der Abstimmungserfordernisse abhängen. Ist der Vorbesitzer sicher, die Dreiviertel=Mehrheit auch bei späterer Kapitalerhöhung durch Uebernahme des entsprechenden Aktienbetrages aufrecht erhalten zu können, so wird er darauf dringen, daß das Statut für wichtige Beschlüsse, die ein Schwinden seines Einflusses herbeiführen könnten, qualifizierte Mehrheit vorschreibt. Sieht er voraus, daß ihm die qualifizierte Mehrheit bei

---

[13]) Vgl. Gründungsplan, S. 79.

späteren Kapitalerhöhungen oder infolge der Notwendigkeit der Abstoßung eines Teiles seiner Aktien verloren gehen könnte, so würde er sich selbst schaden, wenn er wichtige Entscheidungen von qualifizierter Mehrheit abhängig machte. Er müßte dann wenigstens auf eine rechtzeitige Aenderung der erschwerenden Bestimmungen bedacht sein. Auch darauf ist zu achten, daß bei Ausgabe mehrerer Gattungen von Aktien der Vorbesitzer wegen der notwendigen besonderen Abstimmung jeder Gattung in allen Gattungen das gleiche Stimmengewicht haben muß, wenn er seinen Willen unbedingt zur Geltung bringen will.

Wichtig sind auch die Fragen, **welche Rechte dem Aufsichtsrat durch die Satzungen übertragen werden, zu welchen Geschäften der Vorstand der Zustimmung des Aufsichtsrates bedarf, und welche Rechte der Generalversammlung unbestritten bleiben sollen.** Je nachdem, welche Stellung die Vorbesitzer im Aufsichtsrat oder Vorstand einnehmen und für die Zukunft zu behaupten glauben, wird diese Frage zu verschiedenen Lösungen führen. Die Bestimmung der Zahl der Aufsichtsratsmitglieder, ihrer Amtsdauer, des Modus ihrer Ausscheidung und die Möglichkeit ihrer Wiederwahl müssen in diesem Sinne genau erwogen werden. Nicht die Zahl der Stimmen, über welche die Vorbesitzer im Aufsichtsrat verfügen, ist entscheidend. Wichtiger ist, daß die Vorbesitzer dort durch eine Persönlichkeit vertreten sind, die mit dem Aktienrecht und der Geschäftsführung der Verwaltungsorgane gründlich vertraut ist. Die Rechte des Aufsichtsrates sind besonders dann sorgfältig abzugrenzen, wenn der Vorbesitzer eine leitende Stellung im Vorstand einzunehmen gedenkt, damit nicht später sein Recht durch den Aufsichtsrat beschnitten werden kann.[14])

Besondere Schutzmittel gegen das Eindringen und Erstarken fremden Einflusses findet der Vorbesitzer in der **Schaffung von mehrstimmigen Vorzugsaktien und in der vertraglichen Bindung der Aktien an einen bestimmten Personenkreis.** Bisher gab man den **Stimmrechtsaktien** wegen ihrer besonderen steuerlichen Belastung (§ 15 KVStG.) ein erhöhtes Stimmrecht meist nur bei Abstimmungen über die drei steuerfrei gebliebenen Fälle.[15])

---

[14]) Vgl. Wittekopf, A.-G.-Gründung und Vorbesitzerinteressen. Anzeiger für Berg-, Hütten- und Maschinenwesen. Jahrg. 45, Nr. 118/119.

[15]) **Beispiel eines Gründungsplanes, der eine Erhaltung des Einflusses der Vorbesitzer durch Stimmrechtsaktien vorsieht:**

Das Grundkapital der neu zu gründenden A.-G. wird auf Grund einer Goldmarkbewertung auf M. 100 000 000,— angenommen. Für die Einbringung der Aktiven und Passiven erhalten die Gesellschafter der alten Firma nom. M. 60 000 000,— Aktien als Gegenwert. Die restlichen M. 40 000 000,— Aktien werden zur Verwertung vorgesehen.

Damit der maßgebende Einfluß der Gesellschafter der alten Firma in der A.-G. auf jeden Fall gesichert bleibt, werden von den auf die Gesellschafter entfallenden Aktien nom. M. 4 000 000,— Vorzugsaktien mit der Bestimmung umgewandelt, daß diese bei der Gewinnverteilung, bevor für die Stammaktien eine Dividende ausgeschüttet wird, eine Dividende von 4% vorweg erhalten, während alsdann erst die übrigen Aktien 4% beziehen und der Rest auf sämtliche Aktien gleichmäßig verteilt wird.

Die Vorzugsaktien werden mit 20 fachem Stimmrecht ausgestattet, beschränkt auf die folgenden steuerfreien drei Punkte: 1. Aufsichtsratsbesetzung, 2. Satzungsänderung, 3. Liquidation und Auflösung der A.-G.

Diese Begrenzung ist nicht mehr erforderlich, seitdem die Sondersteuer auf Stimmrechtsaktien aufgehoben wurde. Es wird sich daher empfehlen, wenn man nicht den Vorzugsaktien ein generelles Mehrstimmenrecht geben will, dieses Stimmrecht wenigstens für folgende Punkte im Statut festzulegen: Aenderung des Vertrages; Erhöhung und Herabsetzung des Kapitals; Auflösung, Fusion, Beteiligung und Bildung von Interessengemeinschaften; Wahlen zum Aufsichtsrat und Bestellung und Abberufung von Vorstandsmitgliedern, Ausgabe von Genußscheinen und Verleihung von Sonderrechten.

Besteht die Gefahr, daß die Vorbesitzer ihren Einfluß dadurch verlieren, daß einer oder mehrere von ihnen ihre Aktien veräußern oder bei der Abstimmung zur Bank- bzw. Finanzgruppe übertreten, so ist die **Bindung ihrer Aktien durch einen besonderen Vertrag** und dessen **Sicherung durch Hinterlegung der Aktien bei einer Bank** zu erwägen.*)

Das Stimmenverhältnis in der neuen A.-G. wird folgendes sein:
1. **Gesellschaftergruppe:**
nom. M. 56 000 000,— Stammaktien = 56 000 Stimmen,
nom. M. 4 000 000,— Vorzugsaktien = 80 000 Stimmen.
                                     136 000 Stimmen.
2. **Fremde Aktionäre:**
nom. M. 40 000 000,— Stammaktien = 40 000 Stimmen.

Demnach sind in der Gesellschaft insgesamt 176 000 Stimmen vertreten, wovon die Gesellschafter allein über 136 000 Stimmen verfügen, so daß die $^3/_4$ Majorität gesichert ist.

Eine Finanzgruppe wäre bereit, die bestmöglichste Verwertung der nom. M. 40 000 000,— Aktien, im Interesse der Gesellschaft unter der Bedingung zu übernehmen, daß vom Vorstand jeweils bestimmt wird, wieviel Aktien verkauft werden sollen, und daß zwischen dem Vorstand und der Finanzgruppe der jeweilige Mindestverkaufskurs vereinbart wird.

Der Erlös, der aus dem Aktienkapital erzielt wird, d. h. der Gewinn über 100%, fließt zu 80% in die Kasse der neu zu gründenden A.-G., während der Rest der Finanzgruppe verbleibt. Aus dem der neuen Gesellschaft zufließenden Anteil hat diese die durch die Gründung entstehenden übrigen Kosten zu entrichten.

*) Der wesentliche **Inhalt eines solchen Konsortialvertrages** sei im folgenden dargestellt:
Die Vertragschließenden hinterlegen zur gegenseitigen Wahrnehmung ihrer Interessen die Mäntel ihrer Aktien, und zwar ... bei der ... Bank, welche die Aktien nur herausgeben darf, wenn sämtliche Vertragschließende schriftlich zustimmen. Will ein Vertragschließender Aktien veräußern, so hat er diese zunächst den übrigen Vertragschließenden anzubieten. Erst, wenn diese die Uebernahme abgelehnt haben, ist Veräußerung an Fremde gestattet. Wird für die Uebernahme der Aktien eine Einigung bezüglich des Preises nicht erzielt, dann bestellen der mit Verkaufsabsichten sich tragende und die übrigen Vertragschließenden je einen Schiedsrichter, die den Uebernahmekurs unter hinreichender Würdigung aller den Wert der Aktien bestimmenden Einflüsse feststellen. Kommt auch jetzt keine Einigung zustande, so wird ein Obmann der Handelskammer zur Entscheidung herangezogen. Die Entscheidung der Vertragschließenden betr. Uebernahme der Aktien muß in einer Frist von zwei Wochen nach Feststellung des Preises erfolgen. Die Vertragschließenden, die das Angebot machen, erwerben die Aktien im Verhältnis ihres gesamten Aktienbesitzes. Uebertragung der Aktien auf Ehefrauen und Kinder ist gestattet, doch sind diese an die Bestimmungen des Vertrages zu binden. Die Vertragschließenden verpflichten sich, binnen einem Monat nach erfolgter Eintragung in das Handelsregister durch Erbvertrag über ihre Aktien zu verfügen und darin folgendes zu bestimmen: Falls der erste Vertragschließende stirbt, geht die **Verwaltung** seiner Aktien, soweit sie nicht ohne Verletzung dieses Vertrages an fremde Personen veräußert sind, auf den zweiten Vertragschließenden über und mit dessen Tode auf den dritten Ver-

Eine andere Möglichkeit der Wahrung des Einflusses der Vorbesitzer auf ihr Unternehmen besteht in der **vertraglichen Zusicherung**, daß stets ein **Familienmitglied des Vorbesitzers Vorstandsmitglied** der A.G. sein soll. Auch wenn der Vorbesitzer wesentliche Teile seines Unternehmens an die A.G. nur verpachtet, so daß er allein Eigentümer bleibt, sichert er seine Rechte an dem neuen Unternehmen.

VII. Gründungskosten und dauernde Mehrkosten der A.-G.

A. Gründungskosten.

In der Vorkriegszeit konnten die Gründungskosten meist durch ein unerhebliches Agio bei der Aktienausgabe gedeckt werden. Dagegen sind in den Inflationsjahren zahlreiche Gründungen erfolgt, bei denen die Gründungskosten das 1000fache des Aktienkapitals weit überstiegen. Die Rückkehr zur Goldmarkrechnung wird ein angemessenes Verhältnis zwischen Aktienkapital und Gründungskosten wiederherstellen.

1. Steuerliche Unkosten.[17])

a) Kapitalverkehrsteuer (**Gesellschaftssteuer**). Gemäß KVStG. vom 8. April 1922 (§ 6a) ist eine Steuer auf **alle Zahlungen und Leistungen, die zum Erwerb von Gesellschaftsrechten** an einer inländischen Gesellschaft durch den 1. Erwerber erforderlich sind, mit einem **Steuersatz von 7,5 Prozent** zu entrichten. Vorzugsaktien und ähnliche Anteile mit einer auf 7 Prozent limitierten Dividende, deren Anteil am Liquidationserlös nicht mehr als 120 Prozent des Nennwertes beträgt (obligationsähnliche Aktien), genießen eine Ermäßigung dieses Satzes auf 5 Prozent (§ 12). Die Steuer ist von der Gesellschaft zu tragen; ein steuerrechtliches Rückgriffsrecht auf die Gründer besteht nicht.

Bei der **Bargründung** ist das **volle Entgelt der Aktien einschließlich Agio** der Steuer unterworfen. Die Steuerpflicht besteht aber

---

tragschließenden usw. (Analoge Bestimmungen für den Fall des Todes der anderen Vertragschließenden.)

Die Verwaltung der Aktien durch einen der anderen Vertragschließenden endet spätestens mit der Vollendung des 21. Lebensjahres des ältesten Sohnes eines verstorbenen Vertragschließenden und geht dann auf diesen über.

Bei der Uebertragung von Aktien seitens der Vertragschließenden an ihre Kinder oder Ehegatten haben sie sich zu Lebzeiten die Verwaltung der Aktien vorzubehalten. Mit dem Tode greift auch für diese Aktien die durch den Erbvertrag hinsichtlich der Verwaltung zu treffende Bestimmung Platz.

Jeder Vertragschließende verpflichtet sich, für jeden Fall der Zuwiderhandlung gegen eine der ihm in diesem Vertrage auferlegten Verpflichtungen die Hälfte derjenigen Aktien, die er z. Zt. der Zuwiderhandlung noch besitzt, als Vertragsstrafe an die übrigen Vertragschließenden im Verhältnis ihres ursprünglichen Aktienbesitzes zu übertragen, oder, falls er dazu nicht mehr genügend Aktien besitzt, weil er sie an einen gutgläubigen Dritten verkauft hat, den Wert der Aktien, die an der in Frage kommenden Hälfte fehlen, in bar als Vertragsstrafe zu entrichten.

Dieser Vertrag läuft unkündbar bis zum 1. Januar ... und verlängert sich für jeden der Vertragschließenden jeweilig um 10 Jahre, wenn er nicht sechs Monate vor Ablauf dieser Zeit durch eingeschriebenen Brief den übrigen Vertragschließenden gekündigt wird. Im Falle berechtigter Veräußerung von Aktien erledigt sich der Vertrag für den Veräußernden hinsichtlich des veräußerten Aktienbesitzes. Jeder Vertragschließende geht diese Verpflichtung auch für diejenigen Aktien ein, die er von den übrigen Vertragschließenden erwirbt. Alle Vertragsbestimmungen sind auch für die Erben der Vertragschließenden bindend.

[17]) Vergl. B e c h e r, Steuerrecht der A.G. und der G. m. b. H., Berlin 1924.

nur soweit, als Geldzahlungen wirklich gemacht worden sind. Wird bei der Gründung nur ein Teilbetrag des Aktien=Nominales und das Agio eingezahlt, so ist die Steuer vorläufig nur hiervon zu entrichten. Die späteren Zahlungen werden steuerpflichtig, wenn sie eingefordert werden. Die von den Gründern übernommenen Kosten dürfen bei der Bemessung des Wertes für die Gesellschaftssteuer außer Betracht bleiben, auch wenn sie im Agio stecken, also verdeckt übernommen werden. (Urteil vom 12. 1. 23. IIa 247/22 RFH. 11. 200.) Erfolgt die Uebernahme der Aktien durch eine Bank „zur Verwertung im Interesse der Gesellschaft", so sind auch jene Beträge steuerpflichtig, welche die Gesellschaft über den Uebernahmepreis hinaus von der Bank aus dem Mehrerlös zugeführt werden, weil auch diese Zahlungen den Zweck des Erwerbes von Gesellschaftsrechten haben. Der volle Preis also, den die Aktionäre bei der Emissionsbank aufwenden — vermindert um Bankprovision, Bankanteil vom erzielten Ueberpreis und die etwa von der Bank getragenen Gründungskosten —, ist steuerpflichtig. Die Steuerbehörde muß daher zur Bestimmung des abzuführenden Betrages den Konsortialvertrag einsehen. Auch verschleierte Zuzahlungen, deren Entgelt in der Gewährung höherer Gesellschaftsrechte besteht (Vorzugsaktien), sind gesellschaftssteuerpflichtig, ebenso Darlehen, die den Charakter einer Beteiligung haben.

Handelt es sich um eine Sachgründung, so sind neben den Barzahlungen auch alle Sacheinlagen (körperliche Gegenstände, Patente, Rechte, Forderungen, Wertpapiere, Lizenzen, ganze Unternehmungen oder Teile derselben) der Steuer unterworfen, und zwar mit dem vollen Wert zur Zeit der Leistung bzw. Einforderung. Der Betrag der für die Illation gewährten Aktien ist also nicht unbedingt maßgebend für das Steuermaß. Werden der Aktiengesellschaft bei der Gründung Sachwerte ohne Gewährung von Mitgliedschaftsrechten gegen Barzahlung überlassen, so liegt ein Kaufvertrag vor, der nicht der Gesellschaftssteuer unterliegt. Wird den Gesellschaftern für Sacheinlagen neben den Aktien eine Barzahlung gewährt, so vermindert sich der Wert ihrer der Gesellschaftssteuer unterliegenden Leistungen um diesen Betrag. Nur soweit Gesellschaftsrechte erworben werden, entsteht eine Steuerpflicht.

Bei einer verschleierten Sachgründung sucht das Finanzamt die zugrunde liegenden Vereinbarungen zu erforschen und berechnet, falls erst mit der Einbringung der Sachwerte die Gründung ihre wirtschaftliche Vollendung erfährt, die Steuer nach dem Werte der Sachleistung.

Die Einforderung der Zahlungen und Leistungen, welche eine Steuerpflicht begründen, sind beim zuständigen Finanzamt binnen einer Woche anmeldepflichtig, unabhängig davon, daß Behörden, Notare usw. zur Einreichung beglaubigter Abschriften der von ihnen aufgenommenen Urkunden verpflichtet sind.

b) *Die Grunderwerbsteuer* gemäß Gr.E.St.G. v. 12. 9. 1919. Beim Uebergang des Eigentums inländischer Grundstücke ist eine Grunderwerbssteuer als Reichssteuer in Höhe von 4 Prozent zu entrichten. Diese Grunderwerbssteuer ist bei der Gründung neben der Kapitalverkehrssteuer zu zahlen, falls Grundstücke eingebracht werden. Die Länder, und mit deren Genehmigung die Gemeinden und Gemeindeverbände, sind befugt, Zuschläge zur Grunderwerbssteuer für ihre Rechnung zu erheben, die zusammen für Länder, Gemeinden und Gemeindeverbände nicht mehr als 2 Prozent des steuerpflichtigen Wertes betragen dürfen. Im allgemeinen ist also mit einer Grunderwerbssteuer von 6 Prozent zu rechnen. (Vergl. aber Abschnitt c.)

Für die Abrechnung wird der „gemeine Wert" gemäß § 138 .R.A.O.), bei höherem Preis dagegen der wirkliche Uebergangspreis zugrunde gelegt. Es ist also nicht der vereinbarte Kaufpreis oder der Buchwert des Grundstückes als Steuergrundlage maßgebend, vielmehr ist der gesamte Wert der Gegenleistung steuerpflichtig. Als Stichtag für die Berechnung gilt die Eintragung des Rechtsvorganges in das Grundbuch, nicht der Tag des Vertragsabschlusses. Der Wert der mit den Grundstücken fest verbundenen Maschinen und maschinellen Einrichtungen darf abgesetzt werden. Nebenleistungen als Ausgleich eines unterwertigen Ueberganges der Grundstücke (Vermittlungsgebühren, übermäßige Zinsen für Kaufpreisstundung usw.) sind gleichfalls der Steuer unterworfen.

c) *Die Wertzuwachssteuer* gemäß Reichsgesetz vom 14. 2. 1911. Steuerpflichtig ist das Maß der Wertsteigerung zwischen An= und Verkauf von Immobilien. Dieser Wertzuwachs ist in steuerlichem Sinne gleich der Differenz zwischen Erwerbs= und Veräußerungspreis. Da eine nominelle Preissteigerung bei Geldwertschwankungen keinen Anhaltspunkt für die innere Wertentwicklung bietet, hat § 16 des Finanz= ausgleichsgesetzes vom 23. 6. 23 bestimmt, daß die innere Kaufkraft der Mark an den beiden Zeitpunkten die Grundlage der Wertbemessung bilden soll. Da unter diesen Umständen das Erträgnis der Wertzuwachssteuer infolge der weichenden Grundstücks= und Gebäudewerte sehr gering ist, haben viele Gemeinden die Zu= wachssteuer aufgehoben und gemäß § 36 des Finanzausgleichsgesetzes ihre Zu= schläge auf die Grunderwerbssteuer von 2 auf 4 Prozent erhöht, so daß in solchen Fällen der Höchstsatz dieser Steuer 8 Prozent beträgt.[18])

d) Eine *Umsatzsteuer* kommt beim Gründungsakt nicht in Betracht, weil der Verkauf des Geschäftes im Ganzen oder in wesentlichen Teilen, also die Aufgabe des Geschäftsbetriebes, nicht zur gewerblichen oder beruflichen Tätigkeit des Vor= besitzers gehört.

e) Auch eine *Schenkungssteuer* scheidet grundsätzlich aus, selbst wenn die Gegenstände unter Wert eingebracht werden. Eine Schenkung kann aber vorliegen, wenn das Verhältnis, in dem die Vorbesitzer an dem Unternehmen beteiligt sind, dadurch geändert wird, daß einzelne Mitgründer bei der Aufteilung der Anteile be= sonders begünstigt werden.[19])

2. *Notariats= und Gerichtskosten.*

Hier kommen die Beurkundung des Gründungsprotokolls einschließlich Neben= gebühren, die Auflassung der Grundstücke und die Eintragung des Gründungsvor= ganges ins Handelsregister in Betracht. Für die Bestimmung der Gebührensätze ist in Preußen das Gerichtskostengesetz maßgebend.

3. *Taxations= und Revisionskosten.*

Hierhin gehören die Kosten für kaufmännische und technische Sachverständigen= gutachten, die als Grundlage für die Vorverhandlungen über Zweckmäßigkeit der Umwandlung und Rentabilitätsberechnungen dienen, sowie die Kosten der öffent= lichen Revision. Die Handelskammer Frankfurt a. M. hat für die Revision von Sach= gründungen folgende Goldmarkgebühren festgesetzt: Bei einem Objekt bis zu

			300 000 M.	. . . . . .	200 M.	
von über	300 000 M.	bis	1 000 000 „	. . . . .	400 „	für
„ „	1 000 000 „	„	3 000 000 „	. . . . .	600 „	jeden
„ „	3 000 000 „	„	5 000 000 „	. . . . .	800 „	Revisor.

Für jede weiteren angefangenen 1 000 000 M. steigt die Gebühr um 100 M. bis zum Höchstbetrage von 2500 M. für jeden Revisor. Maßgebend für die Berechnung der Gebühren ist die gesamte Aktivmasse, nicht das Nominalkapital. Bei schwierigen Revisionen kann die Handelskammer höhere Sätze bewilligen. Für Bargründungen sind wesentlich geringere Sätze vorgesehen.

4. *Druckkosten* für den Druck der Aktien und der Satzungen.

Aktien in Folioblatt, einseitig mit farbigem Untergrund versehen, Text in schwarzer Farbe gedruckt, mit Beidruck der Nummern und Trockenstempel, mit Gewinnanteil= scheinbogen in gleicher Größe und Ausführung kosten bei Verwendung eines guten Wasserzeichenpapiers bei einer Auflage von

2 000 Stück	5 000 Stück	10 000 Stück
0,25 M. pro Stück	0,18—0,20 M. pro Stück	0,16—0,18 M. pro Stück

---

[18]) Ueber die Berechnungsweise der Wertzuwachssteuer vgl. Schmalenbach, Finanzierungen, S. 74 ff.

[19]) Vgl. Becher, a.a.O., S. 29 ff.

Fällt der Trockenstempel fort, so ermäßigt sich der Preis um ca. 10 Prozent. Bei zweifarbigem Untergrund erhöhen sich die Preise um rund 20 Prozent.

Vergleiche die Zusammenstellung der Gründungskosten einer A.-G. für einen bestimmten Fall in Heft 3.

B. *Dauernde Mehrkosten.* Bei jeder Umgründung sind neben den einmaligen Gründungskosten auch die durch die neue Unternehmungsform bedingten dauernden Mehrkosten zu prüfen. Der Mehraufwand der A.-G. gegenüber einer Einzelfirma oder Personengesellschaft wird bedingt durch steuerliche Sonderbelastungen, durch Ausbau des Organisations- und Verwaltungsapparates, durch den Ueberschuß der Gehälter der Leitung über die bisher gezahlten Gehälter und durch notwendige Mehrabschreibungen und Sonderrückstellungen. Die Feststellung dieser sich ständig wiederholenden Mehrkosten kann nur eine Wahrscheinlichkeitsrechnung sein.

1. *Steuerliche Sonderkosten.* Die K ö r p e r s c h a f t s s t e u e r kann von der vom eingebrachten Unternehmen gezahlten Einkommensteuer nach oben und unten abweichen, weil die Steuersätze für diese beiden Ertragsteuern nach verschiedenen Grundsätzen aufgebaut sind, und weil bezüglich der gesetzlich zulässigen Abzüge vom Gesamtertrag des steuerbaren Roheinkommens keine Gleichförmigkeit für juristische und physische Personen besteht.[20]) Die 10prozentige K a p i t a l e r t r a g s t e u e r auf den ausgeschütteten Gewinn fällt aus; statt dessen ist die Körperschaftssteuer auf die gezahlte Dividende von 15 auf 25 Prozent erhöht worden. Zur Milderung von Doppelbesteuerungen wird die vom ausgeschütteten Gewinne gekürzte Körperschaftssteuer bei den Dividendenempfängern teilweise angerechnet. — Die G r u n d - und d i e G e b ä u d e s t e u e r können wachsen, wenn der Einbringungswert der Immobilien höher ist als der frühere Veranlagungswert, bzw. wenn die Steuerbehörde für die eingebrachten Liegenschaften einen erhöhten gemeinen Wert festsetzt. — Der V e r m ö g e n s t e u e r unterliegt grundsätzlich das gesamte Anlage- und Betriebsvermögen nach Abzug der Schulden. Juristische Personen können gemäß § 12 des VermStGes. das eingezahlte Grund- oder Stammkapital und Rücklagen für Wohlfahrtszwecke mit gesicherter Verwendung in Abzug bringen. Die zweite Steuernotverordnung hat wesentliche Bestimmungen des VermStGes. abgeändert. Doch handelt es sich hierbei nur um Uebergangsregeln für das Steuerjahr 1924 mit weitreichender Vorauszahlungspflicht. — Der A u f s i c h t s r a t s s t e u e r unterliegt die Gewährung von Vergütungen durch Kapitalgesellschaften an die zur Ueberwachung ihrer Geschäftsführung verfassungsmäßig bestellten Personen (KVStG., Teil IV). Als Vergütungen sind alle Leistungen anzusehen, die als Entgelt für die Ueberwachung dienen (feste Gehälter, Gewinnanteile, Tagegelder, soweit sie den erforderlichen Aufwand übersteigen usw.). Der Steuersatz ist 20 Prozent, Steuerschuldner ist die Gesellschaft, Steuerträger dagegen sind die Aufsichtsratsmitglieder, so daß die Gesellschaft die gezahlten Steuern bei der Auszahlung der Gebühren kürzen kann. Trägt die Gesellschaft die Steuern, so wird durch die Uebernahme dieser Steuer die Vergütung erhöht, so daß also von dem um die Steuer gekürzten Betrage 25 Prozent Steuern zu entrichten sind.

2. *Ausbau der Organisation und des Verwaltungsapparates.* Hierhin gehören Kosten für einen eventuellen Ausbau der Buchhaltungs- und Kalkulationsabteilung, oder für Einrichtung einer statistischen Abteilung, damit schnellere Kontrolle und monatliche Erfolgsausweise möglich werden; ferner Auslagen für die bei fast allen A.-G. übliche jährliche Prüfung durch einen Treuhänder. Zu den Verwaltungskosten, die durch die veränderte Rechtsform des Unternehmens bedingt sind, gehören die Tantiemen für Vorstand und Aufsichtsrat, die Kosten für die Einberufung und Abhaltung der Generalversammlung, der Aufwand für Aufsichtsratsreisen und -Sitzungen, die Kosten für Bilanzveröffentlichung sowie Bankgebühren für Uebernahme des Dividendendienstes.

3. *Mehrbezüge der Leitung.* Wenn die Vorbesitzer kein festes Gehalt bezogen haben, sondern den Gewinn als ihr Einkommen ansahen, so wird der Aufwand der A.-G. durch die gesamten Gehaltszahlungen für die Leitung erhöht.

---

[20]) Vergl. S. 67 Heft 1, sowie B e c h e r a. a. O. S. 70 ff.

4. Notwendige Mehrabschreibungen und Rückstellungen. Ein Anwachsen der Abschreibungssumme wird stattfinden, wenn die Anlagen bei der Einbringung eine Höherbewertung erfahren haben. Die der gesetzlichen Reserve zufließenden Gewinnteile müssen gleichfalls vom Gewinn gekürzt werden, wenn das Dividendenmaß der Zukunft geschätzt werden soll.[21])

VIII. Errechnung der Rentabilität und Bestimmung der Kapitalhöhe.

Die Frage nach der Rentabilität des umzugründenden Unternehmens wird bei den meisten Gründungsvorverhandlungen nicht mit der gebührenden Sorgfalt behandelt. Die Gründung ist nur dann gerechtfertigt, wenn für das investierte Kapital eine Ertragshöhe wahrscheinlich ist, die den durchschnittlichen Kapitalzins übersteigt, der sich an anderen Stellen der Wirtschaft durch Erwerb von Teilhaber- oder Gläubigerrechten erzielen ließe. Wer diese wichtige Forderung außer Acht läßt, schadet nicht nur sich selbst, weil ihm eine ungenügende Kapitalrente zufließt; er beeinträchtigt auch die Volkswirtschaft, weil er sein Kapital den Stellen der Gesamtwirtschaft vorenthält, die es am dringensten brauchen.

Nur die zukünftige Ertragsfähigkeit hat Bedeutung für den Kapitalgeber. Daher muß die Erforschung der Rentabilität mit einer Prüfung der zukünftigen Entwicklungs- und Ertragsmöglichkeiten, mit einer Analyse der wichtigsten erkennbaren Einflüsse auf Wirtschaftsführung und Erfolg beginnen.

Man wird insbesondere folgenden Verhältnissen seine Aufmerksamkeit zuwenden:

1. **Standortsfrage:** Gunst oder Ungunst der Lage des Unternehmens.

2. **Konkurrenzfähigkeit:** Höhe der vorliegenden Aufträge, Entwicklung der (auf Goldmark umgerechneten) Monatsumsätze, verhältnismäßige Sicherheit für dauernden Absatz durch feste Lieferungsverträge oder eine zuverlässige Stammkundschaft, Umfang und Art der Konkurrenz, Möglichkeit ihrer Verschärfung und ihrer Ausschaltung oder der Anbahnung einer Koalition.

3. **Sicherstellung in der Versorgung mit Rohstoffen und Betriebskräften:** Größe und Zweckmäßigkeit des Materiallagers, Tendenz des Rohstoffmarktes, Versorgung mit Licht und Kraft.

4. **Betriebs- und Büroeinrichtungen:** ökonomische Raumverteilung, Möglichkeit der Erweiterung des Betriebes, Gunst oder Ungunst und Ausbaufähigkeit der Transportverhältnisse, Möglichkeit der Steigerung des Nutzeffekts durch bessere motorische Kräfte und durch Rationalisierung der Arbeit, bessere Ausnutzung der degressiven Kosten durch Verstärkung von Produktion und Umsatz.

5. **Personalverhältnisse:** Fähigkeit der Geschäftsleiter, Harmonie oder Disharmonie zwischen den für Vorstand, Aufsichtsrat und leitende Posten vorgesehenen Männern, Verhältnis der Leitung zu Arbeitern und Angestellten, Art der Heranbildung des Arbeiterersatzes, Neigung der Arbeiterschaft zu Streik und Resistenz, Akkord- oder Zeitlohn.

6. **Voraussichtliche wirtschaftliche Verhältnisse** in der entsprechenden Branche auf Grund der allgemeinen politischen und wirtschaftlichen Lage.

---

[21]) Vergl. eingehendere Darlegungen über diesen Gegenstand bei Schmalenbach a. a. O., S. 66 ff., sowie Frankenbach, Z. f. h. F. 8. J. S. 377 ff. Siehe auch das praktische Beispiel in Heft 3.

Diese Ueberlegungen werden, obwohl sich die Aufwands= ud Ertragsfak=
toren nicht in festen Zahlen greifen lassen, eine ziemlich klare Meinung über
die Zukunftsmöglichkeiten des Unternehmens bilden helfen. Sie müssen
aber durch **Erforschung der Rentabilität der Vergangen=
heit auf Grund des kaufmännischen Rechnungswerkes**
ergänzt werden. Zwar läßt sich eine sichere wirtschaftliche Prognose für
die Zukunft auf Grund der Ertragsziffern der Vergangenheit nicht anstellen.
Selbst in wirtschaftsruhigen Zeiten mit sehr flachen Konjunkturkurven sind
die Erfolgsausweise nicht mit Sicherheit auf die Zukunft anwendbar. In der
Gegenwart haben sie einen recht zweifelhaften Wert, weil wir nicht wissen,
ob Scheingewinne in ihnen enthalten sind, und ob geschickte Ausnutzung
des Währungsverfalls oder solide ökonomische Wirtschaftsführung die
Hauptquelle des Erfolges waren. Daher sind auch bei den Gründungen der
letzten Jahre die aus der Rechnungsführung zu gewinnenden Einblicke in den
Erfolg der Unternehmen meist unbeachtet geblieben. Die Vernachlässigung
dieser Quelle hatte auch darin ihren Grund, daß es meist an der Fähigkeit
fehlte, die mangelhaften und unzuverlässigen Ergebnisse der traditionellen
Rechnung von Irrtümern zu reinigen und richtig zu werten. So waren die
meisten Gründungen der Inflationsjahre plump, auf Kosten notwendiger wirt=
schaftlicher Erwägungen möglichst vereinfacht und für den Betriebswirt ohne
besonderen Anreiz. Man fragte oft nicht nach dem für das Unternehmen
angemessenen Kapital, sondern nach dem Höchstmaß desselben, das sich
durch den Appell an den Kapitalmarkt erzielen ließ, weil bei der fortschrei=
tenden Geldentwertung die zufließenden Mittel schon im Augenblick der
Einzahlung ihre Kaufkraft zum Teil eingebüßt hatten. Welches Schicksal
viele dieser Inflationskinder bei der bevorstehenden Sanierungsaktion und
Selbstreinigung unserer Wirtschaft haben werden, ist unschwer zu erraten.[22])

Nachdem wir zu einem stabilen Wertmesser in der Rechnungsführung
durch Anlehnung an die Dollarwährung zurückgekehrt sind, sollte man
wieder bei allen Gründungoperationen die **Erfolgsausweise der
Vergangenheit als Hilfsmittel für die Bestimmung der
Rentabilität der Zukunft** verwenden. Freilich muß die **persön=
liche und sachliche Kontinuität des Betriebes** gewahrt
sein, wenn man von diesen Ziffern auf die Zukunft schließen will. Wechselt
die Leitung des Unternehmens, so ist in Rechnung zu stellen, daß die Renta=
bilität der Vergangenheit von der persönlichen Tatkraft des Leiters stark
abhängig sein konnte, und daß eine Verschiebung der Ertragfähigkeit durch
seinen Rücktritt möglich ist. Besteht die Absicht einer vollen oder teilweisen
Umstellung des Betriebes, so können die Ertragsziffern der Vergangenheit nur
einen sehr bedingten bzw. überhaupt keinen Aufschluß über die Rendite der
Zukunft geben.

Die **Erfassung der Rentabilität der Inflationsjahre** ist be=
sonders schwierig. Die Gewinnziffern der letzten sechs Jahre sind bei fast
allen Unternehmen falsch, weil sie auf Grund der üblichen nominellen Rech=
nung entstanden sind und daher Scheingewinne oder Scheinverluste enthalten.
Eine Bereinigung dieser Ziffern durch nachträgliche Korrektur der Bilanzen

---

[22]) Wenn die bis jetzt vorliegenden Resultate der Bilanz= und Kapitalumstellung
im allgemeinen günstig waren, weil sie eine Substanz= und Kapitaleinbuße zeigten, die
den Bestand der Unternehmen nicht gefährdete, so hat das wohl darin seinen Grund,
daß bei der ziemlich langen Umstellungsfrist vorläufig jene Unternehmen, die bedenk=
lich verarmt und überschuldet sind, die Umstellung verzögern.

und der Buchhaltung mittels einer Indexrechnung ist notwendig, um die Einflüsse der Geldentwertung auf die Gewinngröße auszuscheiden.[23]) Ein absolut sicheres Ergebnis haben diese Reinigungsversuche bei der Fehlerhaftigkeit jeder Indexrechnung nicht. Die korrigierten Gewinnziffern sind sodann daraufhin zu untersuchen, ob und in welchem Maße geschickte Finanzierungs- und Kreditoperationen bei ihrer Bildung Anteil hatten. Nur der Erfolg oder Mißerfolg der eigentlichen Umsatztätigkeit darf in Betracht gezogen werden. Alle auf Grund der Inflation erzielten Spekulationserfolge oder -Mißerfolge müssen ausscheiden. Es ist sowohl möglich, daß die Jahresergebnisse bei starken Umsatzverlusten günstig waren, als auch, daß das Geschäft trotz hoher Umsatzgewinne mit Verlust abschloß. Die beiden Elemente des Gewinnes können sich gegenseitig verstärken, abschwächen und paralysieren. Es müßte daher versucht werden, aus dem Gesamtergebnis der letzten Jahre den reinen Betriebsgewinn durch genaue Nachprüfung der Umsatz-, Fabrikations- und Aufwandskosten herauszudestillieren. Wegen der Schwierigkeit und Umständlichkeit einer solchen Rechnung und der Fragwürdigkeit des Resultates wird man die Rentabilitätsprognose bei Umgründungen nur selten auf die rechnerischen Unterlagen der Inflationszeit gründen. Dort, wo die löbliche Praxis der monatlichen Gewinnerrechnung herrscht, wird man die Monatsbilanzen der geldwertstabilen Gegenwart benutzen können, um die Entwicklung der Rentabilität des Unternehmens zu verfolgen; dabei ist aber zu bedenken, daß sich Aufwand und Ertrag auf das Gesamtjahr unregelmäßig verteilen, so daß die Monatsgewinnziffern irreführend sein können. Die allgemeine obligatorische Rückkehr zur Goldmarkrechnung wird aber schon bald die Benutzung einwandfreier Jahresbilanzen bei der Prüfung der Ertragfähigkeit möglich machen. Um nicht aus den zufälligen Schwankungen der Gewinnziffern in den Jahresbilanzen falsche Schlüsse zu ziehen, wird die Rentabilität der Vergangenheit am sichersten auf Grundlage eines drei- oder fünfjährigen Durchschnitts errechnet. Schmalenbach[24]) setzt die Summe der Gewinne der drei letzten Jahre in Beziehung zur Summe der in diesen Jahren durchschnittlich tätigen Kapitalien und erforscht dann auf dem Wege einer Proportion, welcher Gewinn dem Eigenkapital entspricht, das dem Unternehmen am Schluß des letzten Bilanzjahres dient. **Die Summe der durchschnittlich tätigen Kapitalien der drei letzten Jahre verhält sich zum Gesamtgewinn dieser Jahre wie das Endkapital des letzten Bilanzjahres zu dem zu erforschenden Gewinn.** Das Ergebnis läßt sich dann leicht in einen Prozentsatz der Rentabilität umrechnen. Bei allen Unternehmen, deren Gewinn durch die Kapitalgröße wesentlich bedingt ist, ist diese verfeinerte Methode sehr zu empfehlen.[25])

Die Frage nach der **Rentabilität der Zukunft** schließt die Frage nach der **angemessenen Kapitalgröße** ein. Bei der Wahl des Kapitalmaßes für eine durch Umgründung entstehende A.-G. ging man in normalen Zeiten zweckmäßig von der bisherigen Rentabilität aus. Unter Berücksichtigung der Mehrkosten und der gesetzlichen Sonderbelastungen der

---
[23]) Ueber die wichtigsten Methoden zur Ausmerzung dieser Scheingewinne siehe: Schmalenbach, Goldmarkbilanz, Schmidt, Bilanzwert, Bilanzgewinn und Bilanzumwertung. Mahlberg, Bilanztechnik und Bewertung bei schwankender Währung, Kalveram, Die Praxis der Goldmarkbilanz und der Kapitalumstellung.
[24]) Vergl. Finanzierungen S. 80 ff.
[25]) Vergl. das Beispiel in Heft 3.

A.-G. konnte man durch Kapitalisierung des Durchschnittsgewinnes feststellen, welche Kapitalgröße in Zukunft eine angemessene Dividende zu erzielen vermochte.[26]) Natürlich waren dabei die über die zukünftige Entwicklung des Unternehmens angestellten Erwägungen zu würdigen. In der Gegenwart wird diese Rechnung dadurch sehr erschwert, daß der Kapitalzins noch lange Zeit hindurch wegen der Kapitalknappheit eine übernormale Höhe behalten wird. Die Frage, von welcher Rendite man bei der Wahl des Kapitals ausgehen soll, damit sich auch in Zukunft in- und ausländisches Kapital für neue Bedürfnisse des Unternehmens zur Verfügung stellt, ist bei den ungeklärten Verhältnissen unserer Gesamtlage fast unlösbar.[27])

Als ergänzende Behelfsmethode für die Wahl der richtigen Kapitalgröße kommt die genaue Feststellung des Zeitwertes des Unternehmens am Bilanztage in Betracht. Dabei können Buchzahlen, Kalkulationen, Preislisten, Börsenkurse, ernste Schätzungen von kaufmännischen und technischen Sachverständigen und Feuerversicherungstaxen als Unterlage dienen. Wird das auf diesem Wege errechnete unverschleierte Gesamteigenkapital zu dem erzielten Gewinn in Beziehung gesetzt, so erkennt man leicht, ob die Rente der letzten Jahre groß genug war, um die Form der Investierung in diesem Betriebe zu rechtfertigen, ob sich eine Erweiterung lohnt oder ob eine Umstellung der Produktion bzw. eine Reorganisation wegen zu geringer Rentabilität zu erwägen ist. Der Zeitwert des Unternehmens ist aber nicht gleich der Summe der Reproduktionswerte der einzelnen Aktiva. Das Unternehmen als Ganzes, als zweckvoll organisierte Einheit hat gegenüber dieser durch Summierung gefundenen Kapitalgröße einen Mehr- oder Minderwert, der sich aus der Art des Zusammenfügens der Einzelglieder und ihres Zusammenwirkens und dem dadurch bedingten höheren oder geringeren Ertrag ergibt.

Sind Anlagen und Betriebsmittel gegenüber diesem Gesamtwert des Unternehmens unterbewertet, so ist die aus dem Vergleiche zwischen bilanziellem Eigenkapital und Reingewinnziffer errechnete Rentabilitätsziffer zu günstig. Sind infolge der zu niedrig zu Buche stehenden Anlagen die Abschreibungen zu gering gewesen oder ist der Unterschied zwischen den unterbewerteten Umlaufsgütern und ihrem Verkaufswert als Betriebsgewinn ausgewiesen worden, so ist die Reingewinnziffer absolut falsch. Sie enthält Scheingewinne, weil nicht alle Aufwandsfaktoren erfaßt sind. Doch auch bei richtiger Gewinnermittlung erwächst aus dem Vergleich von Gewinn mit einem durch stille Reserven buchmäßig verminderten Eigenkapital eine unrichtige Ertragshöhe. Diese falsche Rechnung kann dann bedenkliche Folgen haben, wenn die Um-

---

[26]) Vergl. die Untersuchungen Schmalenbachs a. a. O. S. 82 ff.

[27]) Vor dem Kriege konnte man von einer sechsprozentigen Durchschnittsrentabilität ausgehen, da gute Aktien, die eine sechsprozentige Dividende erzielten, auf etwa pari standen. Heute notieren wertbeständige Obligationen mit sechsprozentiger Verzinsung etwa 50 Prozent, so daß sie eine zwölfprozentige Rente ergeben. Der Reichsbankdiskont von 10 Prozent entspricht längst nicht mehr unserer geld- und kreditwirtschaftlichen Lage. Für kurzfristige Gelder werden bis 60 Prozent gezahlt. Ob sich die Kreditnot weiter verschärft und zu einem neuen Anziehen der Zinssätze führt, oder ob in den nächsten Jahren eine Erleichterung auf dem Geld- und Kreditmarkte eintreten wird, kann niemand voraussehen.

gründung gleichzeitig zu einer Erhöhung des Unternehmerkapitals benutzt wird, wie dies ja fast regelmäßig geschieht. Der Gewinn eines umzugründenden Unternehmens habe bei einem nicht durch stille Reserven verschleierten Eigenkapital von 200 000 M. die Größe von 20 000 M., also 10 Prozent des Eigenkapitals, das bei der Umgründung zufließende Neukapital von 100 000 M. möge die gleiche Wirksamkeit entfalten, d. h. gleichfalls eine Rendite von 10 Prozent ermöglichen, so daß also durch Erhöhung des Kapitals von 200 000 M. auf 300 000 M. der Gewinn von 20 000 M. auf 30 000 M. steigen würde. Nehmen wir nun an, daß in der Bilanz des umzugründenden Unternehmens das Eigenkapital durch stille Reserven zur Hälfte verschleiert ist, daß es also mit nur 100 000 M. ausgewiesen worden ist. Dann ergibt sich auf Grund der Bilanz ein Reinertrag von 20 pCt. Diese Ertragshöhe kann bei Zufluß von Neukapital unter Annahme gleicher Wirksamkeit desselben nicht aufrecht erhalten werden, denn die Bareinlage von 100 000 M. erhöht das bilanzielle Kapital auf 200 000 M., die einen Ertrag von 30 000 M., also nur eine 15prozentige Rente bringen. Man muß sich also hüten, bei der Berechnung der Rentabilität von einer mit stillen Reserven durchsetzten Bilanz auszugehen, weil dann unter sonst gleich bleibenden Verhältnissen die Rente der Zukunft hinter der Rente der Vergangenheit zurückbleiben muß.

Als Hilfsmittel für die Feststellung des zu wählenden Kapitalmaßes ist auch die Erforschung des Umsatzes der Unternehmung und seiner Entwicklung von Bedeutung. Man wird den durch die speziellen Umsatzträger durchschnittlich zu erzielenden Reingewinn zu messen suchen und dann durch Studium des Absatzmarktes, der Kundschafts- und Auftragsstatistik auf den Ertrag der Zukunft und von diesem auf die angemessene Kapitalgröße schließen. Auch die Beobachtung der Zahl der produktiven Arbeiter oder der Produktionsstatistik kann wertvolle Aufschlüsse geben. Dagegen muß ernstlich davor gewarnt werden, aus dem Wachstum der Produktionsanlagen oder der motorischen Kräfte eines Unternehmens auf die angemessene Kapitalgröße zu schließen. Ist der Maschinenpark eines Unternehmens auf das Dreifache gewachsen, so ergibt sich daraus durchaus nicht, daß das Unternehmen nunmehr ein dreifaches Eigenkapital zu verzinsen vermag. Nicht die abstrakt gemessene Verwendbarkeit oder das Leistungsvermögen eines Betriebes, sondern das Maß seiner effektiven Ausnutzung ist für die Kapitalberechnung zugrunde zu legen. Für die Gegenwart ist diese Feststellung von besonderer Wichtigkeit, weil zahlreiche deutsche Unternehmen infolge einer Ueberkapitalisierung, einer zu reichen Ausstattung mit Produktions-, Lager- und Verkaufseinrichtungen unrentabel sind.

IX. Buchhalterische Darstellung der Gründungsvorgänge.
(Schematische Beispiele.)

1. Bargründung, Vollzahlung zum Nominalbetrage.

Das Aktienkapital von 800 000 M., bestehend aus 800 Aktien à 1000 M., wird von den Gründern auf Bankkonto eingezahlt.

Buchung: Bank an Aktienkapital 800 000 M. 800 000 M.

Gründungsbilanz.

An Bank	800 000 M.	Per Aktienkapital	800 000 M.

2. *Bargründung, Vollzahlung, Ueberpariemission.*
800 Aktien zu 120 Prozent.

Buchungen, 1. Form:
a) Konto der Aktionäre (Einzahlungskonto)
   an Aktienkapital   800 000 M.   800 000 M.
Uebernahme des Aktienkapitals durch die Gründer.
b) Bank an Folgende   960 000 M.
   an Konto der Aktionäre   800 000 M.
   Nominalbetrag des Grundkapitals
   an gesetzliche Reserve   160 000 M.
   Agio der Aktienausgabe.

Gründungsbilanz.

An Bank	960 000 M.	Per Aktienkapital	800 000 M.
		„ gesetzliche Reserve	160 000 „
	960 000 M.		960 000 M.

2. Form, unter Benutzung einer Eröffnungsbilanz.
a) Eröffnungsbilanz an Folgende   960 000 M.
   an Aktienkapital   800 000 M.
   an gesetzliche Reserve   160 000 „
b) Bank an Eröffnungsbilanz   960 000 „   960 000 „

3. *Bargründung, Teilzahlung, Ueberpariemission.*
800 Aktien zu 120 Prozent, Einzahlung 25 Prozent.
Das volle gezeichnete Kapital, nicht nur der eingezahlte Betrag ist zu bilanzieren.

Buchungen, 1. Form:
a) Konto der Aktionäre an Aktienkapital   800 000 M.   800 000 M.
Uebernahme des Aktienkapitals durch die Gründer.
b) Bank an Folgende   360 000 „
   an Konto der Aktionäre   200 000 „
   25 Prozent Einzahlung
   an Reserve   160 000 „
   20 Prozent Agio auf 800 000 M.

Gründungsbilanz.

An Bank	360 000 M.	Per Aktienkapital	800 000 M.
An Konto der Aktionäre	600 000 „	Per gesetzliche Reserve	160 000 M.
	960 000 M.		960 000 M.

2. Form:
a) Folgende an Aktienkapital   800 000 M.
   Bankkonto   200 000 M.
   25 Prozent Einzahlung
   Konto der Aktionäre   600 000 „
   25 Prozent rückständige Einzahlung
b) Bank an gesetzliche Reserve   160 000 „   160 000 „
   20 Prozent Agio auf 800 000 M.

3. Form:
a) Eröffnungsbilanz an Folgende   960 000 M.
   an Aktienkapital   800 000 M.
   an gesetzliche Reserve   160 000 „
b) Folgende an Eröffnungsbilanz   960 000 „
   Kasse   360 000 „
   Konto der Aktionäre   600 000 „

Man kann auch für jeden Gründer ein besonderes Konto führen, in dem die übernommenen Verpflichtungen und vollzogenen Einzahlungen gegenübergestellt werden. Das geschieht immer, wenn Namensaktien ausgegeben werden. In der Bilanz faßt man die Salden dieser Aktionärkonten als Forderung an die Aktionäre zusammen.

4. *Sachgründung. Einzelne Gegenstände werden neben Bargeld eingebracht.*

Das Aktienkapital betrage 300 000 M. Von den 300 Aktien à 1000 M. übernehmen:
   A 100 zu pari gegen Einbringung eines Gebäudes = 100 000 M.
   B 50 zu pari gegen Einbringung eines Patentes = 50 000 „
   C 80 ⎫ zu 120 gegen Banküberweisung   ⎫
   D 40 ⎬ (25 Prozent Einzahlung)   ⎬ . . . 150 000 „ + 30 000 M.
   E 30 ⎭   ⎭
   ─────   ──────────
     900   300 000 M.

Die Kosten der Gründung belaufen sich auf 19 800 M.

Buchungen:

a) Konto der Aktionäre an Aktienkapital 300 000 M. 300 000 M.
   Uebernahme des Aktienkapitals durch die Gründer
b) Folgende an Konto Aktionäre   187 500 „
   Gebäude
     Einbringung durch A.   100 000 „
   Patent
     Einbringung durch B.   50 000 „
   Bank
     Ueberweisung von 25 Prozent des Nominalbetrages
     durch C, D und E   37 500 „
c) Bank an Agiokonto   30 000 „   30 000 „
   Ueberweisung des Agiobetrages von C, D und E
d) Agiokonto an Folgende   30 000 „
     an Bank   19 800 „
       für Gründungskosten
     an gesetzliche Reserve   10 200 „
       Uebertrag des Restes

Gründungsbilanz.

Gebäude	100 000 M.	Alte Kapitalien	300 000 M.
Patent	50 000 „	Gesetzliche Reserve	10 200 „
Bank	47 700 „		
Aktionäre	112 500 „		
	310 200 M.		310 200 M.

Handelt es sich um eine große Zahl von Gründern und um mehrere Einzahlungstermine, so kann auch neben dem Konto der Aktionäre ein Einzahlungskonto geführt werden. Dieses wird für die **fälligen Teilbeträge** zugunsten des Kontos der Aktionäre **belastet** und für die erfolgten Einzahlungen erkannt, so daß der Saldo die fälligen Einzahlungsbeträge ergibt, während der Saldo des Aktionärkontos die noch nicht fälligen Zahlungen kenntlich macht.

5. Sachgründung (Umgründung) einer Einzelfirma in eine A.=G. ohne Umbewertung und ohne Kapitalerhöhung.

Schlußbilanz der Firma Sturm.

An Waren	100 000 M.	Per Kapital	145 000 M.
An Maschinen	190 000 „	Per Kreditoren	160 000 „
An Kasse	15 000 „		
	305 000 M.		305 000 M.

Das Aktienkapital soll 150 000 M. betragen; davon übernimmt

Sturm	145	Aktien
A	2	„
B	1	„
C	1	„
D	1	„
	150	Aktien à 1000 M.

Die Gründungskosten übernimmt der Vorbesitzer persönlich.

1. **Form: Die Geschäftsbücher werden weiter geführt.** Nachdem die Eröffnungsbuchungen in der üblichen Weise vollzogen sind, wird gebucht:

    Folgende an Aktienkapital   150 000 M.
      Kapitalkonto (Sturm)   145 000 M.
      Kasse   5 000 M.

Gründungsbilanz

An Waren	100 000 M.	Per Aktienkapital	150 000 M.
An Maschinen	190 000 „	Per Kreditoren	160 000 „
An Kasse	20 000 „		
	310 000 M.		310 000 M.

2. **Form: Die Geschäftsbücher werden nicht weitergeführt.**
    a) Folgende an Kapitalkonto Sturm   305 000 M.
        Waren   100 000 M.
        Maschinen   190 000 M.
        Kasse   15 000 M.
    b) Kapitalkonto Sturm an Folgende 305 000 M.
        an Kreditoren   160 000 M.
        an Aktienkapital   145 000 M.
    c) Kasse an Aktienkapital   5 000 M.   5 000 M.

3. **Form: Benutzung eines Illationskontos.**
    a) Folgende an Aktien=Kapital   150 000 M.
      Illationskonto Sturm   145 000,—
      Einzahlungskonto A—D   5 000,—
        Verbuchung des Gründungsbeschlusses
    b) Folgende an Illationskonto Sturm   305 000 M.
      Waren   100 000,—
      Maschinen   190 000,—
      Kasse   15 000,—
        eingebrachte Aktiva
    c) Illationskonto Sturm an Kreditoren   160 000,—
        übernommene Passiva
    d) Kasse an Einzahlungskonto A—D   5 000,—

Die Verbuchung der Gründungsvorgänge ist nicht unbedingt erforderlich. In der Praxis werden zuweilen, besonders wenn die alten Bücher nicht fortgeführt werden, die Bücher der A.G. mit der Gründungsbilanz eröffnet. Empfehlenswert ist in allen Fällen eine klare Darstellung der Gründungsvorgänge durch die Gründungsbuchungen und eine Hinzufügung dieser buchhalterischen Aufzeichnungen zu den Gründungsakten.

6. *Sachgründung. Umgründung einer offenen Handelsgesellschaft mit Umbewertung der Anlagen und gleichzeitiger Kapitalerhöhung.*

Vergl. den Hergang einer Sachgründung Heft 3.

(Schluß folgt.)

Die Gründung von Aktiengesellschaften

Von Prof. Dr. Wilhelm Kalveram, Frankfurt a. M.

(Schluß.)

X. Praktisches Beispiel einer Umgründung und einer Bargründung.

A. Umgründung einer offenen Handelsgesellschaft in eine Aktien=Gesellschaft.

1. Vorverhandlungen.

Die Kaufleute Arnold und Ludwig betreiben unter der Firma Arnold & Ludwig eine Maschinenfabrik in Frankfurt a. M. als off. Handelsgesellschaft. Sie haben mit Hilfe von Bankkrediten ihr Geschäft ausgedehnt, vermögen aber diese Kredite aus den laufenden Einnahmen nicht abzudecken. Da außerdem ein Bedarf an Betriebsmitteln zur besseren Ausnutzung des Maschinenparks besteht, so beschließen die Gesellschafter am 1. März die Umwandlung ihres Unternehmens in eine A.=G. mit Hilfe ihrer Bank. Aus den bei der Gründung zufließenden Barmitteln sollen die Bankschulden abgetragen und die Betriebsmittel verstärkt werden. Als Grundlage für die Umgründung dient die *Schlußbilanz per 31. Dezember 19. . . .*

*) Daß er es nicht war, ist oben durch eine Aktienbank bestätigt.

Aktiva		Passiva.	
	M.		M.
Kasse und Postscheck	115 000	Bank	777 000
Grundstücke und Gebäude	386 000	Kreditoren	738 000
Maschinen	500 000	Hypotheken	225 000
Inventar	30 000	Kapital Arnold	300 000
Rohstoffe, Halb- und Fertig-		Kapital Ludwig	200 000
fabrikate	916 000	Gewinn	238 000
Außenstände	531 000		
	2 478 000		2 478 000

Die Verhandlungen zwischen Bank und Gesellschaftern führen zu einer Vereinbarung über die Umwertung folgender Aktiva:

Maschinen (Mehrwert)	169 000 M.	
Grundstücke und Gebäude (Mehrwert)	64 000 „	
Rohstoffe, Halb- und Fertigfabrikate (Mehrwert)	147 000 „	
Bildung eines Delkrederekontos		18 000 M.
Gesamtmehrwert		362 000 „
	380 000 M.	380 000 M.

Das Eigenkapital der beiden Gesellschaften beträgt somit:

Kapital Arnold	300 000 M.	
Kapital Ludwig	200 000 „	
Gewinn	238 000 „	
Mehrwert	362 000 „	
	1 100 000 M.	

Das durchschnittlich tätige Eigenkapital war, obwohl Entnahmen und Einlagen während des Jahres nicht erfolgten, kleiner, da der Gewinn erst im Laufe des Jahres erzielt wurde.

Nehmen wir an, daß im Durchschnitt des Jahres ½ der Gewinngröße als Kapital arbeitete, dann beträgt das durchschnittlich tätige Kapital

$$\begin{aligned}&1\,100\,000,\text{— M.}\\ \cdot/.\ &119\,000,\text{— „}\\ \hline&981\,000,\text{— M.}\end{aligned}$$

Auf 981 000 M. Eigenkapital wurde ein Gewinn von 238 000 M. = 24,3% erzielt. Da 600 000 M. des Bankkapitals bei der Umgründung zurückgezahlt werden sollen, so ist es von Bedeutung, zu erfahren, wie hoch die Rente sich gestaltet hätte, wenn statt der 600 000 M. Bankkredit weitere 600 000 M. als Eigenkapital mitgewirkt hätten. Die Kosten des Bankkredits (Zinsen + Provisionen) seien mit 8% = 48 000 M. angenommen. Um diesen Betrag wäre der Reingewinn des Unternehmens höher gewesen. Es hätten also

$$\begin{aligned}&981\,000\text{ M.}\\ +\ &600\,000\text{ „}\\ \hline&1\,581\,000\text{ M.}\end{aligned}$$ einen Gewinn von $$\begin{aligned}&238\,000\text{ M.}\\ +\ &48\,000\text{ „}\\ \hline&286\,000\text{ M. erzielt.}\end{aligned}$$

Das entspricht einer Rente von 18%, so daß also das Unternehmen aus der Benutzung fremder Gelder eine Steigerung des Ertrages um 6,3% herleiten konnte.

Um die Zufälligkeiten in der Aufwands- und Ertragsrechnung des letzten Jahres auszuschalten, sollen die beiden vorhergehenden Jahre in die Rechnung zur Gewinnung eines Durchschnitts einbezogen werden. Dabei sind natürlich auch hier die stillen Reserven aufzuheben und die dauernd tätigen Bankkapitalien einzurechnen.

1	2	3	4	5		6
Durchschnittl. tätiges Eigenkapital	dauernd tätiges Bankkapital	Summe von 1 u. 2	Reingewinn	Kosten der Bankkredite		Summe von 4 + 5
981 000	600 000	1 581 000	238 000	8 %	48 000	286 000
850 000	300 000	1 150 000	165 000	8 %	24 000	189 000
640 000	100 000	740 000	102 000	7 %	7 000	109 000
2 471 000	1 000 000	3 471 000	505 000		79 000	584 000

Auf dem Wege der Proportion gewinnt man nunmehr nach dem Schmalenbachschen Vorschlage den Gewinn, der dem am letzten Bilanztage tätigen Kapital von 1 100 000 M. + 600 000 M. Bankkapital entspricht: 3 471 000 : 584 000 = 1 700 000 : x · x = 286 027.

286 027 M. Gewinn sind nach dieser Durchschnittsrechnung auf das zu Ende des letzten Bilanzjahres tätige Eigenkapital erzielt worden; das ist gleich 16,8%.

Das Aktienkapital soll sich belaufen auf

    1 100 000 M. für Einbringung des Geschäftes
    600 000 „ „ Abdeckung des Bankkredits
    300 000 „ als Neukapital

also auf 2 000 000 M.

Wie groß wird die Rendite der zu gründenden A.-G. sein, wenn Produktions- und Absatzverhältnisse unverändert bleiben?

Es sei zunächst von den Einflüssen einer Kapitalvermehrung auf den Gewinn abgesehen und das Aktienkapital mit 1,7 Mill. angenommen. Der Ertrag von 286 027 M. wäre im Sinne der A.-G. kein Reinertrag, weil mehrere Sonderaufwendungen, welche die off. Handelsgesellschaft nicht belasteten, unberücksichtigt blieben. Zunächst wird der Abschreibungsbetrag anwachsen, weil die normale Abschreibung auf die Anlagewerte der Uebernahmebilanz als Aufwandsfaktor einzustellen ist. Außerdem sind das Mehr an Gehältern, sowie an Buchhaltungs-, Revisions- und Publikationskosten und die Steuern zu berücksichtigen:

Reingewinn der off. Handelsgesellschaft			286 027 M.
10% Abschreibung auf Maschinen-Mehrwert	16 900 M.		
2% Abschreibung auf Gebäude-Mehrwert	1 280 „	18 180 M.	
Mehr an Gehältern für Leiter und Beamte	5 000 M.		
Mehr an Buchhaltungskosten	500 „		
Kos`en der jährlichen Revision, der Publikation, der Gen.-Vers. und der Aufsichtsratssitzungen (1⁰/₀₀ des Kapitals)	1 700 „	7 200 „	·/. 25 380 „
			260 647 M.
20% (i. H. = 25% v. H.) von der auf 8 000 M. geschätzten Aufsichtsratstantieme als Aufsichtsratssteuer*)		2 000 M.	
25% (v. H.) von der auf 9% = 153 000 M. geschätzten Dividende als Körperschaftssteuer*)		38 250 „	·/. 40 250 „
			220 397 M.
20% Körperschaftssteuer vom Gesamtgewinn (a. H.)			36 733 „
Reingewinn			183 664 M.

---

*) Da die Steuerbeträge von vorläufig noch unbekannten Größen (Reingewinn, ausgeschüttete Dividende, Aufsichtsratstantiemen) zu errechnen sind, so muß versucht werden, diese Unbekannten auf Grund der errechneten Rohgewinnziffer zu schätzen. Wenn sich bei der Durchführung der Rechnung zeigt, daß die Schätzungen wesentlich falsch waren, so ist eine zweite Durchrechnung notwendig.

Die Dividende, die sich von diesem Gewinn ausschütten ließe, ergibt sich unter Berücksichtigung der gesetzlichen Rückstellungen und der Tantiemeansprüche aus folgender Aufstellung

Reingewinn	183 664	M.
5% an gesetzliche Reserve	9 200	„
	174 464	M.
10% Tantieme für den Vorstand	17 446	„
	157 018	M.
4% Vordividende von 1 700 000 M.	68 000	„
	89 018	M.
8% Tantieme für den Aufsichtsrat	7 120	„
	81 898	M.
4³/₄% Superdividende	80 750	„
Gewinnrest	1 148	M.

Die erzielbare Dividende beträgt also 8³/₄%.

Die Frage, wie die Kapitalvermehrung um 300 000 M. auf den Gewinn einwirken wird, ist nicht leicht zu beantworten. Soll das umlaufende Kapital zum Zwecke einer besseren Ausnutzung der Produktionsanlagen durch diesen Neuzufluß gestärkt werden, so ist unter der Annahme, daß die errechnete Rente sich auf ein Eigenkapital bezog, welches unter Vermeidung stiller Reserven wahrheitsgemäß ausgewiesen wurde, ein leichtes Ansteigen dieser Rente zu erwarten, weil die bessere Ausnutzung der Betriebsanlagen eine Degression der Kosten bewirkt.

Soll das Neukapital zur Erweiterung der Anlagen dienen, so sind die Abschreibungen darauf in Rechnung zu stellen; im übrigen hängt die Möglichkeit der Erzielung mindestens einer gleichen Rente von all den Faktoren ab, welche die zukünftige Entwickelung des Unternehmens beeinflussen können.

Von dem Aktien-Kapital von 2 000 000 M. erhalten die Vorbesitzer 1 100 000 M. gegen Einbringung ihres Unternehmens; der Rest von 900 000 M. soll von der Bank bei ihren Kunden und Interessenten untergebracht werden. Zur Vertretung ihrer Kapitalgeber soll der Bank ein Sitz im Aufsichtsrat eingeräumt werden. Sie erhält als Entgelt für ihre Vermittlung eine Provision von 5%, die auf die Aktienübernehmer abgewälzt werden soll. Die Gründungskosten sollen von den Gründern anteilig getragen werden, um die Betriebsmittel der Gesellschaft zu schonen.

Die Spesen der Gründung ergeben sich aus nachstehender Aufstellung:

Gründungskosten der A.-G.

1. Steuer und Stempel.

a) Kapitalverkehrssteuer (§ 11 KVStG.) 7½% auf 2 000 000 M.		150 000	M.	
b) Grunderwerbsteuer 6% auf 450 000 M.		27 000	„	
				177 000 M.

2. Notariats- und Gerichtskosten.

a) Gründungsprotokoll. (Preuß. Gerichtskosten-Gesetz § 32 u. 46)		4 880	M.	
Beurkundung außerhalb der Notariatsräume. § 51.		50	„	
Mehrkosten für mehrere Ausfertigungen. § 110.		—		
Schreibgebühr und Porto ca.		20	„	
b) Eintragung in das Handelsregister. (§§ 69 u. 32 GKG.)		2 440	„	7 390 „

3. Taxations- und Revisionskosten.

a) Technisches Sachverständigengutachten ca.		300	M.	
b) Revision durch von der Handelskammer bestellte Revisoren		1 200	„	
c) Gebühr für die Ausfertigung einer Bescheinigung über die Einreichung des Gründungsberichtes bei der Handelskammer		50	„	1 550 „
	Uebertrag			185 940 M.

| | Uebertrag | | 185 940 M. |

4. Druck- und Publikationskosten.
   a) Kosten des Aktiendruckes 2000 Aktien à 0,25 M.   500 M.
   b) Druck der Satzungen (100 Stück)   150 „   650 „
                                        zusammen   186 590 M.
                                        abgerundet   190 000 „

Die Gründungskosten belaufen sich also auf etwa 9,5% des Aktien-Kapitals.

Die Bank wälzt ihre anteiligen Spesen ab, so daß sich für die von ihr übernommenen Aktien ein Ausgabekurs von 100 + 5% (Bankprovision) + 9,5% (Gründungsspesen) = 114,5% ergeben würde. Die Plazierung soll aber zu einem abgerundeten Kurse von 116% stattfinden. Der etwaige Ueberschuß soll dem gesetzlichen Reservefonds zufließen. Daher erhöht sich die Kapitalverkehrssteuer wie folgt:

Gesamtagio der durch die Bank plazierten
   900 000 M. Aktien : 16% =   144 000 M.
Anteilige Gründungsspesen (9½%)   85 000 M.
Bankprovision   45 000 „   130 500 „
                        verbleiben   13 500 M.

davon 7½% = 1 013 M. zusätzliche Kapitalverkehrssteuer.

Nachdem die Bank sich vergewissert hat, daß die von ihr zu plazierenden Aktien von 900 000 M. zum Kurse von 116% untergebracht werden können, erklärt sie sich bereit, bei der Gründung im abgesprochenen Sinne mitzuwirken. Da sie jedoch nicht an die Oeffentlichkeit treten will, sollen die auf sie entfallenden Aktien durch Strohmänner (Beamte oder sonstige nahestehende Personen) übernommen werden. Die hierfür Gewählten richten, damit die Börsenumsatzsteuer für den zweiten Erwerb der Aktien von ihnen durch die Bank erspart wird, folgenden Brief an die Bank:

Die Gründung der Maschinenfabrik A.-G. ist für den 15. März 19 . . . in Aussicht genommen. Vereinbarungsgemäß werde ich hierbei nom. 300 000 M. Aktien zum Kurse von 100% zeichnen, wobei die Gründungskosten von den Gründern getragen werden, und werde den Gegenwert sofort bar einzahlen. Gemäß der mit Ihnen getroffenen Absprache sind Sie an der Uebernahme dieser Aktien unter mir mit nom. 300 000 M. unterbeteiligt. Entsprechend werden Sie mir den zur Einzahlung erforderlichen Betrag sowie die Gründungskosten vergüten.

Die Bank bestätigt diese Uebernahme der Beteiligung schriftlich. Im übrigen bleiben die Strohmänner im Hinterhalt. Eine wirkliche Auszahlung zwischen Strohmännern und Bank findet nicht statt.

2. **Errichtung der Gesellschaft und Wahl des Aufsichtsrats.**

Die Errichtung der Gesellschaft findet nunmehr gemäß folgendem notariellen Gründungsprotokoll statt.

Verhandelt den 15. März 19 . . .

Von dem unterzeichneten in Frankfurt wohnhaften Notar im Bezirk des Oberlandgerichtes Frankfurt a. M. Justizrat Dr. Otto, der sich auf Ersuchen in das Gebäude der X Bank begeben hatte, erschienen heute, sämtlich von Person bekannt,
1. der Kaufmann Herr M. Arnold,
2. der Kaufmann Herr A. Ludwig,
3. der Kaufmann Herr X ⎫
4. der Kaufmann Herr Y ⎬ (Strohmänner),
5. der Kaufmann Herr Z ⎭
6. der Bankdirektor Herr L. Dick,
7. der Privatier Herr L. Arnold,
8. der Privatier Herr C. Neu (Verwandter von Ludwig).

Die Erschienenen zu 1—5 erklärten übereinstimmend:

„Wir beabsichtigen die Gründung einer Aktien-Gesellschaft vorzunehmen, welche die Firma „Maschinenfabrik Aktien-Gesellschaft" führen und ihren Sitz in Frankfurt am Main haben soll. Der Zweck der A.-G. und der Gegenstand des Unternehmens ergeben sich aus der Satzung, welche von uns unter dem heutigen Datum unterzeichnet ist und welche wir hiermit dem Notar mit der Bitte übergeben, sie dieser Verhandlung als Anlage beizufügen."

Die Satzung wurde hierauf verlesen, worauf die Erschienenen zu 1—5 erklärten: „Wir genehmigen diese uns soeben verlesene Satzung, die damit festgestellt ist, in allen Teilen. Wir ermächtigen Herrn M. Arnold, etwa vom Registerrichter verlangte Abänderungen der Satzung, die lediglich die Fassung betreffen, allein vorzunehmen. Wir ergänzen den Inhalt der verlesenen Satzung durch nachstehende Vereinbarungen und Bestimmungen, welche in Verbindung mit der Satzung den Gesellschaftsvertrag der A.-G. bilden sollen:

§ 1. Das Grundkapital der Gesellschaft beträgt gemäß den Bestimmungen der Satzung 2 000 000 M. und ist eingeteilt in 2000 auf den Inhaber lautenden Stammaktien zu je 1000 M., die zum Kurse von 100% ausgegeben werden.

§ 2. Von dem Grundkapital übernehmen:

1. Herr M. Arnold	660 000	M.
2. Herr A. Ludwig	440 000	„
3. Herr X.	300 000	„
4. Herr Y.	300 000	„
5. Herr Z.	300 000	„
	2 000 000	M.

§ 3. Die unter 3—5 Genannten übernehmen ihre Aktien gegen Barzahlung. Sie verpflichten sich, den Gegenwert sofort zu entrichten.

§ 4. Die Herren M. Arnold und A. Ludwig bringen für die von ihnen übernommenen Aktien das von ihnen unter der Firma „Arnold & Ludwig" betriebene Fabrikunternehmen in die Aktiengesellschaft mit allen Aktiven, insbesondere auch allen Patenten und Gebrauchsmustern sowie dem ihnen gehörigen, dem Geschäftsbetrieb dienenden, Blatt 27 verzeichneten Grundstück im Grundbuch zu Frankfurt a. M., R.-Straße Nr. 7 und mit allen Passiven ein. Die Einbringung erfolgt nach dem Stand vom 31. Dez. 19.. gemäß der in der Anlage beigefügten Aufstellung. Hiernach beträgt der gesamte Einbringungswert 1 100 000 M.

Das eingebrachte Geschäft gilt für die Zeit vom 1. Januar 19.. ab als für die Rechnung der A.-G. geführt. Die Herren Arnold und Ludwig übernehmen die Gewähr dafür, daß die Außenstände mindestens in derjenigen Höhe, in der sie in der beigefügten Aufstellung bewertet sind, eingehen und daß weitere Passiven als die aufgeführten nicht vorhanden sind. Sämtliche vorhandenen Handlungsbücher und Geschäftspapiere erhält die Aktien-Gesellschaft.

Hiermit ist das Aktien-Kapital in voller Höhe von 2 000 000 M. übernommen. Die durch die Gründung der A.-G. entstehenden Kosten werden von den Gründern anteilig getragen.

Die Erschienenen erklärten sodann, zur Wahl des ersten Aufsichtsrates schreiten zu wollen. Auf Vorschlag des Herrn M. Arnold wurden einstimmig zu Mitgliedern des Aufsichtsrates gewählt: 1. Herr L. Arnold, 2. Herr L. Dick, 3. Herr C. Neu.

Die Wahlen erfolgten im allseits genehmigten Wege des Zurufs. Sämtliche Gewählten erklärten, daß sie die Wahl annehmen.

Herr M. Arnold bat um dreimalige Ausfertigung dieser Verhandlung. Die Verhandlung wurde hierauf den Erschienenen vorgelesen, von denselben genehmigt und sodann wie folgt eigenhändig unterschrieben.

Unterschriften.

Als Anlagen werden dem Gründungsprotokoll die Uebernahmebilanz, die detaillierte Aufstellung der Außenstände und Verbindlichkeiten und die Satzung beigefügt.

3. Wahl des Vorstandes.

Anschließend tritt der Aufsichtsrat zu einer Sitzung zusammen, in welcher satzungsgemäß der Vorstand sowie ein Prokurist bestellt werden. Vereinbarungsgemäß werden die beiden Sacheinleger zu Mitgliedern des Vorstandes berufen.

Protokoll der Sitzung des Aufsichtsrates
der Maschinenfabrik A.-G. in Frankfurt a. M.
Erschienen sind 1. Herr L. Arnold, 2. Herr Dick, 3. Herr Neu.
Auf Vorschlag des Herrn L. Arnold werden Herr M. Arnold und Herr A. Ludwig zu Vorstandsmitgliedern der A.-G. gemäß § 8 der Satzung mit der Maßgabe bestellt, daß sie zusammen oder in Gemeinschaft mit einem Prokuristen für die Gesellschaft zeichnungsberechtigt sind. Zum Prokuristen wird Herr O. bestellt.
Auf Vorschlag des Herrn Neu wird ferner Herr L. Arnold zum Vorsitzenden des Aufsichtsrates, und Herr Dick zum stellv. Vorsitzenden gewählt. Die beiden Gewählten erklärten, die Wahl anzunehmen.
Frankfurt a. M., den 15. März 19 . . . Unterschriften.

4. **Einzahlung der Barbeträge und Abrechnung mit der Bank.**
Die Gründer haben nunmehr, soweit sie ihre Aktien gegen Barzahlung übernommen haben, den Gegenwert der Aktien einzuzahlen. Die Bank, welche den Strohmännern das Geld vereinbarungsgemäß zur Verfügung zu stellen hat, schreibt dasselbe der neuen Gesellschaft auf einem zinsfreien Konto zu Lasten ihres Konsortialbeteiligungskontos gut und bestätigt dies schriftlich dem Notar. An die Abnehmer der Aktien aber richtet sie folgenden Brief:
Die beabsichtigte Gründung der Maschinenfabrik A.-G. ist nunmehr erfolgt.
Sie haben sich uns gegenüber verpflichtet, von den hierbei ausgegebenen Aktien nom. 50 000 M. zu übernehmen, so bald die Gesellschaft in das Handelsregister eingetragen ist. Der Uebernahmekurs beträgt 116%. Wir bitten Sie, den Gegenwert von 58 000 M.
zuzüglich später zu entrichtender Börsenumsatzsteuer 580 „
zusammen mit 58 580 M.
bis spätestens 30. März bei uns einzuzahlen. Die endgültige Berechnung wird nach Eintragung der Gesellschaft erfolgen. Wollen Sie uns bitte Ihr Einverständnis mit Vorstehendem bestätigen. Unterschrift.

Die eingehenden Beträge werden einem provisorischen Aktieneinzahlungskonto gutgebracht. Nach Eintragung der Gesellschaft erfolgt den Abnehmern gegenüber endgültige Abrechnung, während der der Gesellschaft bisher zinsfrei gutgebrachte Betrag auf ihr Konto ordinario (Valuta: Tag der Einzahlung) übertragen wird. Der auf dem Aktieneinzahlungskonto nach Abzug der Börsenumsatzsteuer stehende Gesamtbetrag von 1 044 000 M. (900 000 M. à 116%) wird so verteilt, daß 100% = 900 000 M. dem oben erwähnten Konsortialbeteiligungskonto der Bank zum Ausgleich überwiesen werden. Weitere 11% = 99 000 M. werden auf ein „Gründungsspesenkonto Maschinenfabrik A.-G." übertragen. Die von den Inferrenten zu entrichtenden anteiligen Gründungsspesen werden gleichfalls auf diesem Konto gutgeschrieben. Zu Lasten desselben werden die Gründungsspesen erstattet. Der Ueberschuß von 10 700 M. wird der Gesellschaft zur Abführung an den gesetzlichen Reservefonds überwiesen. Die restlichen 5% des Aktieneinzahlungkontos von 45 000 M. werden dem Erfolgskonto für Konsortial und Emissionsgeschäfte gutgeschrieben. Für die Bank ist hiermit die Angelegenheit erledigt.

5. **Anmeldung zum Handelsregister.**
Der Notar hat nach Aufnahme des Gründungsprotokolles die Kapitalverkehrssteuer (Gesellschaftssteuer) auf dem Finanzamt festsetzen lassen und ihre Begleichung durch die Bank zu Lasten des Spesenkontos veranlaßt.
Gleichzeitig bittet er bei der Handelskammer um Bestellung von Revisoren durch folgendes Schreiben:
Ich überreiche Abschrift des Gründungsprotokolls der Maschinenfabrik A.-G., Frankfurt a. M., mit der Bitte um Gestellung von zwei Revisoren zur Prüfung des Gründungsherganges. Sämtliche Unterlagen der Gründung können auf dem Notariatsbüro eingesehen werden. Unterschrift.

Nachdem der Prüfungsbericht vorliegt und zur Handelskammer eingereicht worden ist, erfolgen die Anmeldung der Gesellschaft zum Handelsregister durch den Vorstand persönlich unter Vorlage der erforderlichen Schriftstücke*) und die Zeichnung der Namensunterschriften des Vorstandes und des Prokuristen vor dem Registerrichter.

6. Gründungsbuchungen (zurückdatiert auf den 1. Januar 19 . . .).

a) Aktionäre an Aktienkapital für Uebernahme der Aktien zu Pari	2 000 000 M.	2 000 000 M.
b) Folgende an Illation		738 000 „
Kapitalkonto Arnold	300 000 „	
Kapitalkonto Ludwig	200 000 „	
Gewinn- und Verlustkonto	238 000 „	
Wert der Illation laut Schlußbilanz vom 31. 12. 19		
c) Folgende an Illaltion		380 000 „
Maschinen	169 000 „	
Grundstücke und Gebäude	64 000 „	
Rohstoffe, Halb- und Fertigfabrikate	147 000 „	
Höherbewertung der eingebrachten Gegenstände.		
d) Illation an Delkredere	18 000 „	18 000 „
Minderbewertung der Debitoren.		
e) Folgende an Aktionäre		2 000 000 „
Illation	1 100 000 „	
Bank	900 000 „	
Für Einbringung der Sach- und Bareinlagen.		
f) Bank an gesetzliche Reserve	10 700 „	10 700 „
Ueberweisung des Restes des Agios.		
g) Einstandsbilanz an Folgende:	2 991 700 „	
an Kasse und Postscheck		115 000 „
an Bank		133 700 „
an Grundstücke und Gebäude		450 000 „
an Maschinen		669 000 „
an Inventar		30 000 „
an Rohstoffe, Halb- und Fertigfabrikate		1 063 000 „
an Außenstände		531 000 „
für Aktiva.		
h) Folgende an Einstandsbilanz		2 991 700 „
Kreditoren	738 000 „	
Hyp.	225 000 „	
Delkredere	2 000 000 „	
Reserven	10 700 „	
für Passiva.		

Eröffnungsbilanz der A.-G.

Kasse und Postscheck	115 000 M.	Kreditoren	738 000 M.
Bank	133 700 „	Hyp.	225 000 „
Grundstücke und Gebäude	450 000 „	Delkredere	18 000 „
Maschinen	669 000 „	Aktienkapital	2 000 000 „
Inventar	30 000 „	Reserven	10 700 „
Rohstoffe, Halb- und Fertigfabrikate	1 063 000 „		
Debitoren	531 000 „		
	2 991 700 M.		2 991 700 M.

*) Vgl. Heft 1, S. 70 u. 72.
**) Andere Formen der Gründungsbuchungen bei Schulz und Werner, Die Handelsgesellschaften. Teil III. S. 45 ff; Gerstner, Interessante Fälle aus der Buchhaltungspraxis, Gloeckners Handelsbücherei, Band 18, S. 69 ff.; Steiner, Buch- und Rechnungswesen der A.-G.

7. Gründerbericht.

Unter der Firma Maschinenfabrik Aktien-Gesellschaft, Frankfurt a. M. wurde gemäß Gesellschaftsvertrag vom 15. März 19 . . eine A.-G. mit einem Grundkapital von 2 000 000 M. und dem Sitz in Frankfurt a. M. gegründet.

In diese A.-G. brachten die Kaufleute Herr M. Arnold und Herr A. Ludwig in Frankfurt a. M. als Mitbegründer das bisher von ihnen unter der Firma Arnold & Ludwig betriebene Fabrikunternehmen mit allen Aktiven und Passiven ein. Nach der dem Gesellschaftsvertrag beigefügten Aufstellung betrug der Einbringungswert dieses Unternehmens 1 100 000 M., wofür die Herren Arnold und Ludwig als Entgelt 1 100 000 M. in Aktien zum Kurs von 100% erhalten.

Die Bewertung der Aktiva erfolgte in vorsichtiger Weise, so daß die Aktien-Gesellschaft bei einem Rückgang der heutigen Preise keinen Verlust erleiden dürfte. Insbesondere sind Warenvorräte, Grundstücke und Maschinen zu durchaus angemessenen Preisen in die Aufstellung aufgenommen. Die Außenstände, für deren Eingang die Herren Arnold und Ludwig die Haftung übernommen haben, sind nach dem Buchwert abzüglich einer den Zeitverhältnissen Rechnung tragenden Abschreibung eingesetzt. Unter Berücksichtigung des im Jahre 19 . . erzielten Betriebsgewinnes von 238 000 M. und desjenigen des Jahres 19 . . von 165 000 M. sowie auf Grund unserer eigenen Kenntnisse der Rentabilität des Geschäftes glauben wir, daß der für die Einbringung gewährte Betrag von 1 100 000 M. gerechtfertigt ist.

Rechtsgeschäfte vor dem Erwerb der Gesellschaft sind im Hinblick auf die Gründung nicht abgeschlossen worden. Ein Erwerbspreis aus den letzten zwei Jahren kann nicht angegeben werden.

Frankfurt a. M., den 19. März 19 . .

Unterschriften.

8. Prüfungsbericht des Vorstandes und des Aufsichtsrates über die Gründung der Maschinenfabrik Aktien-Gesellschaft, Frankfurt a. M.

Die A.-G. in Firma Maschinenfabrik Aktien-Gesellschaft ist laut Gesellschaftsvertrag vom 15. März 19 . . gegründet worden. Die Aktien sind wie folgt von den Gründern übernommen:

1. von Herrn X.   nom. M. 300 000 ⎫
2. von Herrn Y.   nom. M. 300 000 ⎬ zum Kurse von 100% gegen Barleistung.
3. von Herrn Z.   nom. M. 300 000 ⎭

4. von Herrn M. Arnold   nom. M. 660 000 ⎫ zum Kurse von 100% als Gegenwert
5. von Herrn A. Ludwig   nom. M. 440 000 ⎭ für die Einbringung der Firma Arnold & Ludwig in die A.-G.

Der Gegenwert der gegen Barleistung ausgegebenen Aktien wurde von den unter 1–3 Genannten gemäß beifolgenden Quittungen voll eingezahlt. Wir versichern, daß wir uns davon überzeugt haben, daß die Beträge tatsächlich in den Besitz des Vorstandes gelangt sind.

Bezüglich der von den Herren Arnold und Ludwig gemachten Sacheinlagen bestätigen wir die Richtigkeit und Vollständigkeit der von den Gründern gemachten Angaben. Wir bestätigen außerdem, daß wir keinerlei Bedenken hinsichtlich der Bewertung der eingebrachten Firma haben, und den dafür gewährten Aktienbetrag für gerechtfertigt halten. Wir glauben, daß das Unternehmen in der neuen Form eine günstige Entwicklung haben wird.

Der Vorstand und der Aufsichtsrat sind ordnungsgemäß bestellt. Im übrigen schließen wir uns dem Bericht der Gründer voll und ganz an.

Frankfurt a. M., den 19. März 19 . .

Unterschriften.

B. Beispiel einer Bargründung.

Die Verhandlungen über eine Bargründung beginnen mit der Aufstellung eines Gründungsvoranschlags, der in detaillierter Form die Kosten der zu beschaffenden Anlagegegenstände sowie das für einen einmaligen Umschlag erforderliche Betriebskapital enthält. Diese Untersuchung der Kapitalerfordernisse wird durch eine f i k t i v e E r f o l g s r e c h n u n g, welche die mutmaßlichen Aufwendungen und Erträgnisse eines Geschäftsjahres gegenüberstellt, ergänzt. Aus einem Vergleich des Gründungsvoranschlages mit dieser Erfolgsrechnung ergibt sich die wahrscheinliche Rentabilität. Eine volle Uebereinstimmung mit der Wirklichkeit können solche Vorberechnungen trotz gewissenhafter, sachkundiger Schätzung aller Einzelfaktoren niemals aufweisen; die Bargründung bleibt ein Sprung ins Dunkle. Ein wenig Wagemut sowie festes Vertrauen in die Persönlichkeit der Hauptgründer müssen das Gefühl der Unsicherheit überwinden helfen. Im folgenden seien die Vorberechnungen für eine Bargründung kurz skizziert:

Es besteht der Plan, eine A.=G. zur Ausbeutung eines technischen Artikels, der dem auf diesem Gebiete den Markt beherrschenden Erstfabrikat Konkurrenz machen soll, als Bargründung zu bilden. Bisher konnte der Erzeuger des Erstfabrikates Liebhaberpreise fordern, da nur minderwertige, wenig beachtete Nachahmungen auf den Markt kommen. Aus Gutachten von technischen Sachverständigen geht hervor, daß die Herstellung des geplanten Ersatzartikels sich bedeutend billiger, dazu mindestens in gleicher Güte vollziehen läßt. Der zur neuen Gründung Anregende war mehrere Jahre Direktor in der Firma, welche das Erstfabrikat herstellt. Seine Beziehungen zu Verbraucherkreisen und seine Beherrschung der technischen Verfahren verbürgen einen Absatz von mindestens 2% des deutschen Gesamtbedarfs. Das neue Unternehmen soll daher vorläufig eine Produktionskapazität in diesem Ausmaße erhalten. Der Vertrieb des Artikels hat nicht den Charakter eines Saisongeschäftes. Umsatz und Bedarf sind von Konjunkturschwankungen fast unberührt. Da zur Fabrikation Spezialkenntnisse erforderlich sind, und da das Moment des Vertrauens in die Lieferfirma beim Absatz eine wesentliche Rolle spielt, so sind etwa sich bildende Konkurrenzunternehmen nicht allzusehr zu fürchten. Der Fabrikationsprozeß wickelt sich in etwa 7—8 Tagen ab. Rohstoffe müssen gegen bar eingekauft werden. Ein ständiges Rohstofflager, das für drei Monate reicht, ist mit Rücksicht auf mögliche Stockungen bei der Eindeckung notwendig. Die übliche Regulierung der Käufer beträgt 30 Tage netto.

A. *Erforderliches Gesellschaftskapital.*

1. Fabrikationsanlagen und Büroeinrichtungen		44 000 M.
2. Betriebskapital für 3 Monate		
a) Rohmaterial		36 000 „
b) Löhne und Gehälter		4 000 „
c) Fabrikations= und Handlungsunkosten:		
Miete für Fabrik und Büroräume	400 M.	
Strom und Dampf	800 „	
Propaganda	2 000 „	
Allg. Fabrikationsunkosten	400 „	
Allg. Handlungsunkosten	1 300 „	4 900 „
Summe		88 900 M.
Reservekapital		11 100 „
Erforderliches Gesellschaftskapital		100 000 M.

B. *Erfolgsrechnung für ein Geschäftsjahr.*

1. Aufwendungen.		
a) Material	144 000 M.	
b) Löhne und Gehälter	16 000 „	
c) Fabrikations= und Handlungsunkosten	19 600 „	
d) Abschreibungen	880 „	180 480 M.
2. Erträgnisse (180 000 kg à 1,20 M.)		216 000 „
3. Jahresgewinn		35 520 M.

C. Errechnung der erzielbaren Dividende.

Sie erfolgt in gleicher Weise unter Berücksichtigung der Aufsichtsrats- und der Körperschaftssteuer, sowie der notwendigen Reservebildung und Tantiemeansprüche wie bei dem Beispiel der Umgründung S. 274 und 275. Es ergibt sich dann eine erzielbare Dividende von 19,5 %.

XI. Die Haupttypen der A.G.

Der wichtigste und häufigste Typus der A.G. ist ein mit der Tendenz der Gewinnerzielung errichtetes Erwerbsunternehmen in der Form des Großbetriebs, dessen volleingezahlte Aktien an der Börse oder im freien Verkehr ohne Beschränkung auf einen numerisch oder beruflich begrenzten Personenkreis frei übertragbar sind. Daneben bestehen A.G., bei denen eines oder mehrere dieser Merkmale nicht zutreffen. Bei ihrer Gliederung in gleichartige Gruppen ist zu beachten, daß sie teilweise mehreren Gruppen zugeteilt werden können.

1. **A.G., die nicht den Charakter einer Erwerbsgesellschaft haben.** Viele Wirtschafts- und Kreditgenossenschaften haben sich zur Hebung ihrer Kreditnot durch Umwandlung in eine A.G. eine breitere Kapitalbasis geschaffen, ohne ihren gemeinnützigen Charakter dadurch abzustreifen. Während des Krieges haben Staats- und Berufsverbände zur Erfüllung der Aufgaben der Kriegswirtschaft Gesellschaften in der Form der A.G. ohne Erwerbsabsicht gegründet.

2. **A.G. mit sehr kleinem Eigenkapital.** Die Mindestsumme des Eigenkapitals ist im Aktiengesetz nur indirekt angegeben. Mindestens 5 Gründer müssen je 1 Aktie in der Mindesthöhe von je 1000 M. übernehmen, so daß also ein Mindestkapital von 5000 M. erforderlich ist. Bei Ausgabe der sogenannten Kleinaktien (HGB. § 180 Abs. 2 und 3) ermäßigt sich dieses Grundkapital auf 5×200 = 1000 M. — Durch Gesetz vom April 1923 wurde wegen der fortschreitenden Geldentwertung das Mindestkapital auf das 1000 fache, als 5 000 000 M. festgesetzt; aber diese nominell erhöhte Summe stellte bei dem unaufhaltsamen Währungsverfall schon bald weder eine nennenswerte Grundlage des Betriebskapitals noch eine genügende Garantie- und Kreditunterlage für die Gläubiger des Unternehmens dar. Die Zulassung von Gesellschaften mit solch winzigem Eigenkapital bedeutete eine Ausschaltung jeder Verantwortlichkeit der Gesellschaft bei gleichzeitiger voller Inanspruchnahme aller günstigen Chancen dieser Unternehmungsform. Durch die Bilanzverordnung vom 28. Dezember 1923 ist eine Rückkehr zur Goldmarkrechnung auch bei Neugründungen vorgeschrieben.*)

Unter den Zwerggesellschaften sind Treuhandfirmen, Patentbüros und ähnliche Betriebe nicht selten, deren Geschäftsbetrieb in der Leistung von Diensten besteht und die deshalb kein erhebliches Betriebskapital bedürfen. Gering ist meist auch das Eigenkapital von Syndikaten als Absatzorganisationen. Sie wollen keine Dividende ausschütten, sondern verteilen alle entstehenden Unkosten und Gewinne nach einem vereinbarten Schlüssel (Absatzmenge oder Absatzwert).

3. **A.G. mit nur teilweise eingezahltem Kapital.** Das Aktiengesetz bestimmt, daß die Voraussetzungen für jede Kapitalerhöhung die Volleinzahlung der alten Aktien sei; nur unerhebliche Rückstände bilden kein Hindernis der Kapitalerhöhung. Versicherungsgesellschaften dürfen ihr

---
*) Vgl. S. 285.

Kapital erhöhen ohne diese Voraussetzungen erfüllt zu haben. Bei ihnen dient die Kapitalerhöhung nicht dem Zwecke der Vermehrung des Betriebskapitals. Der laufende Geschäftsbetrieb wird aus den dauernd eingehenden Prämienzahlungen bestritten. Das Aktienkapital soll nur Garantiefonds gegenüber den Versicherungsnehmern und anderen Gläubigern sein. Meist begnügt man sich daher mit einer Einzahlung von 25 Prozent; die ausstehenden Forderungen an die Aktionäre dienen als zusätzliche Haftsumme. Eine ähnliche Bestimmung für unsere Kreditbanken wäre dringend erwünscht. Das Eigenkapital dieser Institute hat vor allem die Rolle, bei starken Verlusten, die den Bestand des Unternehmens gefährden, den ersten Stoß im Interesse der Gläubiger aufzuhalten. Eine Erhöhung dieses Garantiekapitals wäre in Anbetracht der gewaltigen Summen, die den Kreditbanken anvertraut werden, notwendig, aber diese Erhöhung bedingt eine Senkung der Rentabilität bzw. eine Verteuerung der Vermittlungsdienste der Bank. Die Uebernahme der englischen Praxis, das Bankkapital nur zu einem Teil einzuzahlen und auch eine Erhöhung des Aktienkapitals bei Nichtvollzahlung der alten Aktien zuzulassen, würde den Interessen der Gläubiger und der Aktionäre gleichzeitig förderlich sein.

4. A. G. mit Bindung der Aktien an eine geringe Zahl von Aktionären oder an einen bestimmten Personenkreis. Die Freiheit des Umlaufes der Aktien wird oft erschwert.*) Die stärkste Form der Begrenzung des Personenkreises besteht darin, daß eine Einzelfirma mit Hilfe von 4 Strohmännern, die je 1 Aktie übernehmen, in eine Aktiengesellschaft umgewandelt wird. Wenn die 4 Aktien der Strohmänner sogleich nach der Gründung an den Hauptaktionär verkauft werden, so ist dieser alleiniger Inhaber einer Aktiengesellschaft. Zuweilen werden in einem solchen Falle gedruckte Aktien überhaupt nicht ausgegeben. Aehnliche wirtschaftliche Einzelfirmen im Gewande der A.G. entstehen, wenn eine A.G. eine Tochtergesellschaft gründet und sämtliche Aktien in ihrem Portefeuille verwahrt, oder wenn eine Gemeinde oder ein Kreis zum Zwecke der Erfüllung gemeinnütziger Zwecke (Wasserversorgung) eine A.G. gründet und alleiniger Aktionär bleibt. Häufig ist die Bindung der Aktien an einen etwas erweiterten Personenkreis. Wenn eine Einzelfirma oder offene Handelsgesellschaft, um die Haftung zu mindern oder aus Erbteilungsgründen in eine A.G. sich umwandelt, so entsteht vielfach eine Familen-A.G. Die Aktien bleiben statut- und vertragsgemäß in einem engeren Verwandtschaftskreis. In ähnlicher Weise können mehrere Gemeinden oder andere öffentliche Körperschaften gemeinsam ein Wasserwerk, eine Straßenbahn, ein Sanatorium in der Form einer A.G. gründen und den Aktienbesitz in festen Händen halten. Dieser begrenzte Kreis, in dem die Aktien mancher Unternehmen einen Dauerbesitz bilden, ist meist aus derselben Berufs- oder Wirtschaftssphäre gebildet. Auch dann müssen die Aktien in einem einheitlichen Berufskreis bleiben, wenn mit der Uebernahme die Verpflichtung zu Nebenleistungen gegeben ist, wie es z. B. bei Zuckerfabriken der Fall ist. Die Aktionäre sind hier zur Lieferung eines bestimmten Rübenquantums an ihre Aktiengesellschaft vertraglich verpflichtet (§ 212 HGB.).

5. Betriebs- und Vertriebsgesellschaften: Als wichtigster Typ der beruflich gebundenen Aktiengesellschaften sind die von den Unternehmungen der Industrie gegründeten Betriebs- und Vertriebsgesellschaften

---
*) Ueber die Arten der Bindung der Aktien siehe Heft 2 S. 163 ff.

bzw. Verkaufsgemeinschaften in Aktienform zu nennen. Die von einer oder mehreren Unternehmungen gegründete Tochtergesellschaft hat zuweilen die Aufgabe, die Gründergesellschaft durch Uebernahme einer für diese irregulären oder unorganischen Arbeit zu entlasten. Dies ist der Fall, wenn ein oder mehrere Unternehmen die aus Beteiligungen herrührenden Effektenbestände auf dem Wege der Effektensubstitution an eine Tochtergesellschaft zur Verwaltung übergeben (Haltegesellschaft oder Holding Company). Die Tochtergesellschaft kann aber auch wesentliche Funktionen der Muttergesellschaft oder mehrerer Gründergesellschaften übernehmen, so daß der gesamte Organismus rechtlich aufgeteilt wird, obwohl er wirtschaftlich eine Einheit bildet.

Vertriebsgesellschaften übernehmen den Vertrieb der Erzeugnisse der Muttergesellschaft nicht als Filialen, sondern in voller rechtlicher Unabhängigkeit. Verkaufsgemeinschaften nennt man sie, wenn sie von mehreren Gründern ins Leben gerufen werden, um den Verkauf ihrer Produkte oder Spezialartikel zu übernehmen.

Eine Betriebsgesellschaft entsteht, wenn nicht der Absatz, sondern ein anderes wesentliches Glied vom Gesamtbetriebe abgetrennt und in der rechtlich selbständigen Form einer A.G. konstituiert wird. So kann die Produktion in zwei oder mehreren selbständigen Werken vorgenommen werden, obwohl die wirtschaftliche Einheit durch die gleichen Personen im Vorstand und Aufsichtsrat gewahrt ist; oder ein Teil des Rechnungs- und Verwaltungsapparates kann zur Entlastung des Gesamtbetriebes eine besondere Gesellschaftsform annehmen.

Die Gründe, welche zur Abtrennung solcher Teilgebiete des Gesamtunternehmens veranlassen, sind folgende:

a) Zunächst sind steuerliche Erwägungen maßgebend. Gemäß § 7 Ums.St.G. ist eine Umsatzsteuerersparnis dadurch möglich, daß die Spanne zwischen Gestehungs- und Verkaufswert umsatzsteuerfrei bleibt, wenn die Verkaufsgesellschaft weder selbst noch durch einen Dritten unmittelbar in den Besitz der Waren gelangt, wenn also der Versand direkt von der Produktionsstätte an den Abnehmer stattfindet. (Zwischenhandelsprivileg zum Schutze der Kommissionäre und Großhändler, die mit kleiner Gewinnmarche arbeiten.) Das ganze Umsatzgeschäft des Zwischenhandels einschließlich der Gewinnmarche ist unter diesen Umständen umsatzsteuerfrei.

b) Die Neugründung dient der Gewinnivellierung: Die Inhaber der Muttergesellschaft können etwa einen Teil ihres Gehaltes von der Tochtergesellschaft beziehen, so daß dort der Gewinn vermindert wird; oder die Tochtergesellschaft übernimmt außer den Kosten des Verkaufsbüros sonstige Kosten, die von der Muttergesellschaft zu bestreiten wären. So wird die Muttergesellschaft entlastet und kann billiger liefern. Der Unkostenetat der Tochtergesellschaft wächst und gleichzeitig wächst der umsatzsteuerfreie Betrag. Bei der Ungleichheit und den wechselnden Gestaltungen der Einkommen-, Vermögens- und Körperschaftssteuern lassen sich durch solche Gewinnverschiebungen alle Chancen der Steuergesetzgebung ausnutzen. Auch aus Dividendenrücksichten können Gewinne von einer Bilanz in die andere verschoben werden.

c) Natürlich kann die Absicht unsauberer Machenschaften z. B. Verkauf von einer Hand in die andere, um durch Kettenhandel die Preise zu steigern, die Veranlassung zu solchen Gründungen sein. Solche Auswüchse sind eine der üblen Folgen der zur Ungerechtigkeit erziehenden Inflationszeit und müssen mit der Wiederkehr stabiler Währung verschwinden, da dann die Marche zwischen Gestehungs- und Verkaufspreis zu gering ist, um wucherischen Schieberhandel zu ermöglichen.

d) Bei der Bildung von Verkaufsgemeinschaften sind auch wichtige kaufmännische Gründe maßgebend: Man sucht die Gefahren, welche in der notwendigen Spezialisierung der Produktion auf bestimmte Typen liegen, dadurch zu beheben, daß man ähnliche sich ergänzende Typen aus verschiedenen Verkaufslagern sammelt (Automobilbranche: schwere, leichte und Luxuswagen). Diese Vollständigkeit der Auswahl für ein bestimmtes Gebiet zieht die Käufer an. Die persönlichen und sachlichen Vertriebskosten verteilen sich auf mehrere Schultern. Die Werbetätigkeit kann durch günstige Auswahl des Verkaufsortes und der Verkaufslager und durch erhöhte Reklametätigkeit günstiger gestaltet werden.

XII. Die Goldmark-Aktiengründung.

Die Bilanzverordnung vom 28. Dezember 1923, welche die Umstellung aller A.G. auf wertbeständige Grundlage in der Form der Umstellung des Gesellschaftskapitals auf Goldmark fordert, gibt auch wichtige Bestimmungen über die Gründung von A.G., die vom geltenden Aktienrecht abweichen. Seit dem Erscheinen dieser Verordnung sind Neugründungen nur noch in Goldmark zulässig. Das Grundkapital einer neu zu gründenden A.G. oder Kom.-Ges. a. A. muß mindestens 50 000 M. betragen. Aktien und Interimsscheine müssen auf einen Betrag von mindestens 100 G.-M. lauten. Größere Aktiennominalbeträge müssen durch 10 teilbar sein. Kleinaktien in Höhe von mindestens 20 M. können ausgegeben werden, wenn § 180 Abs. 2 und 3 (HGB.) anwendbar ist.

Die Forderung einer Mindestkapitalgröße von 50 000 M. bedeutet eine Erschwerung gegenüber dem geltenden Recht. Die Wahl der A.G. als Unternehmungsform wird unter diesen Umständen für solche Unternehmen nicht mehr in Betracht kommen, die nur für ein kleines Kapital tragfähig sind. Der Wunsch, daß sich in den Kapitalgesellschaften die Kapitalgröße dem Zwecke der Unternehmung besser anpaßt, ist sehr berechtigt. Aber die generelle Festsetzung des Kapitals auf 50 000 M. erscheint bei unserer verarmten Wirtschaft als eine große Härte.*)

Der Begriff der Neugründungen wird durch § 42 der Durchf.-Best. zur Bilanz-Verordnung über den üblichen Rahmen hinaus erweitert. Eine Neugründung soll auch dann vorliegen, wenn bestehende Kapitalgesellschaften in ihren Verhältnissen, insbesondere ihrer Verfassung, der Zusammensetzung ihrer Organe sowie in der Art ihres Geschäftsbetriebes derart geändert werden, daß die Gesellschaft nicht mehr als eine Fortsetzung der bisherigen Gesellschaft angesehen werden kann. Man will durch diese Bestimmung den Mantel- oder Schachtelkauf von geringwertigen Unternehmen**) verhindern. In der nächsten Zukunft würde ein wichtiges Moment anreizen, umgestellte Aktiengesellschaften, die auf schwachen Füßen stehen und daher günstig zu kaufen sind, als Aktienmantel für ein neues Unternehmen zu verwenden, wenn nicht der Begriff der Neugründung auf den Erwerb solcher

---
*) Es wäre zu erwägen, ob nicht die den Gründungshergang prüfenden Revisoren mit der Aufgabe betraut werden könnten, über die Angemessenheit der gewählten Kapitalhöhe sich gutachtlich zu äußern.
**) Vergl. S. 73 Heft I.

Firmen ausgedehnt worden wäre. Man könnte dann die Bestimmung über die Mindesthöhe des Aktienkapitals bei Neugründungen leicht dadurch umgehen, daß man eine morsche Gesellschaft billig aufkauft. Man würde mit dem für diese alten Gesellschaften vorgeschriebenen Kapital von 5000 M. auskommen. Diese Umgehung will § 42 verhindern. Ob allerdings seine Fassung klar genug ist, um diesen Weg zu versperren, erscheint zweifelhaft. Wenn die Statuten den Zweck des Unternehmens nur in allgemeinen, weit gefaßten Wendungen umschreiben (Betrieb von Handelsgeschäften aller Art usw.), so wird der Registerrichter nicht leicht die Möglichkeit haben, hier eine Aenderung des Geschäftsbetriebes festzustellen, die von der bisherigen Tätigkeit grundlegend abweicht. Dazu ist zu berücksichtigen, daß die Auslegung des Begriffes „Aenderung der Art des Geschäftsbetriebes" mehr oder weniger weitherzig sein kann. Wenn in den Organen der Gesellschaft einzelne Persönlichkeiten der früheren Verwaltungskörper als Strohmänner bleiben, kann auch nicht leicht eine Aenderung der Zusammensetzung der Organe nachgewiesen werden. Dazu sind die zur Prüfung bestimmten Stellen, die Registerrichter, in den kommenden Umstellungsjahren so überlastet, daß sie der einzelnen Anmeldung keine große Aufmerksamkeit zuwenden können. Immerhin ist durch die Bestimmungen den größten Mißbräuchen bei Facon- und Mantelgründungen ein Riegel vorgeschoben.

Ist vor dem 1. 1. 24 ein Gesellschaftsvertrag festgestellt worden, und sind die Aktien vor dem gleichen Termin übernommen worden, so liegt keine Neugründung vor, selbst wenn die Eintragung ins Handelsregister beim Jahreswechsel noch nicht erfolgt war. Solche Gründungen können also auf ein Kapital von 5000 M. beschränkt bleiben. Das Gleiche gilt bei einer Sukzessivgründung, wenn im alten Jahre die Beschlußfassung über die Errichtung der Gesellschaft gemäß § 196 stattgefunden hat.

Bei Kapitalerhöhungen gilt allgemein für alte und neu gegründete Gesellschaften, daß nur Aktien zu 100 M. oder einem Vielfachen von 100 M. zugelassen sind. Bei Kapitalherabsetzungen für Neugründungen darf unter diesen Nominalbetrag nicht heruntergegangen werden, während bei alten Unternehmen die Mindestgrenze bei Kapitalherabsetzungen für die einzelne Aktie 20 Goldmark ist.

Fallorientierte Darstellung mit Excel Tools

↗

WWW.GABLER.DE

Bernd Heesen
Bilanzplanung und Bilanzgestaltung
Fallorientierte Bilanzerstellung
2. Aufl. 2010. 384 S. Br. EUR 49,95
ISBN 978-3-8349-2322-6

Die Erstellung einer Planung und damit von Planbilanzen und GuVs gehört zum Pflichtprogramm jedes Unternehmers, da auch die Banken nicht nur die Ist-Abschlüsse, sondern auch die zukünftigen Planungen des Zahlenwerkes sehen wollen. Hier setzt dieses Buch an: Mittels Logik und einfacher Mathematik in Verbindung mit Basis-Buchungswissen wird aufgezeigt, wie Schwachstellen im Ist-Zahlenwerk Schritt für Schritt aufgedeckt und mit diesem Wissen dann eine optimierte Planung und Gestaltung der Folgeperioden und damit einhergehende adaptierte betriebswirtschaftliche und Controlling-Sichtweisen aufgebaut werden können.
Neu in 2. Auflage: Alle wichtigen Änderungen des BilMoG sind eingearbeitet.

Der Autor
Bernd Heesen war Partner in einer der „Big Four" Steuer-, Wirtschaftsprüfungs- und Beratungsgesellschaften. Heute ist er Geschäftsführender Gesellschafter der Internationalen Führungsakademie Berchtesgadener Land (IFAK-BGL), die Seminare zu spezifischen Controlling- und Bilanzfragestellungen anbietet.

www.wirtschaftslexikon.gabler.de
Jetzt online, frei verfügbar!
↗

Einfach bestellen: buch@gabler.de   Telefon +49(0)611. 7878-626

KOMPETENZ IN SACHEN WIRTSCHAFT

Die Struktur der Bilanzwerte.

Von Dr. Erich Gutenberg, Münster.

Inhalt.

I. *Der Bemessungsakt.*
   a) *Entwicklung des Prinzips.*
   b) *Die Relativität des Bemessungsergebnisses.*

II. *Untersuchung der Bilanzwerte.*
   a) *einiger juristischer,*
   b) *einiger betriebswirtschaftlicher Autoren.*

III. *Der Bewertungsakt.*
   a) *Grundsätzliches.*
   b) *Zur Frage betriebswirtschaftlich-individueller Wertbildung.*

Der Sinn der folgenden Untersuchungen ergibt sich aus dem Bestreben, in die Fülle von Wertvorstellungen und Wertbedeutungen in der Betriebswirtschaft vorzustoßen, um den ihnen jeweils zugrundeliegenden Vorstellungsgehalt zu erfassen. Zu diesem Zwecke war es notwendig, zu möglichster Abstraktion zu schreiten, weil nur durch sie die Beziehungsreihen in ihrer letzten Konsequenz herausgearbeitet werden konnten. Naturgemäß mußte die Untersuchung bei der Weite des Objekts auf einige bestimmte, typische Relationen beschränkt werden.

I. Der Bemessungsakt.

a) Entwicklung des Prinzips.

Eine Analyse der Bewertungsnormen des Handelsgesetzbuches macht eine Differenzierung der beiden Begriffe „bemessen" und „bewerten" notwendig, da sie Beziehungsreihen in sich begreifen, die ihrer Art nach voneinander verschieden sind. An sich steht naturgemäß nichts im Wege, diese beiden Ausdrücke im gleichen Sinne zu verwenden, wie das im täglichen Sprachgebrauch ja auch meistens geschieht. Jede Begriffsformulierung ist eben letzten Endes nur eine Akzentverteilung, die derjenige, der den Begriff bildet, je nach seinem Standpunkte und seiner Zielsetzung vornimmt, — eine Merkmalsauslese, die nach Zwecken variiert. Gelingt es, mit Hilfe eines nach bestimmten Gesichtspunkten geformten Begriffes in die kausale, besser funktionale Verknüpfung wirtschaftlicher Elemente einzudringen, so ist damit zum mindesten die Zweckmäßigkeit des Begriffes statuiert. Da nun gerade Relationskomplexe den Gegenstand der Wirtschaftswissenschaften und damit der Betriebswirtschaftslehre ausmachen, — die Betriebswirtschaft ist ja nichts anderes als ein solcher Beziehungskomplex, — so kommt es zunächst weniger auf den Grad der Abstraktion als auf die Eignung des Begriffes zur Klarlegung von Beziehungen zwischen gegebenen Gütermengen und zwischen Gütern und Menschen an. Daraus ergibt sich, daß der Begriff selbst nicht schon Erkenntsziel sein kann. Dieses ist vielmehr das Wissen um die funktionale Verbundenheit von Gütern in der Betriebswirtschaft und in der Volkswirtschaft. In diesem Sinne ist das Kriterium für einen verwendeten Begriff der Grad seiner Zweckmäßigkeit in einem bestimmten Denkakt.

Als man z. B. erkannte, daß der volkswirtschaftliche Preisbildungsprozeß mit Hilfe des Tauschwertbegriffes nicht hinreichend zu erklären sei, ersetzte man diesen Tauschwert durch einen subjektiven Wert, mit dessen Hilfe man weiter zu kommen glaubte. Ueber die „Richtigkeit" des Tauschwertes ist damit an sich aber noch kein Urteil gefällt, sondern zunächst nur gesagt, daß er für die Erklärung des Tauschvorganges nicht geeignet erscheine. Oder ein anderes Beispiel: Die begriffliche Einteilung der Kosten in fixe, proportionale, degressive und progressive erlangt dann erst ihre volle Bedeutung, wenn diese Kostenarten mit einem Beschäftigungsgrade in Zusammenhang gebracht werden, der Aenderungen unterworfen ist.

Den einen Kernpunkt betriebswirtschaftlicher Fragen macht also die Aufhellung von Beziehungen aus, die in der Betriebswirtschaft selbst, d. h. in ihrer kaufmännischen oder technischen Organisation, gestaltet sind. Die Motive und Prinzipien der Gestaltung bestimmen sich im wesentlichen nach praktischen Zweckmäßigkeiten, durch welche sie ihre besondere Problematik erhalten, während der zweite Ansatzpunkt betriebswirtschaftlicher Untersuchungen rein erkenntnisstrebig auf die analytische Entwicklung und Klarlegung der jeder Betriebswirtschaft immanenten Relationen zwischen gegebenen oder wechselnden Gütermengen hinzielt, um so zu einer lediglich theoretischen Beschreibung eines Zustandes oder einer Bewegung von Gütern zu gelangen.

Aus der Tatsache nun, daß die Betriebswirtschaft in den Kausalnexus der Gesamtwirtschaft eingespannt ist, ergibt sich die Kardinalfunktion einer jeden Unternehmung. Diese besteht in der Aufgabe, Güter aus dem für die betreffende Unternehmung gegebenen Beschaffungsmarkt zu entnehmen und in den für sie in Frage kommenden Absatzmarkt zu transferieren, welch letzterer regelmäßig näher am Konsumenten liegt. Die Unternehmung wird diese Funktion im allgemeinen nur solange ausüben, als, um mit Schmidt zu sprechen, „Wertauftrieb" besteht[1]). Dieser ist gleich der Spanne zwischen bestimmten Güterpreisen auf dem Beschaffungs- und dem Absatzmarkt. In dieser Preisrelation zwischen zwei verschiedenen Märkten ist die Existenz zum mindesten aller privatwirtschaftlichen Unternehmen begründet. Aus ihr resultiert die Aktivität der Unternehmung resp. derjenigen, in denen der Wille zur Unternehmung als eigentliche Gestaltungskraft lebendig ist. Die Unternehmung wird somit Ausdruck eines Willens, der sich in ihr objektiviert.

Aus der entwickelten Primärfunktion der Unternehmung wächst eine Anzahl von besonderen Beziehungen, die man mit dem Ausdruck „bewerten"

---

[1]) Schmidt, Der Wiederbeschaffungspreis des Umsatztages in Kalkulation und Volkswirtschaft 1923. S. 33. Im ähnlichen Sinne spricht Schmalenbach von „Wertgefälle", Grundlagen Dyn. Bilanzlehre 1925. S. 7.

zu bezeichnen pflegt. Dieser Bewertungsprozeß ist keineswegs stets ein einheitlicher. Seine logische Struktur gilt es zu untersuchen. Ausgangspunkt seien dafür die Bewertungsnormen des HGB. Wenn nun in diesem Zusammenhange zunächst nicht mehr von bewerten sondern von bemessen gesprochen wird, so geschieht das, um in Anlehnung an die ursprüngliche Wortbedeutung Beziehungsreihen zwischen Betriebswirtschaft und Außenwirtschaft zu unterscheiden, die im Kern voneinander divergieren und deshalb durch diese termini auseinandergehalten werden sollen.

Das HGB. gibt in den §§ 40 und 261 Vorschriften darüber, in welcher Höhe die Gegenstände der Unternehmung zu Zwecken der Bilanzierung zu fixieren sind. Sehen wir von dem speziellen Gehalt dieser Normen ab (Tagespreis, Anschaffungs- oder Herstellungspreis, Niederstwertprinzip), so bleibt die Frage, — wenn zum Zwecke der Untersuchung der Charakter dieser Normen als **Höchstbewertungsvorschriften** außer Ansatz bleibt —: welcher Art ist dieser Preis oder Wert, von dem das Gesetz spricht, welches ist der innere Mechanismus des Bilanzierungsaktes? Wie weit reicht die Gültigkeit der Ergebnisse dieser **Bemessungsakte**?

Messen bedeutet stets ein Vergleichen. **Ein Gut A, das nicht mehr effektiv am Marktprozeß beteiligt ist, wird dadurch bemessen, daß auf dieses Gut A gedanklich die Geldeinheiten übertragen werden, die den Preis für ein im Marktprozeß wirksames Gut B ausmachen.** Dabei wird vorausgesetzt, daß das Gut A mit dem Gute B in Hinsicht auf Art und Substanz übereinstimmt. Für die Struktur des Bemessungsaktes bleibt an sich ohne prinzipielle Bedeutung, ob man den Schwerpunkt der Bilanzbetrachtung mehr auf die vermögens- oder die erfolgsrechnerische Seite legt[1a]).

Dieses Maßgut B nun, dessen Preis durch den Bemessungsakt für das zu bemessende Gut A akzeptiert wird, kann einem Markte entnommen werden, der entweder erstens in der Vergangenheit oder auch zweitens in der Gegenwart oder drittens in der Zukunft liegt.

1. Für die Veranschlagung (Vermögensfeststellung) des Gegenstandes zu einem **zeitlich zurückliegenden** Preise ergibt sich als Besonderheit, daß das zu bemessende Gut A regelmäßig mit dem Maßgut B identisch ist. Denn mit diesem **Anschaffungspreise** trat das Gut A in die Betriebswirtschaft ein. Mit diesem ihm „erhaltenen" Preise war es s. Zt. unmittelbar am Marktprozeß beteiligt, wurde zu diesem Preise aus dem Markt herausgenommen, um so „erstarrt" im Rechnungswesen der Unternehmung zu figurieren. Mit demselben, inzwischen „historischen" Preise wird es zu Zwecken der Bilanzierung angesetzt. Aehnlich liegen die Verhältnisse bei solchen Gütern, die nach ihrem **Herstellungspreise** bemessen zu

---

[1a]) Vom Vermögenswert der Gesamt-Unternehmung ist im folgenden nicht die Rede. Er bestimmt sich nach anderen Grundsätzen. Doch ist Einzelbemessung der einzelnen Gegenstände der Unternehmung Vorbedingung zur Feststellung dieses Wertes, da sich ja ohne die Vornahme dieser Einzelbemessung der Ertrag des Unternehmens nicht feststellen läßt, von dem der Gesamtwert des Unternehmens dann wieder abhängig ist. Um die Untersuchung dieser „Vorbedingungen" handelt es sich im Vorstehenden. Den Ertragswert der Einzelteile eines Unternehmens feststellen zu wollen, ähnelt dem Versuch zu einer Quadratur des Kreises, da wir es bei den Gegenständen der Unternehmung mit hochgradig komplementären Gütern zu tun haben.

werden pflegen. Dieser Herstellungspreis ist nichts anderes, als die Summe von Anschaffungspreisen für Sach- und Leistungsgüter, soweit diese bereits in das Produkt eingegangen sind.

2. Am deutlichsten tritt die dem Bemessungsakt zugrunde liegende Beziehungsreihe bei der Bemessung zum T a g e s p r e i s in Erscheinung. Drei M ä r k t e sind auseinander zu halten, denen das Maßgut entnommen werden kann. Mit einer geringen Abweichung von Schmidt ist zu unterscheiden a) der Absatzmarkt für die produzierten oder lediglich umzusetzenden Güter einer Unternehmung und b) der Beschaffungsmarkt, dem die Betriebswirtschaft die zum reinen Umsatz oder zur Produktion nötigen Sach- und Leistungsgüter entnimmt. Doch ist noch ein dritter Markt von Bedeutung, der Markt für retransferierte Güter.

a) Dem ersteren Markt wird das Maßgut dann entnommen, wenn es sich vornehmlich um eine Vermögensfeststellung für fertige Fabrikate im Produktionsbetrieb oder von Waren im reinen Handelsbetrieb handelt. Der Bemessungsmaßstab ist der Verkaufspreis eines Gutes, das am Tage der P r e i s - ü b e r t r a g u n g (Bilanzierung) an der Preisbildung beteiligt war und nach Art und Substanz mit dem bemessenden Gut übereinstimmt. Das letztere aber tritt auf diesem Markte effektiv n i c h t in Erscheinung[2]).

b) Der Tagespreis auf dem B e s c h a f f u n g s m a r k t ist ein Einkaufspreis. Er dient vor allem als Maßstab für Güter, die zu Produktionszwecken bestimmt sind und sich im Verfügungsbereich der Unternehmung befinden. Der Einkaufspreis auf dem Beschaffungsmarkte kommt vor allem für das gesamte Anlage- und Betriebsvermögen in Frage. Für reine Handelsunternehmungen, die ohne großen Produktionsapparat arbeiten und nur eine räumliche und zeitliche Veränderung mit den Dingen vornehmen, wird es regelmäßig nicht schwer sein, diesen Einkaufspreis auf dem Beschaffungsmarkt für alle Güter festzustellen. Schwieriger gestaltet sich der Bemessungsakt für Produktionsunternehmungen, bei denen sich Komplikationen hauptsächlich bei der Bemessung der Anlagen ergeben, weil der tatsächliche Substanzverzehr schwer zu erfassen ist. Wertminderungen durch Markteinflüsse wird dagegen schon durch die Verwendung des Maßgutes Rechnung getragen. Trotz dieser Schwierigkeiten, die sich aus der Bemessungspraxis ergeben, bleibt das P r i n z i p d e r P r e i s ü b e r t r a g u n g bestehen. Sämtliche zu bemessenden Güter befinden sich außerhalb des Marktes; sämtliche Maßgüter unmittelbar auf dem Markte, d. h. sie sind effektiv an der Preisbildung beteiligt. Mit f r e m d e n P r e i s e n erscheinen also Güter, die teils schon am Preisbildungsprozeß beteiligt w a r e n , teils sich erst später an diesem beteiligen s o l l e n , in der Bilanz.

c) Für die Auswahl des Maßgutes kann aber noch ein dritter Markt in Frage kommen. Setzt man nämlich die Vermögensgegenstände der Unternehmungen zu Preisen an, die erzielbar wären, würde man Teile des Produktionsapparates oder die ganze Unternehmung Stück für Stück veräußern — ohne daß diese Zerschlagung der Unternehmung tatsächlich geschieht — so wird das Maßgut einem Markte entnommen oder überhaupt erst für einen Markt f i n g i e r t , der weder der eigentliche Beschaffungs- noch der eigent-

---

[2]) Es ist dabei in diesem Zusammenhang ohne Interesse, welchen Maßstab man tatsächlich zugrunde legt, ob man z. B. die Verkaufsunkosten berücksichtigt oder nicht. Vgl. Kap. II.

liche Absatzmarkt ist. Denn werden solche Gegenstände, die noch nicht oder erst teilweise in den Produktionsprozeß eingetreten sind (z. B. Rohstoffe und Materialien, Halbfabrikate) in diesem Zustand, also ohne Fertigprodukt geworden zu sein, veräußert, so werden sie im Gegensatz zu ihrer eigentlichen Zweckbestimmung wieder in den Markt zurückgebracht, aus dem sie bereits entnommen wurden. Sie werden retransferiert und erleiden dadurch eine Preiseinbuße. — Aehnlich auch die bereits gebrauchten Anlage- und Betriebsgegenstände. Der Sinn ihrer Verwendung im Wirtschafts- und Produktionsprozeß besteht eben darin, als Bestandteil eines neuen Produktes in der Richtung auf den Konsumenten hin bewegt zu werden. Bringt man auch diese Güter in eine Marktrichtung, die sich gerade vom Konsumenten entfernt, so resultiert daraus die Preisminderung, die den gewöhnlichen rechnungsmäßigen Abschreibungsbetrag für Abnutzung und Entwertung auf Grund äußerer Markteinflüsse um ein Bedeutendes übersteigt.

Entnimmt man also das Maßgut gedanklich zum Zwecke der Bilanzierung dem Markt für retansferierte Güter, so zieht man einen Markt heran, der einen inneren Widerspruch in dem vom Urproduzenten zum Konsumenten schwingenden Rhythmus des Wirtschaftsprozesses bedeutet. Aus dieser Antinomik des Marktes für retransferierte Güter ist es zu erklären, daß es sich bei ihm regelmäßig nur um ein loses Marktgefüge handelt. Es kann sogar vorkommen, daß dieser Markt und mit ihm das Maßgut zu Zwecken der Bemessung überhaupt erst fingiert werden muß.

Wie nun aber auch dieser Markt, dem das Maßgut entnommen werden muß, im einzelnen aussehe, prinzipiell bleibt die Logik des Bemessungsaktes dieselbe. Sie ist nichts anderes als eine P r e i s ü b e r n a h m e.

3. Schaltet man nun gedanklich ein Gut in einen Markt ein, der in der Zukunft liegt, übernimmt man also einen Zukunftspreis auf das zu bemessende Gut, so liegen die Schwierigkeiten vor allem in der Preisantizipation. Die Technik dieses·Bemessungsaktes unterscheidet sich aber in ihrem Prinzip und ihrer logischen Struktur in nichts von dem Bemessungsakte überhaupt.

Was ist nun dieser „Bemessungswert"? Zunächst das den bisher zur Untersuchung herangezogenen Bilanzwerten gemeinsame Prinzip. Insofern also eine Abstraktion aus diesen Bilanzwerten. Der Bemessungswert ist, wie die Analyse des Bemessungsaktes bisher ergab, den Preisen näher verwandt als dem Wert im eigentlichen Sinne, worunter hier der subjektive Wert der theoretischen Nationalökonomie verstanden sei. Man wäre deshalb versucht, diesen Bemessungswert Bemessungspreis zu nennen, wenn nicht durch diesen Ausdruck der Preis des Maßgutes getroffen würde, während es sich beim Bemessungswert gerade um die Preisfixierung eines Gutes handelt, dem ein solcher Preisindex fehlt. Insofern kann man sagen, d i e s e r betriebswirtschaftliche Wert (Bemessungswert) sei ein R e f l e x von Preisen oder e i n f r e m d e r P r e i s. Im Gegensatz zu ihm steht der subjektive Wert im angedeuteten Sinne als Fundament des Preisbildungsprozesses, für dessen Erklärung dieser subjektive Wert geschaffen ist. Der Bemessungswert hat mit ihm unmittelbar nichts gemein, es sei denn, daß er zu irgendeiner Kontrolle verwendet würde. Damit wäre ihm aber bereits eine abgeleitete Aufgabe zugewiesen. D e r B e m e s s u n g s w e r t d i e n t l e d i g l i c h d e r V e r m ö g e n s f e s t s t e l l u n g, nicht aber der Entscheidung, ob ein Gut auf den Markt gebracht werden soll oder nicht. Für den eigentlichen Bewertungswert, dessen Struktur noch zu untersuchen sein wird, ist die Bewertung das primäre, aus ihr wächst im Zusammenklang mit anderen Bewertungen der Preis. Beim Bemessungsakt aber ist der Preis des Maßgutes das primäre, nach dem sekundär der Wert des zu bemessenden Gutes festgesetzt wird.

Die Beziehungsreihe, die dem Bemessungsakte zugrunde liegt, nimmt ihren Ausgangspunkt vom Vermögensgegenstand der Unternehmung (Objekt, O), für den ein Preis fehlt, um dann für diesen Gegenstand auf dem Wege über den Preis (P) des Maßgutes (m) einen Preisindex zu beschaffen. Die Relation des Bemessungsaktes kann kurz folgendermaßen skizziert werden:

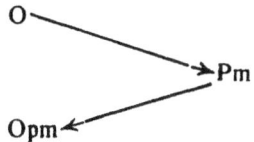

oder auch, da sich der Bemessungsakt naturgemäß im Bewußtsein eines Subjekts vollziehen muß:

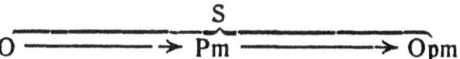

Diese Relation gilt zunächst nur für die Vermögensfeststellung mit Hilfe der hier untersuchten Bilanzwerte und unter der Bedingung, daß die Bewertungsnormen apodiktischen Charakter tragen, also nicht nur als Höchstbewertungsvorschriften gelten.

Ob diese Relationen nun auch für andere Bilanzwerte Gültigkeit beanspruchen können, beispielsweise für den individuellen Wert, den Gebrauchswert, Geschäftswert, Eignungswert u. dgl. bedarf noch der Untersuchung. Zunächst aber sind die Grenzen des Geltungsbereiches der durch den Bemessungsakt gewonnenen Resultate festzustellen.

b) Die Relativität des Bemessungsergebnisses.

Der im vorstehenden skizzierte Bemessungsakt beruht auf vier Hauptprämissen:

I. Wird vorausgesetzt, daß das zu bemessende Gut dem Maßgut nach Art, Substanz und raum-zeitlicher Stellung adäquat sei;

II. daß sich ein einheitlicher Preis für das Maßgut feststellen lasse, und zwar für den Zeitpunkt, zu welchem die Bemessung vorgenommen wird;

III. daß noch nicht gebrauchte Güter, die sich bereits im Verfügungsbereich der Unternehmung befinden, durch ihre Herausnahme aus dem Beschaffungsmarkte keine Preisminderung erfahren;

IV. daß der Bemessungsakt nur gedanklich geschehe und die zu bemessenden Güter nicht tatsächlich auf den Markt gebracht werden.

Zu diesen Prämissen ist folgendes zu sagen:

Zu I. Die Uebereinstimmung zwischen zu bemessendem Gut und Maßgut ist ohne besondere Schwierigkeit bei solchen Gütern festzustellen, die einen Börsen- oder Marktpreis haben. Geringe Abweichungen in Art oder Substanz sind leicht zu berücksichtigen. Günstig liegen die Verhältnisse ferner für die Bemessung der Bestände an Fertigfabrikaten, an Rohstoffen und Materialien, insbesondere bei solchen Unternehmungen, die in Serien- oder Massenfabrikation arbeiten. Der Markt für Spezialprodukte dagegen ist gewöhnlich enger. Schwierig gestaltet sich aber die Bemessung des Anlage- und Betriebsvermögens. Zwar sind auch hier Anhaltspunkte gegeben, bei Grundstücken z. B. die Veräußerung benachbarten Grund und Bodens. Doch unterliegt die Bemessung dieser Gegenstände zahlreichen Irrtümern, die eigentlich daraus resultieren, daß ein Maßgut häufig nicht existiert, sondern meist erst die Stelle gesucht werden muß, wo es sich gegebenenfalls im Marktprozesse befinden würde. So ist es auch zu verstehen, daß das HGB. im § 261 Abs. 1 Ziffer 3 bestimmt, daß Anlage- und sonstige Gegenstände, die nicht zur weiteren Veräußerung, sondern vielmehr zum Geschäftsbetriebe der Gesellschaft bestimmt sind, ohne Rücksicht auf einen geringeren Wert zum Anschaffungs- oder Herstellungspreis eingesetzt werden dürfen, sofern ein der Abnutzung gleichkommender Betrag in Abzug gebracht wird. Diese Vorschrift bedeutet ein Abweichen des Gesetzgebers vom Niederstwertprinzip, weil das korrespondierende Maßgut regelmäßig zu schwer aufzufinden ist. Mangelnde Exaktheit des Bemessungsergebnisses ist die Folge.

Zu II. Einheitspreise gibt es nur dort, wo sie künstlich geschaffen werden (Börsen). Selbst wenn man den Zeitpunkt der Bemessung auf die Minute genau festlegte, würden sich regelmäßig ohne große Mühe bei der W e i t e des m o d e r n e n Marktes mehrere Preise für dasselbe Produkt feststellen lassen. Ausgesprochene Monopolpreise kommen Einheitspreisen am nächsten. Im allgemeinen ist aber weder das Angebot noch die Nachfrage in sich gebunden. Letzten Endes beruht alle Preisdisparität in der dem Konsumenten gegebenen Freiheit, seine Einkommensteile jeweils nach seinem Willen in solche Verwendungen strömen zu lassen, die ihm als die erstrebenswertesten erscheinen. Von einem einheitlichen Preise für das korrespondierende Maßgut kann füglich nicht gesprochen werden.

Zu III. Es ist ein Erfahrungssatz, daß bereits gekaufte, beispielsweise irrtümlich angeschaffte Güter, die noch nicht gebraucht wurden, selten zum Tagespreise auf den Beschaffungsmarkt, dem sie durch Kauf entnommen sind, wieder abgesetzt werden können. Erscheinen diese Güter zum zweitenmale auf demselben Markte, so erleiden sie regelmäßig eine Preiseinbuße. Diese ist auf Grund der Schmidtschen Einteilung der Märkte in einen Beschaffungs- und einen Absatzmarkt ohne weiteres zu erklären: Der Rhythmus der Güterbewegung schwingt in der Richtung vom ersten Produzenten durch alle Stufen der Weiterverarbeitung zum Konsumenten. Durch die Unternehmung I werden die Güter aus dem Beschaffungsmarkte, resp. der ersten Beschaffungsstelle, in ihren Absatzmarkt gebracht. Dieser letztere ist gleichzeitig der Beschaffungsmarkt für die Unternehmung II, welche dieselbe Funktion ausübt wie die Unternehmung I. Der Absatzmarkt der Unternehmung II ist wieder der Beschaffungsmarkt der Unternehmung III usf. Der Absatzmarkt der letzten Unternehmung ist der Beschaffungsmarkt der Konsumenten. Versucht eine irgendwie in diesem Rhythmus eingespannte Unternehmung Güter, die sie dem Beschaffungsmarkte bereits entnommen hat, wieder in denselben hinein zu pumpen, so werden diese Güter in eine dem allgemeinen Güterstrom entgegengesetzte Bewegung gebracht. Als Folge ergeben sich Reibungsverluste, die als Disagio für die retransferierten Güter in Erscheinung treten.

Diese Reibungsverluste bestehen genauer gesehen in folgendem: Die Unternehmertätigkeit wirkt sich auf dem Absatzmarkt als ein Werben um

Kunden aus. Auf dem Beschaffungsmarkte als ein Werben um einen möglichst günstigen Lieferantenkreis. Die Unternehmung hat auf dem Beschaffungsmarkte naturgemäß nie Abnehmer für die von ihr zur Produktion benötigten Rohstoffe und Materialien gesucht, auch keine Kosten hierfür aufgewendet. Tritt nun plötzlich diese Unternehmung als Verkäuferin solcher Gegenstände auf dem Beschaffungsmarkte auf, so fehlt ihr der Kundenkreis, den sich die übrigen Unternehmer oft jahrelang und mit größter Mühe erworben haben. Die ungünstige Lage des eigentlich auf diesem Markte fremden Unternehmens wird in ihren ungünstigen Wirkungen noch dadurch verstärkt, daß die betreffende Unternehmung versucht, möglichst bald aus dieser höchst unzweckmäßigen Kapitalanlage herauszukommen. Daß sie in dieser Lage für die betreffenden Güter, im vorliegenden Falle also insbesondere für Rohstoffe und Materialien keine günstigen Preise zu erzielen vermag, ist evident. Die Retransferierung von Gütern widerspricht der Logik der Güterbewegung. So erfährt die Genauigkeit des Bemessungsaktes durch die Prämisse III eine erhebliche Beeinträchtigung.

Zu IV. Diese vierte Prämisse ist die wichtigste. Würden die zu bemessenden Güter tatsächlich aus ihrer Gebundenheit und Latenz herausgerissen und auf die für sie in Frage kommenden Märkte gestoßen, so würde der sich effektiv ergebende Preis ganz erheblich vom Bemessungswert abweichen. Das Ausmaß des Preisfalles würde sich richten nach der Menge der aktivierten Güter. Bei Produktionsunternehmen wäre es denkbar, daß gegebenenfalls die Preiseinbuße der vorhandenen Fertigprodukte nur eine geringe sein würde. Dann nämlich, wenn die Anzahl dieser Güter eine verhältnismäßig kleine ist und der Markt sie trotz gewisser Marktüberfüllung aufnehmen würde. Die Folge müßte aber sein, daß Einkommensteile in einem Maße für diese Güter absorbiert werden würden, die dann auf anderen Märkten fehlen würden. Weiterhin: Für große Teile des Anlage- und Betriebsvermögens würden sich bei tatsächlicher Veräußerung überhaupt kaum Preise erzielen lassen, weil sie dann die Bewegung durchmachen, die ihrer Zweckbestimmung entgegengesetzt verläuft. Tatsächliche Mobilisierung der zu bemessenden Güter würde eine völlige Erschütterung des gesamten Preisniveaus zur Folge haben.

Diese Preisminderung bei tatsächlicher Veräußerung findet gemeinhin bei der Bemessung der Vermögensgegenstände zu Zwecken der Bilanzierung kaum Beachtung. Hält man sich strikte an die Vorschriften des HGB., so wird eine Berücksichtigung dieser Prämisse damit nicht gefordert, denn die eigentümliche Aktivität des Bemessungsprozesses beruht ihrem Prinzip nach in der möglichst genauen Auswahl der zum Vergleich in Frage kommenden korrespondierenden Güter. Aber selbst wenn man diese Prämisse bis zu einem bestimmten Grade beachtet, bleibt die aus ihr resultierende Labilität des Bemessungsergebnisses. —

Als Resultat der bisherigen Untersuchungen ergibt sich, daß das Bemessungsergebnis ebenso relativ sein muß, wie die Prämissen sind. Jeder Bemessung inhäriert ein gewisses fiktives Element. Damit ist die in dem Bilanzierungsverfahren begründete Relativität jeder Vermögensrechnung nach dem unbedingten Tagespreisprinzip statuiert. Sie gilt für jeden einzelnen Bilanzwert, gleichgültig, ob man die

Vermögensrechnung als Grundlage der Erfolgsrechnung oder als solche selbst auffaßt. —

Die Relativität des nach dem Anschaffungs- oder Herstellungspreisverfahren gewonnenen Bemessungsergebnisses beruht auf anderen Momenten, als den bisher aufgezeigten. Bemessung zum Tagespreis bedeutet Aufsuchen des Maßgutes im R a u m. Bemessen zum Anschaffungspreis bedeutet Aufsuchung des Maßgutes in der Z e i t. Die Denkrichtung dieser beiden Methoden ist also eine andere. Durch die zwischen Bemessungs- und Anschaffungsdatum liegende Zeitspanne und das Schwanken der Güterpreise in diesem Zeitabschnitt erhält das Anschaffungspreisverfahren seinen fiktiven Charakter. Dieser wird in dem Maße überwunden, als man der Bilanz erfolgsrechnerische Aufgaben zuweist. Damit wird die Loslösung von der Vorstellung einer „richtigen" Vermögensrechnung vollzogen. Welche Bedeutung der Bilanz aber auch beigelegt wird, stets resultiert die Relativität der Bilanzziffern, die nach dem Anschaffungspreis-Verfahren gewonnen sind, aus dem zeitlichen Auseinanderfallen des Termines der Bemessung und der Anschaffung. —

Die Verwendung von zukünftigen Preisen zu Bilanzzwecken führt zu Resultaten, deren Fiktivität sich aus der Diskrepanz zwischen Bilanzstichtag und zukünftigem Stichtag des Bemessungswertes ergibt. —

Damit ist die notwendige Relativität des Bemessungsergebnisses aus dem Zusammen der oben entwickelten vier Prämissen konstatiert.

II. Untersuchung von Bilanzwerten

a) einiger juristischer Autoren.

Die bisherige Analyse des Bemessungsaktes ist unter der Voraussetzung durchgeführt, daß derjenige, der die Vermögensfeststellung vornimmt, unmittelbar und unbedingt an den vorgeschriebenen Maßstab der Bemessungsnormen gebunden sei. Diese Voraussetzung gewährt zwar die Möglichkeit zu größerer Klarheit in der Entwicklung der dem Bemessungsakte zugrunde liegenden Beziehungsreihe, doch sind die Dinge in Wirklichkeit komplizierter. So ist es denn auch zu erklären, daß die Bilanzauffassungen der Autoren, die sich mit dieser Materie gründlicher auseinandergesetzt haben, keineswegs einheitlich sind. Die Hauptschwierigkeiten erwachsen dabei aus der offensichtlichen Tatsache, daß in der „Bewertung", d. h. tatsächlich in der Schätzung von Preisen, ein subjektives Moment steckt, das bis zur Willkür führen kann. D i e F r a g e i s t n u n d i e, o b e i n u n g e n a u v e r a n s c h l a g t e r P r e i s m i t j e n e m W e r t e e t w a s g e m e i n h a b e, d e r v o n v i e l e n a l s d a s F u n d a m e n t d e r P r e i s b i l d u n g a n g e s e h e n w i r d. Denn es ist eine eigentümliche, doch leicht zu verstehende Erscheinung, daß eine Anzahl von Bilanzautoren ihre Bewertungslehre auf nationalökonomischen Wertvorstellungen begründen. Der sprachliche Ausdruck „Bewertung" führte leicht zu diesen Quellen. Nun wird hier die Ansicht vertreten, daß dem eigentlichen „Bewerten" ein logisch völlig anders geartetes Prinzip zugrunde liegt, das sich aus der funktionalen Zielverschiedenheit des Bemessungs- und des Bewertungsaktes ergibt. Dieses Prinzip ist im nächsten Kapitel zu entwickeln. Hier handelt es sich zunächst darum, nachzuprüfen, ob mit Erfolg Vorstöße aus der Richtung der Bilanzwerte einiger hervorragender Bilanztheoretiker gegen die oben entwickelte Bemessungsrelation geführt werden können. Zu diesem Zwecke ist es notwendig, die Bilanzwerte einiger juristischer und betriebswirtschaftlicher Autoren analytsch zu behandeln. Die der Untersuchung bisher zugrunde liegende Voraussetzung der Apodiktizität der Bewertungsnormen muß deshalb aufgehoben werden.

Der Bilanzwert des Artikels 31 des ADHGB., des späteren § 40 HGB. ist nach der früheren Auffassung der Juristen der **objektive Veräußerungswert** der Vermögensgegenstände der Unternehmung[3]). Diese Ansicht wird zwar angezweifelt, doch ergibt sie sich schon daraus, daß der im preußischen Entwurf in Anlehnung an das Allg. Pr. Landrecht von 1794 enthaltene Anschaffungspreis von der zumeist aus Juristen bestehenden Kommission in Nürnberg abgelehnt wurde. Ein Teil der Praktiker, vor allem der Hamburger Vertreter, strebte nach völliger Entfernung der Bewertungsvorschriften aus dem Gesetzbuch, da sie dieselben als einen Eingriff des Staates in ihre persönliche Geschäftsführung auffaßten. Zur Streichung der Bewertungnormen konnte man sich aber wiederum auch nicht entschließen, so daß es zu jener eigenartig farblosen Formulierung kam, nach der die Vermögensstücke und Forderungen zu dem **Werte** einzusetzen seien, der ihnen zur Zeit der Aufnahme beizulegen ist. Man strebte nach dem „wahren" Wert, der unter dem dominierenden Einfluß des Grundsatzes des Gläubigerschutzes nur der Tagespreis der Gegenstände auf dem Absatzmarkte resp. dem Markt für retransferierte Güter sein konnte. Dieser objektive Veräußerungswert ist der juristisch einzig mögliche und konsequente Bilanzwert. In ihm steckt eine unerbittliche Logik, wenn er im Artikel 31 ADHGB. auch unscharf formuliert erscheint. Die Bilanz hat für die Gläubiger erst dann im besonderen Maße Interesse, wenn die Sicherheit des fremden Kapitals gefährdet ist. Das juristische Prinzip des Gläubigerschutzes fordert gedanklich zerschlagene Unternehmungen und aus diesem Denkprozeß erwachsende Bilanzen. Die Verwendung des **Anschaffungspreises** bedeutet bereits ein Nachlassen der unbedingten juristischen Konsequenz, die sich bis zur Einfügung des Niederstwertprinzips in das Gesetz lockert. Auch hier spielt naturgemäß das Prinzip des Gläubigerschutzes eine große Rolle, da Gläubigerschutz und „nicht realisierter Gewinn" juristisch in einem engen Connex stehen. Daß das in sich straffe juristische Prinzip des objektiven Veräußerungswertes gegen die **wirtschaftlichen** Belange innerhalb der Betriebswirtschaft verstoßen mußte, ist ohne weiteres zu verstehen.

So ist es denn auch zu erklären, daß sich die kaufmännische Praxis nicht an diesen objektiven Veräußerungswert hielt. Der größte Teil der Bilanzpraktiker verwandte auch weiterhin den Anschaffungs- und Herstellungspreis. Die so bilanzierenden Unternehmen waren die solideren. Andere machten sich die unscharfe Formulierung des Artikels 31 zu Nutze. Unter „Wert"

---

[3]) Vergl. z. B. Ring: „Es kommt nur in Betracht, welcher Geldbetrag für das Gut erzielt werden kann, wenn sie (die Unternehmung) dasselbe fortgibt." Ring, Aktiengesellschaften S. 604 bei Simon, Die Bilanzen der Akt.-Ges. S. 307. Ferner Kayssner bei Besprechung der Eisenbahnbilanzen: „Eine große Anzahl der Aktivposten sind im Wertansatz nur aus einer Rechnungsoperation entnommen, ohne auch nur einen Anspruch darauf zu machen, daß ein solcher Preis erzielt werden könnte." „Die Bilanzen der Eisenbahngesellschaften beruhen auf Fiktionen, auf Rechnungswerten." Er nennt sie wertlose Rechenkünsteleien. Kayssner, angeführt bei Passow: Die Bilanzen der privaten Unetnehmung 1910 S. 123. Ferner R.G. Bd. 19/20: Maßgebend ist der Wert, wie ihn ein mehr oder minder umfassender Verkehrskreis bei Unterstellung des Fortgebens des Objekts gegen Entgelt als realisierbar erachtet.

im Sinne dieses Artikels kann man auch ebensogut den Tagespreis auf dem Beschaffungsmarkte verstehen. Benutzte man diesen Bilanzwert, so führte seine Verwendung zu Ergebnissen, die ein Moment in die Bilanz bringen mußten. Ein Konto für Wertänderungen kannte man damals noch nicht.

So kam es denn, daß bei dieser Diskrepanz zwischen Bilanzrecht und Bilanzpraxis das Werk von S i m o n über Bilanzen nachhaltigen Einfluß auf die Bilanzauffassungen haben mußte. Zu Konstruktionen bot die reichlich unbestimmte Fassung des Artikels 31 ADHGB. genügend Raum.

Mit aller Wucht seiner großen Erfahrung und der Schärfe seines Denkens lief Simon Sturm gegen den objektiven Veräußerungswert und die bekannte, auf zwei sich gegenseitig aufhebenden Fiktionen beruhende Entscheidung des ROHG. Diesem Bilanzwerte stellte er seinen „i n d i v i d u e l l e n W e r t" gegenüber, auf den er seine Bilanztheorie aufbaute. Seine Uebereinstimmung mit den Wertvorstellungen der österreichischen Schule (insb. Mengers) wird ohne weiteres evident, wenn man seine Aeußerungen über den Begriff „Wert" liest. Der Ausdruck Bedürfnisbefriedigung wiederholt sich oft, obwohl er als aus dem Bereich der Konsumenten stammend, an sich mit der Unternehmung und mit Bilanzen nichts zu tun hat. „Der Wert einer Sache ist nichts der Sache inhärierendes und ist weder eine Eigenschaft derselben noch überhaupt eine Tatsache, vielmehr eine Meinungssache. Wer behauptet, eine Sache habe einen bestimmten Wert, gibt hierdurch ein U r t e i l a b. Ein begründetes Urteil muß zwei Tatsachen berücksichtigen, erstens, daß die Sache geeignet ist, gewisse B e d ü r f n i s s e zu befriedigen, zweitens, daß zu der Erlangung der zur B e f r i e d i g u n g d e r B e d ü r f n i s s e erforderlichen Güter bestimmte Personen bestimmte andere Güter hingeben, bzw. Geldbeträge zu zahlen pflegen"[4]). Und weiter: „Losgelöst von der Beziehung auf Personen und ihre B e d ü r f n i s z w e c k e läßt sich der Wert nicht vorstellen; der Wertbegriff ist ein s u b j e k t i v e r und relativer, und die Ausdrücke objektiv und absolut enthalten eine contradictio in adjecto"[5]).

Der individuelle Wert nun, der den einheitlichen Wertansatz für die Bilanz bildet, ist der b e s o n d e r e Gebrauchs- und der b e s o n d e r e Verkehrswert, den die Vermögensgegenstände für ein bestimmtes Subjekt besitzen. Die Bilanz ist die Darstellung des Vermögens einer bestimmten Person. In den besonderen Werten, die die Vermögensobjekte für das Subjekt haben, kommen die besonderen Eigentümlichkeiten eben gerade dieser Objekte für dieses Subjekt zur Geltung. Ein Vermögensobjekt, das z. B. für den einen Gebrauchsgegenstand ist, kann für den zweiten Veräußerungsgegenstand sein. Weiterhin: Gegenstände, die der gegenwärtige Geschäftsinhaber bei guter Geschäftserfahrung und günstigen Beziehungen vorteilhaft verkaufen kann, sind möglicherweise für einen anderen nur schwer verkäuflich. Welchen Wert aber eine Sache in der Hand eines anderen hat, kann für den jeweiligen Geschäftsinhaber völlig gleichgültig sein.

S i m o n unterscheidet nun zwischen Gebrauchs(Betriebs-)gegenständen (Anlagen, Maschinen, Beteiligungen usw.) und Veräußerungsgegenständen (Rohstoffe, Materialien, Halb- und Fertigfabrikate usw.). Grundsätzlich bestimmt er als den individuellen Wert der Betriebsgegenstände den besonderen

---

[4]) Simon, Die Bilanzen der Aktiengesellschaften S. 293/4; „Urteil" und „Bedürfnis" von uns gesperrt.
[5]) Simon aaO. S. 254/5. Bedürfniszwecke und Subjektiv von uns gesperrt.

Gebrauchswert, d. i. der Erwerbspreis abzüglich Minderung des Betriebswertes, also abzüglich Brauchbarkeits- und Wertminderung[6]).

Der individuelle Wert der Veräußerungsgegenstände ist grundsätzlich der besondere Marktpreis der Gegenstände als Höchstsatz. Die Bildung des „Werturteils" wird bei diesen Gütern durch vorhandene Markt- oder Börsenpreise vereinfacht. Der Preis ist maßgebend, der tatsächlich erzielt wäre, hätte der betreffende Geschäftsinhaber das Gut veräußert. Die Verkaufskosten und der sich bei Veräußerung größerer Warenmengen (insbesondere bei Wertpapieren) einstellende Preisdruck, muß berücksichtigt werden. — Der individuelle Wert der Halbfabrikate ist grundsätzlich der Verkaufspreis der Fertigprodukte abzüglich der noch zur Herstellung notwendigen Kosten. —

Bei der Beurteilung der Bilanzauffassungen Simons fällt zunächst ganz allgemein die Diskrepanz zwischen der auf subjektiven Wertvorstellungen beruhenden Grundlegung und der trotz aller Individualität von ihm doch verfügten Preisgebundenheit und Starrheit der Bewertungsmaximen auf. Der Wertbegriff, von welchem Simon ausgeht, mag „richtig" sein, doch steht in Frage, ob Simon erkannt hat, daß dieser Wertbegriff zur Lösung ganz anderer Fragen geschaffen ist als zur Vermögensfeststellung. Ein subjektives Werturteil über ein Gut, dem der Gedanke der Bedürfnisbefriedigung zugrunde liegt, ist unter keinen Umständen mit einem vielleicht mangelhaft geschätzten und deshalb „subjektiven" Preise gleich zu setzen, da dieser die Resultante wirtschaftlicher Macht mindestens zweier Parteien ist. Subjektive Wertgebung bedeutet nach Außen freie, an Preise nicht unmittelbar gebundene Wertbestimmung. Diese würde sich geradezu an Preisen stoßen, deren möglichst genaue Erfassung Ziel der Vermögensfixierung (der Bemessung) ist. Denkt man die theoretische Grundlegung Simons zu Ende, so muß man zu anderen Resultaten als Simon selbst gelangen.

So führt Simon z. B. folgenden Fall an: Eine Eisenbahngesellschaft erwerbe zur Erweiterung eines Bahnhofes ein Grundstück. Bis zum Bau des Gebäudes werde dieses Grundstück vermietet. Es ist deshalb im Sinne Simons Betriebs(Gebrauchs-)gegenstand, und deshalb mit seinem Anschaffungspreis zu bilanzieren[7]). Aus dem individuellen Wert ergibt sich aber in strenger Konsequenz des ihm immanenten Prinzips folgendes: Wenn die Gesellschaft das Grundstück zu besagten Zwecken erwirbt, so mißt sie demselben eine im individuellen Werturteil zum Ausdruck kommende höhere Bedeutung bei, als der Geldsumme (Preis), die sie für dieses Grundstück gab. Ohne diese Vorstellung ist ein Tausch überhaupt undenkbar. Das Grundstück wird demnach an sich höher bewertet als zum Anschaffungspreis, zu dem es bemessen wird. — Gegen die Bilanzierung mit Anschaffungspreisen zu vermögens- oder erfolgsrechnerischen Zwecken, ist aus unserer Position hier natürlich nichts einzuwenden. Dagegen muß gesagt werden, daß die theoretische Begründung des Anschaffungspreises resp. des Tagespreises bei Simon völlig unhaltbar ist. Das ergibt sich auch aus folgendem Beispiel. Die Bedeutung, die eine Gesellschaft Beteiligungen, sagen wir in Form von Aktien, beilegt, wird regelmäßig eine höhere sein, als der Anschaffungspreis derselben, der nach der Simon'schen Auffassung für diese Aktien als Betriebsgegenstände in Betracht kommt. Simon übersieht, daß die Gesellschaft nicht bereit sein

---

[6]) Vgl. Simon aaO. S. 348.
[7]) Simon a. a. O. 327.

wird, die Aktien zum Anschaffungspreise fortzugeben, wenn sich die geschäftlichen Beziehungen zu dieser Gesellschaft günstig entwickeln. Daß der W e r t der Aktien für die Gesellschaft gleich dem doch auch von mancherlei Zufälligkeiten abhängigen Anschaffungspreise sei, widerspricht dem Sinne der Schaffung von Beteiligungen. Die Aktien sind also im vorliegenden Falle höchstwahrscheinlich für die Geschäftsgebarung des Unternehmens mehr wert, als der Bemessungswert ausmacht, welcher der Anschaffungspreis ist. Wäre die Gesellschaft nun aber willens, die Beziehungen zu der befreundeten Gesellschaft abzubrechen, wird sie die Aktien gegebenenfalls sogar unter dem Marktpreis abzugeben bereit sein, zu dem sie dieselben als Veräußerungsgegenstände nach Simon zu bemessen hätte. Die Kapitalanlage in diesen Beteiligungen erscheint dann unzweckmäßig. Veräußert die Unternehmung die Aktien trotz Aufgabe der Beteiligung nicht, und setzt sie sie entsprechend den Simon'schen Ansichten zum Tagespreis an, so wird damit gesagt, daß man ihnen trotz allem aus irgendwelchen Gründen eine höhere Bedeutung beimißt, als die Summe der Tagespreise ausmacht, die für die Aktien zu erzielen wären. Weiter: Einige Gesellschaften sollen an der Börse gehandelte Wertpapiere besitzen. Der Wertansatz wird nach Simon je nach der Beziehung dieser Gesellschaften zur Börse und den aus ihr sich ergebenden Verkaufskosten verschieden sein. Eine Berliner Bank braucht nur Maklergebühr und Stempel, eine Provinzbank muß dazu noch an ihren Kommissionär zu zahlende Provision und Uebersendungskosten, eine industrielle Gesellschaft alle weiteren Kosten, die sich aus dem Verkauf ergeben würden, in Abrechnung bringen. So kann dasselbe Wertpapier je nach Lage der Umstände verschiedenen Veräußerungswert haben[8]). Hier wird also bis ins Detail festgestellt, welche äußeren Momente „den Wert" der Papiere bestimmen. Für eine subjektive, besser betriebswirtschaftlich-individuelle Wertgebung bleibt kein Raum. Der Wert der im Vorstehenden genannten Aktien wird für die Unternehmung größer sein, als der besondere Veräußerungswert (Erlös), denn sonst würde sie die Papiere abgeben! —

Gegen die im individuellen Wert liegende Gefahr der Bemessungswillkür wendet sich Simon ausdrücklich. Er konnte das, weil er theoretische Grundlegung und Bemessungsmaximen auseinanderklaffen ließ. Simons Bilanzwerte im endgültigen Sinne (bes. Gebrauchswert und bes. Veräußerungswert resp. Anschaffungspreis und Tagespreis) sind nicht „Wert" im Sinne seines Ausgangspunktes. Es sind vielmehr Preise, die für Güter gesucht und angenommen werden, die nicht auf dem Markte erscheinen und die in ihrer Latenz bleiben, obwohl sie in Preisen veranschlagt werden. Dieses Aufsuchen der Stellung des Maßgutes im Preisbildungsprozeß ist dem gebundenen Lichtkegel eines Scheinwerfers vergleichbar, der nachts die feindlichen Stellungen nach einem geeigneten Zielobjekt abtastet. Beim Bemessungsakt sind Irrtümer nicht ausgeschlossen. „Subjektiv" oder „individuell" mit „irrtümlich" gleichzusetzen, ist aber unter keinen Umständen gestattet. Das Subjekt nimmt nach Simon trotz allem voraussetzungslos, d. h. asubjekiv, die Bemessung vor. Bei der voraussetzungsgebundenen Werterteilung dagegen liegen die Maßstäbe im Subjekt (Bedürfnisintensitäten und Einkommensgrößen) und führen zu „Werten", die mit den zufälligen Spannungsauslösungen auf den Märkten (Preisen) wenig zu tun haben.

---

[8]) Simon a. a. O. 361.

Der individuelle Wert Simons ist ein Bemessungswert im Sinne unserer obigen Deduktionen; die dort aufgezeigte Relation liegt auch ihm zugrunde und damit auch die notwendige Relativität des Bemessungsergebnisses. Diese letztere ist es, gegen die Simon vor allem vorgeht. Der Stoß gegen sie wird aus unserer Prämisse I geführt. Zweifellos bestehen Schwierigkeiten, zu schätzen, an welcher Stelle sich das korrespondierende Maßgut im Marktprozeß befindet. Die Relativität des Bemessungsergebnisses ist aber nicht nur aus dieser einen Prämisse, sondern auch aus den Prämissen II, III, IV zu erklären. Diese drei letzteren hat S i m o n nicht hinreichend scharf gesehen. Aus ihrem Zusammen erwächst erst die Relativität des Bemessungsergebnisses.

Daß diese Simonschen Bilanzauffassungen, deren praktische Bedeutung hier ja nicht zur Diskussion steht, von größter Wichtigkeit für die juristische Bilanztheorie wurden, ist bekannt. Es interessiert hier noch der G e s c h ä f t s w e r t S t a u b s und Rehms. Gemeint ist nach Staub[8a]) vom Gesetz der o b j e k t i v e Wert, den die Vermögensgegenstände nicht für den jeweiligen Geschäftsinhaber, sondern für das Geschäft als solches, und zwar bei dessen Fortbestehen haben. Er lehnt sowohl die Bewertung nach subjektiven Erwägungen des Geschäftsinhabers als auch den allgemeinen Versilberungswert ab. So dürfen auch die Gegenstände nicht deshalb, weil sie in einem gutgehenden Geschäft verwendet werden, zu einem höheren Werte als dem objektiven angesetzt werden. Der Ertrag des Geschäfts soll ferner die Bemessung nicht beeinflussen.

Der Geschäftswert oder auch objektive Wert ist für Veräußerungsgegenstände der gegenwärtige Markt- oder Börsenpreis (Nettoverkaufspreis; Berücksichtigung von Preissenkungen bei plötzlicher Veräußerung größerer Mengen von Waren oder Wertpapieren usf.). Der objektive Wert für Gebrauchsgegenstände ist der Gebrauchswert, der dem Erwerbspreis nahe steht. Forderungen sind zu ihrem gegenwärtigen Werte anzusetzen, wobei die Zahlungsfähigkeit des Schuldners zu berücksichtigen ist[9]).

Die Theorie des Geschäftswertes von S t a u b unterscheidet sich letzten Endes nicht wesentlich von der Simons. S t a u b läßt die Bewertung gewissermaßen von einem Geschäft als einem Objekt (in diesem Sinne ist Staubs „objektiv" zu verstehen) vornehmen[10]). Er eliminiert dadurch alle persönlichen Elemente, die in dem jeweiligen Inhaber liegen. Nun ist aber genau gesehen das Geschäft bzw. die Unternehmung in ihrem jeweiligen

---

[8a]) Staub, Kommentar zum H. G. B. Bemerkung 3 zu § 40 H. G. B.
[9]) Rehm, der, bilanztheoretisch gesehen, zwischen Staub und Simon steht, sagt über den Gebrauchswert etwa: Alles, was die Eigenschaft, dauernd dem Betriebe zu dienen, verändert, beeinflußt schon den gegenwärtigen Gebrauchswert, die Bewertung der Gegenstände in der Gegenwart. Es ist z. B. nicht nur die tatsächliche Abnutzung der Gegenstände zu berücksichtigen, sondern auch die Gebundenheit derselben an die konkrete Unternehmung (z. B. Beleuchtungsanlagen; Veralten von Gegenständen; zeitliche Begrenzung des Urheberrechts usf.). Rehm, Bilanzen der Aktiengesellschaften 1903, S. 698/9. Für Veräußerungsgegenstände ist der gegenwärtige Marktpreis maßgebend. Rehm a. a. O. S. 694.
[10]) Vgl. vor allem auch Rehm a. a. O. § 23, Abschnitt VII, S. 59 ffg. Die Ableitung und theor. Begründung des Bilanzwertes durch Rehm ist aber abzulehnen. „Der Wert ist das Urteil eines Betrachters über die Bedeutung, die ein Gut für einen Haushalt besitzt. Die Bewertung ist deshalb etwas Subjektives." a. a. O. 2. Aufl. S. 359. Vgl. Kritische Bemerkung zu Simon.

Zustand nur der Ausdruck eines Willens, dessen Träger immer ein Subjekt sein muß. Spricht man deshalb von einen Unternehmen als Objekt, und bezeichnet man den Wert der Güter dieses Unternehmens als „objektiv", so ist dieser Ausdruck nicht gerade klar gewählt. S t a u b entgeht aber durch das, was er mit dieser Formulierung ausdrücken will, gewissen gefährlichen Momenten, die in der Simon'schen Bilanzauffassung liegen können. Simon will alle Momente berücksichtigt wissen, die bei einer Veräußerung in Frage kommen. Mit Rücksichtslosigkeit verlangt er höchste Bemessungs=Genauig= keit auf Grund der Momente, wie sie in der einzelnen Unternehmung gerade gelagert sind. Die Staub'schen Bilanzmaximen sind dagegen etwas allgemeiner gehalten. Er geht mehr von einer, wenn man so sagen darf, „normalen" Unter= nehmung aus. So sichert er sich gleichzeitig gegen eine evtl. unsolide Be= messung und vermag dadurch den Grad der Fiktivität des Bemessungsergeb= nisses unter Umständen um ein Weniges zu reduzieren.

Auf diesen Staub'schen Geschäftswert sind alle die Kriterien anzuwenden, die oben bereits bei der Darstellung der Simon'schen Lehre gegeben wurden. Auch der Ausgangswert von Staub und Rehm ist ein subjektiver Wert, der als Bemessungsmaxime dann zum Bemessungswert erstarrt. Auch hier wird die logische Inkonsequenz evident, die darin besteht, daß der Charakter des von der Nationalökonomie übernommenen Wertes nicht erkannt wurde. Dieser ist das Ergebnis von Spannungen im Einkommen des Wirtschaftssub= jektes und wird gegebenenfalls zum mitbestimmenden Faktor des Preisbil= dungsprozesses. Er bezieht sich also auf Güter, die am Marktprozeß betei= ligt sind, oder sich an ihm beteiligen sollen. Doch dient er nicht der Preis= voranschlagung.

Der objektive Veräußerungswert, der individuelle Wert und der Ge= schäftswert sind die drei eigentlichen juristischen Bilanzwerte, an die sich die übrigen juristischen Autoren halten. Eine Ausnahme macht nur F i s c h e r, auf dessen Lehren hier verwiesen sei. (Schluß folgt!)

Alle wichtigen Fragen in einem Werk erläutert

↗

WWW.GABLER.DE

Ralph Krüger / Bernd Schult / Rainer Vedder
Digitale Betriebsprüfung
GDPdU in der Praxis - Grundsätze zum Datenzugriff und zur Prüfbarkeit digitaler Unterlagen
2010. 231 S. Br. EUR 49,95
ISBN 978-3-8349-0676-2

Das Werk erläutert die rechtlichen Grundlagen, unterstützt bei der Vorbereitung auf die digitale Außenprüfung und beschreibt deren Ablauf. Kosten- und Datenschutzfragen werden dabei ebenso behandelt wie Fragen zur Prüfsoftware IDEA. Weitere Themen sind u. a. die Vorgehensweise bei Systemwechseln und die Datenarchivierung. Das Buch enthält zahlreiche Beraterhinweise.

Der Inhalt

Grundlagen der digitalen Betriebsprüfung
Rechtlicher Rahmen für den digitalen Datenzugriff der Finanzverwaltung
Prüfsoftware IDEA der Finanzverwaltung
Vorbereitung auf die digitale Außenprüfung
Ablauf der digitalen Außenprüfung
Vorzeitige Datenträgerüberlassung
Systemwechsel, Datenarchvierung und Datenschutz
E-Banking, Kassensysteme, E-Mail

Die Autoren

Ralph Krüger – Dipl.-Inform., Dipl.-Finw., CISA – ist Geschäftsführer der RÖVERBRÖNNER Consulting GmbH. StB und RA Bernd Schult sowie WP/StB und Dipl.-Kfm. Rainer Vedder sind Partner bei der RÖVERBRÖNNER GmbH & Co. KG.

www.wirtschaftslexikon.gabler.de
Jetzt online, frei verfügbar!

↗

Einfach bestellen: buch@gabler.de   Telefon +49(0)611. 7878-626

KOMPETENZ IN SACHEN WIRTSCHAFT

Die Struktur der Bilanzwerte.

Von Dr. Erich Gutenberg, Münster.

(Schluß.)

b) Die Bilanzwerte einiger betriebswirtschaftlicher Autoren.

Je mehr die Bilanzdiskussion auf die betriebswirtschaftlich eingestellten Autoren überging, umsomehr mußten die rein wirtschaftlichen Momente in den Vordergrund treten. Mit viel Verständnis für die Belange der kaufmännischen Praxis gibt Berliner seiner Bewertungslehre durch die Betonung des Erwerbsgedankens als des gestaltenden Bilanzprinzips eine besondere Charakteristik.

Berliner weist zunächst auf die Divergenz zwischen Wert und Preis hin. „Der Preis bildet das Mittel aus den subjektiven Wertschätzungen der beiden Parteien." „Ein Wert wird auf dem Markt überhaupt nicht festgestellt. Dazu liegt keine Veranlassung vor, ebenso wenig wird ein allgemeiner Verkaufspreis festgestellt, vielmehr nur ein Verkaufspreis für ganz bestimmte einzelne Geschäftsabschlüsse"[11]). Kann es demnach also keinen objektiven Wert geben, so bleibt nur übrig, auf einen subjektiven Wert zu schließen. Die Subjektivität der Wertfixierung darf aber nicht soweit gehen, daß der Kaufmann zu einem beliebigen Wertansatz greifen zu dürfen glaubt. Es ist vielmehr genau zu prüfen, welches der angemessene Wertansatz sei[12]). Nun sind aber dennoch objektive Merkmale gegeben, die als objektive Bewertungs-Hilfsmittel zu dienen vermögen. Das wichtigste und genaueste Mittel ist der Selbstkostenpreis, an den sich der Kaufmann auch meist zu halten pflegt. Außer diesem objektiven Element wirken an der Urteilsbildung noch objektive Momente mit, die aber stets immer nur subjektiv gesehen werden können und die den Kaufmann gegebenenfalls veranlassen, den Selbstkostenpreis zu modifizieren. Solche Faktoren sind z. B. das Urteil über die qualitative Beschaffenheit der Güter, die Größe der Abnutzung, usw.[13]). Soweit zunächst Berliner.

---

[11]) M. Berliner, Buchhaltungs- und Bilanzenlehre, 7. Aufl. 1924, S. 99. Der Ausdruck „Mittel" wird nur unter Vorbehalt zitiert.
[12]) Vgl. Berliner, a. a. O. S. 100.
[13]) Vgl. Berliner, a. a. O. S. 100/101.

Die angeführten objektiv-subjektiven Momente erhellen deutlich, wie nach Berliner alle Einwirkungen, die gegebenenfalls den Preis der Güter beeinflussen können, zu berücksichtigen sind. Das bemessende Subjekt hat sich eines Maximums von Objektivität zu befleißigen und ohne Voreingenommenheit zu versuchen, Güterpreise festzustellen. Nun betont Berliner oben (S. 99) ausdrücklich, daß der subjektive Wert Grundlage der Preisbildung, also n i c h t selbst Preis sei. Der spätere subjektive, an objektiven Momenten orientierte Wert Berliners (S. 100) i s t a b e r veranschlagter P r e i s. Man könnte diesen Widerspruch durch den Begriff Bemessungswert beseitigen, wenn nicht durch Berliner ein neues bedeutsames Moment in seine Bewertungslehre gebracht würde.

„Aus dem Umstande, daß das Geschäft fortgeführt werden, also dem Erwerbsgedanken dienen soll, entnimmt der Kaufmann das Recht und die Pflicht, in seinem Bewertungsurteil Vorschau sowohl auf zukünftige Gewinnwie zukünftige Verlustmöglichkeiten zu halten und diesen Möglichkeiten Rechnung zu tragen"[14]). Der Kaufmann legt sich die Frage vor: „Kann ich im nächsten Jahre noch genug verdienen, wenn ich den Gegenstand zu diesem oder jenem Werte bzw. Preise aufnehme?"[15])

Bei dieser Art der Bewertung von Gütern forscht der Bewertende nicht mehr nach dem wahrscheinlichen Preis der Güter zum Zeitpunkt der Bilanzaufstellung. Er geht vielmehr mit vorgefaßter, ertragsrechnerisch bedingter Meinung an die Fixierung der Güter in Geldeinheiten heran, orientiert sich an den zu erwartenden Erträgnissen in kommenden Jahren und formt so nach den Gewinn- oder Verlustaussichten seine Bilanzziffern. Zwar enthält eine jede Bemessung bereits ein Stück Zukunft, weil in jedem gegenwärtigen Preise bereits eine Spanne wahrscheinlicher Preisentwicklung antizipiert ist. Die Beeinflussung des Bemessungsverfahrens durch den zukünftigen Ertrag wird aber gerade bei Berliner in einem ganz besonderen Maße in den Vordergrund gerückt. Der Kaufmann biegt die gegenwärtigen Preise der Vermögensgegenstände so um, daß er einen Erfolg im nächsten Geschäftsjahre zu e r - r e c h n e n vermag! Das bedeutet Loslösung von der eigentlichen Vermögensrechnung, die nach Preisen sucht und nicht Preise, die zu bestimmten Zeitpunkten gegeben sind, vergewaltigt. Dieser Wille des Kaufmanns zu einem wenigstens rechnungsmäßigen Erfolg ist weder Erfolgsrechnung, die möglichste Vergleichbarkeit der Gewinnergebnisse anstrebt, noch solche, die auf möglichst genaue Gewinnrechnung hinzielt. Mit Vermögensrechnung oder Erfolgsrechnung hat dieses in der kaufmännischen Praxis häufige Verfahren nicht viel zu tun. Dagegen kommt den nach dem Prinzip des „gegenwärtigen Zukunftswertes" Berliners fixierten „Werten" dann eine erhebliche Bedeutung für die P r e i s b i l d u n g zu, wenn der Entschluß über eine Veräußerung von Gegenständen auf Grund dieser Wertfixierung gefaßt wird.

Findet sich dieses ertragsrechnerische Bewertungsprinzip im „gegenwärtigen Zukunftswerte" auch noch nicht ganz scharf formuliert, so ergibt sich aus den vorstehenden Ueberlegungen doch, daß dieser Bilanzwert nicht ohne weiteres als Bemessungswert angesprochen werden darf und daß seiner „Subjektivität" bewußte Abweichung von eigentlichen Bemessungswerten zugrunde liegt. In dem Berlinerschen Bilanzwert stecken also — etwas scharf

---

[14]) Vgl. Berliner, a. a. O. S. 105.
[15]) Berliner a. a. O. S. 103.

pointiert — zwei verschiedene Arten von Subjektivitäten, einmal ertrags=
rechnerische, d. h. betriebswirtschaftlich bedingte und in diesem Sinne
subjektive Wertgebung, zum anderen aber Streben nach möglichst genauer
Feststellung des Bemessungswertes (subjektive Begutachtung S. 101, vgl.
unsere Präm. I). Beide „Werte" sind einander nicht gleich.

Nicklisch gründet seine Bewertungslehre auf die allgemeine Wert=
lehre. „Die Grundlage heißt Eignung und der Grundwert ist der Eignungs=
oder Befriedigungswert. Ferner ist wichtig der Marktwert, nach dem sich
die Güter auf die Ge= und Verbraucher verteilen. Der Dritte im Bunde ist
der Ausgabenwert, dessen Bestandteil der eigentliche Kostenwert ist"[16]). Der
Eignungswert ist subjektiv und objektiv zugleich. Objektiv auf Grund der
Eigenschaften, die ein Gut zur menschlichen Bedürfnisbefriedigung geeignet
erscheinen lassen und die mit diesem Gute verbunden sein müssen. Subjek=
tiv aber, „weil alles wirtschaftliche Werten aus Bedürfnissen heraus ge=
schieht und mit Rücksicht auf Bedürfnisse, diese aber das Subjektivste sind,
das sich denken läßt"[16a]). Der fundamentale Satz der Bewertungslehre
lautet, daß als oberste Bewertungsgrenze für die einzelnen Vermögensgegen=
stände stets der Ausgabenwert zu gelten hat, welchen Wert man auch sonst
den einzelnen Vermögensteilen nach ihrem Zwecke beimessen mag.

1. Für Vermögensteile, die die Unternehmung im Betriebe gebraucht,
kommt, solange das geschieht, nur der Eignungswert in Frage. Dieser wird
zunächst mit dem Ausgabenwert übereinstimmen oder höher sein. Ist er
dagegen niedriger, so ist der Verlust über Gewinn= und Verlustkonto ab=
zubuchen, so daß nur der Eignungswert auf dem Vermögenskonto verbleibt.
Ist der Eignungswert höher als der Ausgabenwert, so kann diese Aussage
nur auf Schätzung beruhen. Damit ist der Willkür freier Raum gegeben.
Als oberste Grenze kann also zweckmäßigerweise nur der Ausgabenwert
in Frage kommen. (Vgl. S. 133 ff.)

2. Für Beteiligungen gilt ebenfalls der Eignungswert. Er wird dadurch
gefunden, daß man das Einkommen aus den Geschäfts=Anteilen und die Ge=
schäftsvorteile oder =Nachteile, die aus diesen Beteiligungen erwachsen,
kapitalisiert. (S. 135.)

3. Für Umsatzgüter kommt ebenfalls der Eignungs= resp. Ausgabenwert
in Frage. (S. 136 ff.)

4. Regulierungs= und Gewährleistungsgüter haben Marktwert.

Zu 1. ist zunächst zu sagen, daß der Eignungswert im vorliegenden Falle
ein Bemessungswert ist, wie wir ihn oben skizzierten. Daraus ergibt sich,
daß alle Kriterien, die sich bereits für diesen Wert gefunden haben, auf den
Eignungswert anzuwenden sind. So kann z. B. der Verlust, von dem ge=
sprochen wird, nur durch erneute Preisfestsstellung nachgewiesen werden.
Darin liegt aber Marktorientierung zwecks Preisübernahme. Erkennt man
ferner einerseits an, daß der Eignungswert eines Gegenstandes höher sein
kann als der Ausgabenwert und bringt man den Gegenstand zum Ausgaben=
wert in die Bilanz (vgl. den obersten Bewertungssatz), so ist dieser Bilanz=
wert dann eben nicht Eignungswert. Bezeichnet man trotzdem den Bilanz=
wert als Eignungswert, dann wird Eignungswert und Ausgabenwert gleich=
gesetzt. Beide sind doch aber gerade n i c h t als gleich anzusehen. Der

---
[16]) Nicklisch. Wirtschaftliche Betriebslehre. 6. Aufl. S. 131/2.
[16a]) N. a. a. O. S. 12.

vom Eignungswert abweichende Ausgabenwert hat mit dem ersteren wenig gemein. Er ist Bemessungswert, d. h. übertragener Preis. — So wird ferner z. B. der Gebäude- und Maschinenkomplex der rentabelsten Betriebsabteilung einer Unternehmung im strengen Sinne des Wortes einen höheren Eignungswert haben als der einer unrentabelen Abteilung[17]). — Der Eignungswert einer leerstehenden Halle ist für eine Unternehmung niedriger als der Ausgabenwert. Zwischen diesen beiden Werten bestehen erhebliche Unterschiede.

Nicklisch spricht ferner von der Bedeutung, die ein Gut für die Bedürfnisbefriedigung eines Subjektes habe. (Eignungswert.) Ueberträgt man einen K o n s u m e n t e n w e r t auf die Betriebswirtschaft, so ergeben sich daraus Probleme, die durch Analogien nicht ohne weiteres zu lösen sind. In diesem Zusammenhang erhalten die Fragen der „Werterzeugung" ein besonderes Interesse. Das Wertwerden stellt sich nach Nicklisch so dar, daß Werte in das Produkt eingehen, und daß nun erwartet werden muß, daß der erzeugte Gesamtwert des Gutes der Summe der Einzelwerte gleich sei. (S. 32.) Die Summe der „Einzelwerte" ist aber nichts anderes als die Summe von Einzelpreisen. Die Gesamtaddition der Einzelpreise derjenigen Güter, die in das Produkt eingegangen sind, ist weder der Preis des Erzeugnisses noch der Wert desselben. Preisentstehung benötigt immer zwei Parteien, spricht man aber von betriebswirtschaftlichem Wert, so wird regelmäßig der Wert des Produktes höher sein als die Summe der Kosten. Denn sonst würde der Antrieb zur Produktion aufhören. Wie aber kann man Wert „erzeugen" oder „hinzufügen", wenn trotz an sich gelungener Produktion mit Hilfe von „Werterzeugungsmitteln" (S. 31) kein Wert produziert ist? Es müssen also dann doch a n d e r e Faktoren darüber bestimmen, ob den Gütern Wert zukommt oder nicht. Nicht W e r t e können in der Betriebswirtschaft geschaffen werden, sondern stets nur G ü t e r, die Gegenstand dominierender Wertschätzungen der Käufer und stets nur abgeleitete Wert-Schätzungen der Produzenten sind[18]). Für die Käufer ist aber auch wiederum der Eignungswert der Güter s o verstanden ein anderer als die Summe von Aufwandspreisen. Diese letztere ist Bemessungswert, und wenn man diese als Eignungswert bezeichnet, so ist auch der Eignungswert Bemessungswert.

Zu 2. Dieser Eignungswert leitet sich vom Ertrage der Beteiligung ab. Er ist als Wert eine Funktion der Rente und unterscheidet sich als solcher in seiner Struktur von dem zu 1. genannten Werte.

Zu 3. Auch der Ausgabewert der Umsatzgüter muß als Eignungswert interpretiert werden. Für beide gilt die Bemessungsrelation. Auch hier ist die theoretische Begründung mit den Bewertungsmaximen nicht in sicheren Einklang gebracht. Der betriebswirtschaftliche Eignungswert, der eigentlich Konsumentenwert ist, wird kaum mit der Kostensumme zusammenfallen. Es erscheint überhaupt fraglich, ob der Konsumentenwert als betriebswirtschaftlicher Grundwert gesetzt werden kann. Konsumenten sind Nachfragende, die Unternehmung ist aber sowohl Käuferin als auch Verkäuferin, konsequent müßten deshalb auch die Prinzipien der Nachfragefunktion nur

---

[17]) Diese Ertragswert-orientierte Betrachtung drängt sich auf. Sie erfaßt die „E i g n u n g" eines Gegenstandes für betriebswirtschaftliche Zwecke wohl am schärfsten.
[18]) Vgl. hierzu Kapitel III.)

für die Erklärung der Bildung von Wertvorstellungen für solche Güter angewandt werden, für die die Unternehmung als Käuferin auftritt, nicht aber ganz allgemein für alle Güter der Unternehmung.

Es wäre natürlich nicht richtig, wollte man die Gegenstände der Unternehmung zu einem anderen als dem für zweckmäßig befundenen Bemessungs(Bilanz=)werte bilanzieren. Der subjektive Wert, von dem bereits gesprochen wurde, hat mit dem Bemessungswert nichts gemein, er dient ganz anderen Aufgaben und ist unbrauchbar für Vermögensfeststellungen, wie andererseits der Bemessungswert für die Erklärung des Marktprozesses ungeeignet erscheint.

Der Eignungswert im Sinne der Bewertungslehre von Nicklisch ist Bemessungswert, für die Bilanz geschaffen und in seiner Gestaltung bestimmt durch Gründe der Sicherheit und Kontrolle. Jedoch ohne hinreichenden Konex mit dem Eignungswert als theoretischer Grundlegung seiner Bewertungslehre.

Eine scharfe Wendung von der bisherigen Bilanzauffassung weg zu neuen Zielen bedeutet der Gedanke der dynamischen Bilanz. Aus der Begrenztheit der „statischen Bilanzziele", in der die von uns entwickelte Relativität eines jeden Bemessungsergebnisses zum Ausdruck kommt, zieht Schmalenbach die Konsequenz und drückt die Bilanzziffern als „Vermögenswerte" zu ziemlicher Bedeutungslosigkeit herab. Dagegen sind sie ihm von größter Wichtigkeit als Mittel der Erfolgsrechnung. Schmalenbach betont ausdrücklich, daß keineswegs die Kostenbeträge, d. h. die Anschaffungspreise der Gegenstände über die Höhe des Vermögens einer Unternehmung etwas auszusagen vermögen; denn wenn zwei Personen die gleichen Vermögensstücke unter sonst gleichen Bedingungen besitzen, wäre ihr Vermögen gleich groß, hätte der eine die Gegenstände zufällig teurer als der andere eingekauft. Seine Auffassungen über Vermögen und Vermögenswert faßt Schmalenbach dahin zusammen: „Daß das bilanzmäßige Vermögen den Wert des Geschäfts weder ausdrückt noch ausdrücken soll und daß, wenn man unter Vermögen den Gesamtwert einer Vermögensmasse versteht, die Bilanz nicht das Mittel ist, diesen Gesamtwert zum Ausdruck zu bringen".[19]) Weil nun zwar „eine gute Vermögensrechnung wichtig, gute Erfolgsrechnung aber wichtiger ist"[20]), betont Schmalenbach ganz den erfolgsrechnerischen Charakter der Bilanz. Die eigentlichen Bilanzwerte sind für Schmalenbach: Anschaffungspreis und gegebenenfalls auch Tagespreis (spekulative Vorräte). Diese Bemessungswerte hält er für die Aufgaben, die er der Bilanz zuschreibt, als die zweckmäßigsten.

Uns interessiert im vorstehenden Zusammenhange wiederum nur die Frage nach der logischen Struktur desjenigen betriebswirtschaftlichen Wertes, den Schmalenbach „Rechnungswert" nennt[21]). Dieser Rechnungswert ist nicht der volkswirtschaftliche Wert der Dinge, mit welchen er allerdings über die Preise in Zusammenhang steht. Der volkswirtschaftliche „innere Wert" bestimmt sich nach Seltenheit und Nützlichkeit der Güter, nur wird jener eigentümliche „Reflex" dieser beiden Momente, die Hochschätzung der Güter durch das einzelne Subjekt, als dem Begriffe Wert im volkswirtschaftlichen Sinne nicht eigentümlich abgelehnt. Damit soll keineswegs gesagt

---

[19]) Schmalenbach, Grundlagen dynamischer Bilanzlehre, III. Auflage, S. 60. Schm. a. a. O. S. 60.
[20]) Schm. a. a. O. S. 60.
[21]) Schmalenbach a. a. O. S. 5.

sein, daß dem volkswirtschaftlichen Wert als solchem Substanzialität zukomme, denn selten und nützlich sind ja die Dinge immer nur bezogen auf ein Subjekt. Reflektiert dieses Subjekt über die Bedeutung eines Gegenstandes für s e i n e Wirtschaft, so ist dieses Gut „subjektiv wertvoll in subjektiver Schätzung[22])". Dieser Schätzungswert ist aber nicht der eigentliche innere Wert der Dinge. Dieser entsteht vielmehr im Subjekt durch die Ueberlegung: welche Bedeutung kommt einem Gute für jedermann zu, also für eine Anzahl oder eine Gemeinschaft wirtschaftender Menschen? So wird dann dieses Gut „objektiv wertvoll in subjektiver Schätzung"[23]). Dieser innere Wert der Güter, also derjenige, bei dem das die Wertvorstellung bildende Subjekt sich bis auf einen geringen Rest völlig von sich emanzipiert, indem es unter Anhalt an Preise über die Stellung der betreffenden Güter im Ganzen der Volkswirtschaft ein Urteil zu bilden versucht, ist der volkswirtschaftliche Wert. Da nun unter normalen Verhältnissen die mengenmäßigen Veränderungen in den Produktivitäts- und Einkommensverhältnissen im allgemeinen nur verhältnismäßig geringe sind, funktioniert die Mechanik der Preisbildung bei freier Konkurrenz so, daß die Preise diesem volkswirtschaftlichen Wert im wesentlichen immer wieder nahe kommen. Der Preis ist diesem Wert nicht gleich. Preise sind Mengengleichungen, und da die Mengen dauernd variieren, charakterisiert die Preise gerade ihre Momentaneität.

Wie nun im einzelnen dieser volkswirtschaftliche Wert bei Schmalenbach gedacht wird und wie er in seinen Funktionen bestimmt erscheint, steht hier nicht zur Diskussion. Wichtig ist nur die Tatsache, daß diese Wertvorstellung nicht u n m i t t e l b a r auf die Betriebswirtschaft selbst übertragen wird, sondern daß vielmehr der b e t r i e b s w i r t s c h a f t l i c h innere Wert auf dem Wege über die Preise gefunden wird. Denn die volkswirtschaftlichen Preise (nicht Werte) sind es, „zwischen denen der Betrieb bei Rohstoffbezug und Warenlieferung an die Volkswirtschaft anknüpfend das Wertgefälle findet, innerhalb dessen seine Mühle läuft[24])". Der Rechnungswert als betriebswirtschaftlich innerer Wert ist als Bestandteil des Rechnungswesens preisverwandt, ist akzeptierter oder beibehaltener Preis. Einige Hinweise mögen die Bedeutung dieses Rechnungswertes im System der dynamischen Bilanz zeigen. Für die Berechnung des im Mittelpunkt der Bilanzdiskussion stehenden Gewinnes ist der Wert der Aufwendungen und der Leistungen maßgebend. Beide brauchen mit den entsprechenden Ausgaben und Einnahmen nicht überein zu stimmen. Dennoch aber wird der Gewinn, also der Wert der Leistungen vermindert um den Wert der Aufwendungen trotz der Mängel, die vor allem aus dem zeitlichen Auseinanderfallen von Geldbewegung (Zahlung) und Güterverzehr entstehen, an Ausgaben und Einnahmen (P r e i s e n) g e m e s s e n [24])! An anderer Stelle, bei der Entwicklung der Wertkategorien in der Erfolgsrechnung wird ausdrücklich darauf hingewiesen, daß die Wertbegriffe unmittelbar angelehnt sind an die P r e i s e im volkswirtschaftlichen Verkehr[25]). Diejenigen Werte dagegen, die unter dem Aspekt von Gewinnansammlungen für die Zukunft oder aus sonstigen finanzpolitischen Absichten geformt werden, haben mit dem

---

[22]) Schmalenbach a. a. O. S. 5.
[23]) ebenda.
[24]) Schmalenbach a. a. O. S. 7.
[25]) Schmalenbach a. a. O. S. 86/7.

Rechnungswert nichts mehr gemein, weil nicht der logische Mechanismus des Messungaktes, sondern Faktoren außerhalb desselben Maß und Ziel dieser Werte bestimmen[26]).

Völlig anders konstruiert ist der Schmalenbachsche Kalkulationswert, dessen Erörterung deshalb nicht hierher gehört. Denn die verschiedenen Aufgaben, die dieser Wert zu erfüllen hat, geben ihm im Kern ein anderes Gepräge. Der Kalkulationswert hat regulativen Charakter. Er wirkt auf den tatsächlichen Verlauf und die Richtung der ökonomischen Kräfte des Unternehmens. Entwicklung und Grad des Erfolges vermögen mit durch ihn bestimmt zu werden. (Proportionaler Satz.) Leistung und Aufwand aber für die Zwecke der Erfolgsberechnung, nicht der Erfolgs-Gestaltung, am Kalkulationswert zu messen oder gar eine Vermögensfeststellung, sei es auch immer zu welchen Zwecken und in welcher Art, mit ihm zu versuchen, steht außerhalb seiner Sinnhaftigkeit.

Aehnlich regulativen Charakter trägt der Tagespreis im Beschaffungsmarkt als Bilanzwert der organischen Bilanz. Doch ist dieser Reproduktionswert so als letztes Einheitsprinzip in den gesamten theoretischen und praktischen Bau der Schmidtschen betriebswirtschaftlichen Auffassungen hineingearbeitet, daß die Regulativfunktion, die diesem Bilanzwert in hohem Maße zukommt, nicht weggedacht werden kann, ohne ihm seine besondere Eigentümlichkeit zu nehmen. Der organische Bilanzwert ist Bemessungswert (als Mittel „richtiger" Gewinnberechnung) und gleichzeitig regulierendes Prinzip. So ist z. B. die für die organische Vermögensrechnung erforderliche Fixierung der Grundstücke eines Unternehmens zum Tagespreis im Beschaffungsmarkte eine Bemessung in unserem Sinne. Doch sagt dieser Bemessungswert gleichzeitig über die Zweckmäßigkeit der Anlage des Kapitals (in diesem Sinne Geld) zum Bemessungszeitpunkte aus. Je höher z. B. der Wert der Grundstücke einer Fabrik (Bemessungswert), um so notwendiger die Lösung aus unzweckmäßiger Anlage des Kapitals in diesen Grundstücken (Regulativfunktion), gegebenenfalls als Folge dieser durch Verwendung des Tagespreises erkannten unzweckmäßigen Kapitalanlage: Aenderung des Standorts.

Der organische Bilanzwert als solcher aber ist „marktorientiert" und zwar ist er jeweils auf den Zeitpunkt aufzustellen, für den die Bilanz gefertigt wird[27]). Er ist der stete Reflex von Preisen korrespondierender Güter im Markte. Jede Preisbewegung derselben wird durch ihn auf die Güter innerhalb der Unternehmung übertragen, wo sie wiederum bestimmte Wirkungen auslösen. (Jeweiliger Grad der Zweckmäßigkeit der Kapitalanlage; Regulativfunktion.) So ist ja überhaupt die organische Bilanz in ihrem tiefsten Sinn nur aus der Einflechtung der Betriebswirtschaft in die entgegengesetzt fließenden Güter- und Geldströme der Volks- und Betriebswirtschaft zu verstehen. Auch ist auch nur durch Bemessung der Vermögensgegenstände zu ihrem jeweiligen Tagesmarktpreis die große Aufgabe der Unternehmer zu lösen, die relative Erhaltung des Vermögenswertes ihrer Unternehmung durch „richtige" Berechnung des Erfolges zu bewirken.

In diesem Sinne sind die Reproduktionswerte der organischen Bilanz Bemessungswerte. Auf sie treffen alle Kriterien zu, die im ersten Kapitel entwickelt wurden. Doch wäre die besondere Art der organischen Vermögensrechnung noch gesondert zu untersuchen; hier kommt es nur darauf

---

[26]) Schmalenbach a. a. O. S. 145/6.
[27]) Schmidt: Die organische Bilanz im Rahmen der Wirtschaft, II. Aufl. S. 71.

an, zu zeigen, daß der organische betriebswirtschaftliche Wert zunächst ein Bemessungswert im Sinne unserer obigen Deduktionen ist.

Diese speziellen Untersuchungen sollen genügen, um den Nachweis zu erbringen, daß die oben entwickelte Bemessungsrelation als letzte Abstraktion auch für die letzthin untersuchten Bilanzwerte gilt. Diese haben mit dem eigentlichen Wert auf der Nachfrageseite, d. h. mit der Nachfragefunktion, nichts gemein. Auf die Wertlehre der theoretischen Nationalökonomie läßt sich die betriebswirtschaftliche Bewertungslehre nicht unmittelbar aufbauen, da die erstere nicht zu Zwecken der Vermögensfeststellung oder der Erfolgsberechnung geschaffen ist.

Damit ist die Untersuchung bis zur Analyse des Bewertungsaktes vorgetragen, zu der nunmehr ein Beitrag versucht werden soll. Zuvor aber sei nochmals betont, daß die Bilanzziffern dann nicht auf Bemessungswerten beruhen, wenn sie willkürlich angesetzt sind oder von Ertragsmomenten bestimmt werden.

III. Der Bewertungsakt.

a) Grundsätzliches.

Die besondere Problematik des im folgenden erläuterten Bewertungsaktes in der Unternehmung entspringt aus der Aufgabe der Betriebswirtschaft, eine, respektive mehrere Beziehungen zwischen Preisen auf zwei oder mehreren Märkten in der Zeit zu gestalten. In jeder Betriebswirtschaft sind nun die Bedingungen, unter denen sie diese ihre Funktion erfüllt, verschieden gelagert. Aus dieser Unterschiedlichkeit der Bedingungen folgt aber nicht, daß sämtlichen Betriebswirtschaften ein verschiedenes Prinzip immanent sei. Die allen Unternehmungen gemeinsamen inneren Relationen herauszuarbeiten, ist die Aufgabe der nachfolgenden Untersuchungen. Die Fragestellung soll also lauten: Gibt es noch andere Wertbeziehungen in der Betriebswirtschaft als die bisher aufgezeigten? Welches ist gegebenenfalls ihre logische Struktur? Wie bestimmt sich der betriebswirtschaftlich-individuelle Wert derjenigen Güter, die reif sind, von der Unternehmung in den Absatzmarkt gebracht zu werden? Der Ueberlegungsausschnitt ist deshalb mit Absicht so eng gewählt, weil nur durch Herausnahme einzelner Gütergattungen erkannt werden kann, nach welcher Maxime sie bewegt werden. Denn in der Unternehmung ist die Wertbildung, wie bereits festgestellt wurde, nicht ohne weiteres für alle Güter auf dasselbe Prinzip zurückzuführen, da die Unternehmung sowohl Käuferin als auch Verkäuferin ist. Um nun die Konstruktionsprinzipien des betriebswirtschaftlichen Wertes (Grenzwertes) dieser Güter herauszufinden, erscheint es notwendig, das Typische der subjektiven Wertbildung auf der Nachfrageseite herauszustellen, um hinreichende Kriterien für die weitere Untersuchung zu gewinnen.

Der Wert der Güter ist in Anlehnung an die österreichische Schule keine substanzielle Eigenschaft derselben. Er entspringt vielmehr der Beziehung der letzteren zu Bedürfnissen der Menschen. Außerhalb des Bewußtseins des Menschen kann eine Wertvorstellung und damit ein Wert nicht existieren. Das besondere Charakteristikum des Wertgebungsaktes besteht aber nun gerade darin, daß das Subjekt nach der Disposition gerade ihm eigent ü m l i c h e r Momente Wertvorstellungen bildet. Als solche Momente kommen vor allem in Betracht: 1. Art und Intensität der persönlichen Bedürfnisse und 2. zur Verfügung stehende Einkommens- oder Vermögensmenge. Aus der jeweiligen S p a n n u n g dieser beiden Faktoren, die die besondere Eigenart eines jeden Subjektes bilden, werden die Wertvorstellungen geboren. Man kann deshalb auch sagen, Wertbestimmung sei ein schöpferischer Akt des Menschen, nahe verwandt jenem, durch den die Welt als Vorstellung wird. Die Bewegung geht also vom Subjekt aus, doch nicht willkürlich, sondern gebunden. Das Subjekt ist nicht frei, sondern voller Maße und Einstellungen, die jeweils den Grad der Spannung zwischen Subjekt und Objekt bestimmen. Die Bedeutung, die nun ein Subjekt einem Bedürfnis im Rahmen der für das Subjekt überhaupt in Frage kommenden Bedürfnisse beilegt, wird übertragen auf das die Befriedigung bewirkende Gut. Primär also das Bedürfnis, sekundär der Wertempfang der Güter. Die ganze Skala individueller Bedürfnisempfindungen vom Trieb zur Lebenserhaltung bis zum flüchtigen Reiz vollzieht sich in Wertvorstellungen. Ganz allgemein werden zunächst die Bedürfnisse nach verschiedenen Gütern verschieden stark empfunden, aber dadurch aus dem rein Psychischen (Nicht-Meßbaren) herausgehoben und zu rechenbaren Größen quantifiziert, daß die zum Tausch bestimmten Güter (Einkommen) auf diese Bedürfnisskala aufgeteilt werden. Dadurch werden die die Bedürfnisse befriedigenden Güter ökonomisch (quantitativ) „bewertet"; zum andern wird aber auch jedes einzelne Bedürfnis in sich selbst nach dem Grade seiner Sättigung empfunden und die Gütereinheit nach Maßgabe dieses Sättigungspunktes „bewertet".

Im wirtschaftlichen Leben komplizieren sich die Verhältnisse deshalb, weil stets immer ein Komplex von Bedürfnissen nicht einem einzelnen Gut, sondern einer Summe von Gütern gegenübersteht. Der Wert der Güter bestimmt sich aber stets nach jener letzten am wenigsten wichtigen Bedürfnisbefriedigung, die noch erfolgen kann, wenn die wichtigeren Bedürfnisse nach Maßgabe des Gütervorrats befriedigt sind oder zum mindesten als gesichert erscheinen (Grenznutzen).

Zu welchen Konsequenzen diese Wertgebung der Güter durch das wirtschaftliche Subjekt im Marktprozeß führt, mag aus folgendem noch näher erkannt werden, wobei wir lediglich den Konsumentenwert betrachten. Wenn sich grundsätzlich der Preis eines Gegenstandes nach dem Grenznutzen des letzten Käufers bestimmt, das Grenznutzenniveau aller Käufer aber ein verschieden hohes ist, so wird damit gesagt, daß der Preis der Güter, respektive das für den Erwerb der Güter hingegebene Einkommenquantum, bei den verschiedenen Käufern seinem Werte nach divergiert. Denn die Spannung im Einkommen, d. h. die Aufteilung desselben auf die verschiedenen Verwendungen vollzieht sich eben nach Maßgabe der zur Verfügung stehenden Mittel, und zwar so, daß der Konsument jeweils nach höchstem Ertrage strebt. Gibt er z. B. ein bestimmtes Gut gegen ein anderes, so ist der Nutzen des erworbenen Gutes für ihn höchstwahrscheinlich ein größerer als der des hingegebenen Gutes, denn ohne diese Voraussetzung ist ein Tausch regelmäßig nicht denkbar. Gibt der Käufer Teile seines Geldeinkommens für ein bestimmtes Gut, so wird der Nutzen des Gutes, das er kauft, für ihn ein größerer sein, als der Nutzen eines anderen Gutes, das er für denselben Preis erhalten könnte. Die Befriedigung des Käufers beim Erwerb eines Gutes muß im allgemeinen diejenige überwiegen, die er durch den Erwerb dieses Gutes ausschließt. Das will besagen, daß bei jedem Kauf bereits ein Mehrnutzen oder um mit Marshall zu sprechen, ein „Mehrwert an Befriedigung" erzielt wird[28]). Der Betrag, um den der Preis für ein Gut niedriger ist als der Preis, zu dem der Käufer gegebenenfalls bereit wäre, das Gut zu erwerben, bildet den Konsumentengewinn oder auch die Konsumentenrente. Diese resultiert also regelmäßig schon aus jedem Kauf und wächst, je mehr tatsächlicher und evtl. zu bewilligender Preis voneinander abweichen.

Nehmen wir z. B. an, ein Konsument würde monatlich eine Einheit eines Gutes A bei einem Preise von 10 M kaufen, bei einem solchen von 7 M aber zwei Einheiten dieses Gutes. Fällt nun der Preis des Gutes auf 7 M, und würde der Konsument dabei bestehen bleiben, nur eine Einheit zu kaufen, so würde ihm eine Konsumentenrente von 3 M zufallen. Erwirbt er aber zwei Einheiten zu je 7 M, so besagt das, daß ihm das zweite Gut mindestens 7 M wert ist. Für 14 M erhält er also zwei Einheiten, von denen ihm die erste 10 M, die zweite 7 M wert ist, für die er also insgesamt 17 M geben könnte. Der Konsumentengewinn ist gleich geblieben, denn der Wert der zwei Einheiten für den Käufer ist 17 M, er erhält sie aber für 14 M, so daß sich wieder eine Konsumentenrente von 3 M ergibt.

Diese Hinweise mögen genügen, um zu zeigen, zu welchen Folgerungen der Wertbegriff der theoretischen Nationalökonomie, zu dem man sich sonst stellen mag, wie man will, führt, wird er zu Ende gedacht. Die Relation, die dem vorstehenden Wertbegriff zugrunde liegt, läßt sich als vom Subjekt (Einkommenspannung) ausgehender Wertbestimmungsakt des Objekts so darstellen:

$$S \longrightarrow O \longrightarrow O_s.$$

Gibt es nun in der modernen Betriebswirtschaft Beziehungen zwischen Gütern, abgesehen von Bemessungsbeziehungen, die dem Prinzip der soeben gegebenen Relation nahekommen? Es ist dabei zu beachten, daß eine Wertbildung von Gütern — wie eben entwickelt — ursprünglich und für primitive Verhältnisse sowohl für den Käufer als auch für den Verkäufer gedacht werden kann, da für beide die hingegebenen und die erworbenen Güter Nutzen (Gebrauchswert) haben. Für den moderneren kapitalistisch orientierten Verkäufer trifft diese Tatsache aber nicht mehr zu, denn die von ihm produzierten oder gehandelten Güter vermögen sich nicht auf die Skala seiner persönlichen Bedürfnisse einzuspielen und so unmittelbar durch sich selbst Nutzen zu bringen. Der subjektive Gebrauchswert der Erwerbsgüter ist für den Produzenten oder Händler fast gleich Null. Nach Art und Menge kommen sie für die Bedürfnisbefriedigung des Produzenten nicht in Betracht. Das hat zur Folge, daß die begrenzende Wirkung, die die Schätzungsziffer des letzten Verkäufers auf die Preisbildung ausübt, entfällt. Da die Schätzungsziffer der Verkäufer für ihre konkreten Gegenstände etwa gleich Null ist, so wird nur durch die Konkurrenz der Käufer erreicht, daß der Preis ü b e r die niedrigen Nutzengrenzpunkte der Verkäufer getrieben wird. Kann also der Grenznutzen im skizzierten Sinne für die kapitalistischen Verkäufer nicht in Frage kommen, so bleibt nur übrig, daß sie Schätzungsdichten auf der Konsumentenseite antizipieren und danach ihre Produktion einstellen. So werden die Produzenten in der modernen kapitalistischen Wirtschafts-

---

[28]) Marshall, Handbuch der Volkswirtschaftslehre, I. Bd. 1905 S. 165 ff. Vgl. auch v. Wieser, Theorie der gesellschaftlichen Wirtschaft. II. Aufl. G. d. S. S. 164.

ordnung gewissermaßen zu beauftragten Beamten der Konsumenten und stehen als solche unter dem Diktat des letzten Käufers. So etwa ist die Ansicht Böhm=Bawerks[29]). Damit aber sind wir bereits wiederum bei einer Beziehung: Betriebswirtschaft und Wert angelangt.

Wenn wir nun diese Zusammenhänge hier weiter verfolgen, so soll es sich im Rahmen dieses Aufsatzes lediglich darum handeln, zunächst erst einmal die besondere Art der Problematik aufzuzeigen, die die Bildung jener Grenzpunkte oder Limite für absatzreife Güter charakterisiert, die aus dem Ganzen der Unternehmung und nicht nur aus dem besonderen Aufwand für jedes einzelne Produkt wachsen. Damit entsteht zugleich die Frage, ob denn überhaupt von selbständigen Grenzschätzungen auf der Produzentenseite gesprochen werden kann, in welchem Verhältnis sie gegebenenfalls zum Konsumentenwert stehen, ob die Berufung auf die Kosten und deren Gestaltung zu ihrer Erklärung ausreicht und welches die Bedingungen sind, deren Verknüpftsein die Grenzpunkte für die absatzbereiten Güter funktional bestimmt?

b) Zur Frage der betriebswirtschaftlich individuellen Wertbildung.

Der bestimmende Charakter des Wirkungsgrades und der Wirkungsrichtung der von der Konsumentenseite ausgehenden ökonomischen Kräfte ist evident. Doch kommen diese Kräfte nicht in jedem, täglichen fast stündlichen Preise mit ihrer vollen Gewalt zum Ausdruck. Sie setzen sich vielmehr erst auf die Dauer durch. Innerhalb dieser Zeitspanne ist das stete Auf und Ab der Preiskurven lediglich auf Grund des oben formulierten Prinzips von Böhm = Bawerk nicht zu erklären. Tatsächlich gehen von der Produzentenseite Gegenbewegungen aus, denn Preisbildung bedeutet immer beiderseitige Machtentfaltung. Die Konsumenten entäußern sich aber eines Teils ihrer ökonomischen Macht, die der der Verkäufer zuwächst. Denn erstens wird die den Käufern insgesamt zur Verfügung stehende Einkommensmenge auf die einzelnen Wirtschaftssubjekte verteilt und nach Maßgabe der aus den Bedürfnisintensitäten der Einzelnen sich ergebenden Wertvorstellungen zersplittert, so daß die Front der Konsumenten den Produzenten nicht geschlossen, sondern aufgelöst gegenübersteht. Das bedeutet wirtschaftlich gesehen Machteinbuße der Konsumenten und Stärkung der Position der Produzenten; zweitens strömen große Teile des Einkommens der Konsumenten, ohne konsumtiven Zwecken gedient zu haben, mittelbar oder unmittelbar, in die Produktion zurück. Mittelbar auf dem Wege über die Banken (Geld= und Kapitalmarkt), unmittelbar durch Gewinnthesaurierungen, für welche die modernen Bilanzen als finanzpolitische Instrumente charakteristisch sind. Die Einkommensteile also, die Vermögen wurden, gelangen als solche, ohne Konsumentenkaufkraft geworden zu sein, wieder in die Produktion, wofür als Preis Zins bezahlt werden muß. Diejenigen Einkommensmengen nun, die in der Unternehmung zurückgehalten werden, treten zusammen mit den über Geld= und Kapitalmarkt geleiteten Einkommensteilen unmittelbar auf dem Beschaffungsmarkt für Produktivgüter auf und führen so zu einer Vergrößerung vor allem des Anlagekapitals, die zu Kapitalübersetzung führen

---

[29]) Böhm=Bawerk, Kapital und Kapitalzins II. Bd. 1. Abtlg. S. 302 ff.

kann (Krisen). Doch stärken diese Mittel trotz der in ihnen liegenden Gefahrenmomente die Machtposition der Unternehmer gegenüber den Produzenten. Drittens hat das einzelne Unternehmen durch Propaganda, d. h. durch Beeinflussung der Wertvorstellungen der Konsumenten, die Möglichkeit, in verstärktem Maße Einkommensteile aus den zum Ankauf gleicher Güter bereiten Einkommensmengen für i h r e Erzeugnisse zu sammeln. Zwar kann hierdurch die Position aller Produzenten nicht gestärkt werden, da ja die gesamte zur Aufnahme von Gütern zur Verfügung stehende Einkommensmenge begrenzt ist, so daß nur innerhalb derselben Verschiebungen hinsichtlich der einzelnen Verwendungszwecke vorgenommen werden können. Für die einzelne Betriebswirtschaft aber bedeutet dieses Moment unter Umständen eine erhebliche Steigerung seiner wirtschaftlichen Macht. Viertens: Auf die Bedeutung der Bindung des Angebotes und die Effizienz des technisch-ökonomischen Denkens braucht hier nur hingewiesen zu werden.

Aus diesen hier aufgeführten Momenten ergibt sich, daß die Verkäufer auch in der modernen Wirtschaft über Machtmittel verfügen, die sie g e g e n eine unbedingte Unterwerfung unter das Diktat der Käufer s i c h e r n. Auf die Dauer können sie sich diesem Diktat nicht entziehen, doch vermögen sie sich gegen dieses zu w e h r e n. Der Index für den Grad der jeweiligen wirtschaftlichen Machtkonzentration auf beiden Seiten ist der Preis, dem deshalb stets nur accidentielle Bedeutung zukommen kann.

Sind im Wertbegriff der Grenznutzler wirtschaftliche Machtfaktoren — Bedürfnisse und Einkommensmengen in straffer Einheit zusammengefaßt, so ist es notwendig zu untersuchen, ob und inwieweit das gleiche oder ein ähnliches Prinzip für die Betriebswirtschaft gilt. Es handelt sich dabei also, um es nochmals zu sagen, um den Versuch, gewisse Grenzschätzungen, G r e n z p u n k t e , Limite zu erklären, die darüber aussagen, welchen Wert die Unternehmung Gütern, die sich in ihrem Absatzsektor befinden, beimißt, d. h. zu welchem Preise sie gegebenenfalls bereit sein würde, diese Produkte zu verkaufen. Diese Grenzpunkte sind Mindestschätzungen, die im Preisbildungsprozeß wirken.

Die Wertbestimmung der Güter seitens der Unternehmer nach Maßgabe der K o s t e n , die für sie aufgewendet wurden, erscheint als zu eng. Die Grenzpunkte für die Güter werden regelmäßig über den Kosten liegen. Keine Unternehmung rechnet z. B. stets mit denselben Gewinnzuschlägen. Sie setzt diese sehr wohl für dieselben Güter z. B. je nach dem Markte verschieden an, auf dem sie abgesetzt werden sollen (Auslands- und Inlandpreise). Die Unternehmung wird weiterhin gegebenenfalls unter Kosten verkaufen, rettet sie durch diese Verkäufe ihre Existenz; sie wird evtl. aber auch nicht zum gegenwärtigen Preise verkaufen, wird eine günstigere Konjunktur erwartet. Jede Wertbestimmung nach den Kosten isoliert die Güter und damit dann auch den Wert derselben von den Spannungen im Kapital der Unternehmung. Nicht die Kosten allein schon als solche können den Wert des Absatzproduktes einer Unternehmung bestimmen. Obwohl das Kostengesetz in seiner vollen Bedeutung anerkannt wird, das sich aus der Richtung der Konsumenten auf den Produzenten bewegt, scheint aber gerade dieses eine Moment beachtenswert, daß die Absatzgüter m i t d e n n o c h i m U m s a t z p r o z e ß b e findlichen Gütern und der Art ihrer Disposition in Zusammenhang gebracht werden. Denn es brechen in turbulenten Zeiten selten zuerst die mit hohen Produktionskosten arbeitenden Betriebe zusammen. Zuerst vor allem solche, deren finanzielle Basis eine schwache war. Die finanzielle Struktur der Unternehmungen aber ist abhängig vom Absatzmarkt selbst und den Geld- und Kapitalmärkten. Für die Bestimmung des Grenzpunktes der Güter im Absatzsektor der Unternehmung sind die aus der finanziellen Struktur erwachsenden Motivationen von besonderer Bedeutung.

Nehmen wir zunächst einmal an, daß vier Produzenten A, B, C, D ein Gut mit den gleichen Kosten herstellen. Würde der Wert der Güter auf der Seite der Produzenten allein durch die Kosten bestimmt, so wäre auf der Angebotsseite eine Reihe gleicher Grenzpunkte gegeben. Nun sei aber der Absatzmarkt für diese Güter des A, B, C, D von verschiedener Beschaffenheit. Der Markt, auf dem der Produzent A seine Produkte verkauft, sei noch vakuiert, doch sei der Bedarf bereits geweckt und in Zunahme begriffen. Der Markt des B fange bereits an übersättigt zu werden, den Markt des C charakterisiere eine kleine aber wohlhabende, den Markt des D eine breite, nicht gerade arme Käuferschicht. — Dem Produzenten A stehen zum Absatz seiner Produkte zwei Wege offen. 1. kann er, da er sich in einer Art Monopolstellung befindet, den Preis pro Produkt möglichst niedrig halten, um durch Umsatzsteigerung zu Gewinnsteigerung zu kommen; 2. aber ist es ihm möglich, seine Lage auszunutzen und jedes einzelne Produkt mit dem höchst erzielbaren Erfolg abzusetzen. Er wird dabei unter allen Umständen Kostenersatz verlangen. Doch richtet sich der Wert, den er den Gütern zuschreibt, nicht nach den Kosten, sondern nach dem Maße, in welchem sie befähigt sind sein Kapital durch Umsatz zu vermehren. Die Wertgrenzpunkte liegen für ihn über den Kosten und diese über dem Aufwandersatz sich bewegenden Werte der Güter sind das ausschlaggebende Moment für Preisstellung und Preisbildung. (Die Kosten werden hier grundsätzlich als mit dem Tagespreis am Umsatztage angesetzt betrachtet.)

Glaubt A zu optimaler Kapitalvermehrung nach dem ersteren Verfahren zu kommen, so wird seine Mindestschätzung (Grenzpunkt) näher am Kostenpunkt liegen; im anderen Falle aber weiter von ihm entfernt. Kostengrenze und Wert sind als Grundlage des Marktprozesses n i c h t identisch. Andererseits wird meist die Grenzziffer u n t e r d e m P r e i s e liegen, der erzielt wird. Wäre der Käufer z. B. im Preiskampf geschickter oder stärker gewesen, so würde er das Gut evtl. für einen niedrigeren Preis bekommen haben. U n t e r eine bestimmte Grenze, die ü b e r den Kosten liegt, wird der Produzent nach Maßgabe seiner augenblicklichen produktionstechnischen und finanziellen Lage und seiner Marktorientierung nicht heruntergehen. Diese Momente bestimmen den Grenzpunkt des Produktes. Tritt in ihnen eine Veränderung ein, so wird auch der Wert der Güter dieser Veränderung folgen. Man kann also sagen, daß sich der Wert der Güter nach dem Maße bestimmt, in w e l c h e m s i e b e f ä h i g t s i n d, o p t i m a l e K a p i t a l v e r m e h r u n g, d. h. E r t r a g s f o n d s v e r m e h r u n g, u n t e r j e w e i l s g e g e b e n e n B e d i n g u n g e n h e r b e i z u f ü h r e n, wobei unter Kapital jene Sach- und Leistungsgüter der Betriebswirtschaft verstanden werden, die, sich gegenseitig bedingend, durch Produktion oder reinen Umsatz die M ö g l i c h k e i t schaffen sollen, einen Geldertrag zu erzielen und deren tatsächlicher Wert sich rechnungsmäßig als Funktion ihrer Rente (Geldertrag) bestimmt, deren Einzelwerte deshalb nur für rechnerische Zwecke Bedeutung haben. Diese Einzelwerte sind darum aber nicht weniger wichtig, denn sie ermöglichen erst die Berechnung des Ertrages. Der Gesamtwert dieser hochgradig komplementären Güter, deren Maß der Grad ihrer gemeinsamen Wirkung ist (Ertrag), kann aber nur mit Hilfe der zu diesem Zwecke geformten Einzelbilanzwerte (Bemessungswerte) bestimmt werden. —

Der Wert, den nun der Produzent B seinem Gute beilegt, wird zunächst ebenfalls höher sein als die Kostensumme, weil sonst der Anreiz zum Warenumsatz entfallen würde. Nehmen wir an, daß ein anderer Markt für ihn nicht in Frage komme und das Warenangebot bei etwa gleichbleibender Nachfrage zunehme, so wird er sich unter Umständen gezwungen sehen, unter Selbstkosten zu verkaufen. In diesem Falle würde die Grenzziffer unter den Kostenpunkt sinken. Auf den Preis, der sich gerade an diesem Tage ergeben würde, wird dieser niedrig gelegene Grenzpunkt des Produzenten B von Einfluß sein. Mit Hilfe der Kostenziffer ist dieser Preis nicht zu erklären, denn dann wäre der Wert konstant, da er gleich der Kostensumme ist. Sagen wir dagegen, daß der Wert des Gutes sich richte nach der Bedeutung, die das betreffende Gut für die Kapitalerhaltung (Ertragsfondserhaltung) des Produzenten B habe, so ist damit ein Bestimmungsgrund des Wertes gegeben, der befähigt, aus dem Ganzen der Unternehmung den Wert zu erklären.

Der Produzent C wird versuchen, jedes einzelne Produkt mit möglichst hohem Nutzen zu verkaufen, da es nicht wahrscheinlich ist, daß sich größere Käuferschichten zur Aufnahme der Güter bereitfinden werden. Der Grenzpunkt (Wert) der einzelnen Güter wird für ihn höher liegen als beim Produzenten D, der durch Massenumsatz dem Ziel: der optimalen Kapitalvermehrung am nächsten zu kommen glaubt. Hieraus ergibt sich wiederum, daß zwar die Kosten eine gewisse Mindestgrenze bilden, aber für den betriebswirtschaftlichen Wert der Güter nicht von entscheidender Bedeutung sein können; daß sich vielmehr der betriebswirtschaftlich-individuelle Wert der Güter bestimmt nach dem **Prinzip der optimalen Kapitalvermehrung bzw. Kapitalerhaltung.**

Die Bildung der betriebswirtschaftlichen Wertvorstellung wird noch klarer, wenn wir die Unternehmen der Produzenten mit verschiedener finanzieller Struktur in das Auf und Ab der Konjunkturen bringen. Von zwei weiteren Produzenten erwarte E ein Steigen, der Produzent F ein Fallen der Preise für ein bestimmtes Produkt. Die finanzielle Struktur der Unternehmung des E sei eine günstige, insbesondere sollen ihm größere Barmittel und Effektenbestände zur Verfügung stehen. Der Produzent F dagegen befinde sich kurz vor dem Konkurse.

Es ist nun durchaus denkbar, daß sich E, der mit dem baldigen Einsetzen einer günstigen Konjunktur rechnet, keineswegs besonders bemühen wird, die vorhandenen Waren nun unbedingt vor Beginn der erwarteten Preissteigerung abzusetzen. Trotz relativ günstigen Preisniveaus kann er es für zweckmäßig halten, zum mindesten den Verkauf eines Teiles der Güter nicht zu beschleunigen, sondern dieselben zurückzuhalten. Dieser Produzent ist zum Abwarten befähigt. Die Art, in der er über sein Kapital disponiert hat, verleiht ihm wirtschaftlich gesehen die Macht, sich von den Grenzschätzungen der Käufer zu emanzipieren. Die günstige Kapitaldisposition zwingt ihm unter Umständen eine Grenzziffer für die in Frage stehenden Güter auf, die über den z. Zt. erzielbaren Preisen liegt. Diese Grenzziffer wird in dem Maße sinken, als sich die erwartete Preissteigerung hinauszögert und das Prinzip der optimalen Kapitalvermehrung die derzeitige Kapitalanlage als unzweckmäßig erscheinen läßt. Das Verhältnis zwischen Kreditoren und Debitoren wird sich zusehens verschlechtern, da die Kreditoren ja bei gleichbleibender Produktion in dem Maße zunehmen, als die Debitoren abnehmen. So wirken sich die feinen Aenderungen in der finanziellen Struktur der Unternehmen auf die betriebswirtschaftliche Wertvorstellung für Güter im Absatzsektor der Unternehmung aus. — Fallen nun gar die Preise, statt wie erwartet zu steigen, hat sich also der Produzent in seiner Beurteilung des Marktes geirrt, so wird er besonders bei rapiden Preisstürzen sogar mit Verlust verkaufen, um völlige Kapitaldezimierung zu verhindern. So wachsen auch hier wiederum aus der Kapitaldisposition die Grenzpunkte für die zum Absatz bestimmten Güter der Unternehmung. Ein Verlustverkauf ist dann nicht zu erklären, wenn man den Produzenten einfach zum Beauftragten der Konsumenten stempeln würde.

Der Produzent F ist gezwungen, den Preisschwankungen ohne große Eigenaktivität zu folgen. Auf der Produzentenseite ist ökonomische Macht stets nur eine Funktion günstiger Kapitaldisposition, in der ja die Kostenlagerung einbegriffen ist. Durch geschicktes Abstoßen der Ware und ebenso geschickte Kundensammlung, durch Propaganda (soweit das noch möglich ist) kann er seine Position noch stützen. Verschlechtert sich aber seine wirtschaftliche Lage so, daß er zu Notkäufen schreiten muß, um überhaupt existenzfähig zu bleiben, so muß er sich den Konsequenzen ungünstiger Kapitaldisposition unterwerfen. So lange es ihm noch gelingt, zu einem Preise zu verkaufen, zu dem er ein gleiches Gut wieder beschaffen kann, kann von Verlust nicht gesprochen werden. Gelingt es, Kaufkraft und Substanz zu erhalten, so liegt „Werterhaltung" im Sinne Schmidts vor. Diese Werterhaltung ist aber auch dann gegeben, wenn sich die Verarmung des Einzelnen im gleichen Maße vollzieht wie die der gesamten Volkswirtschaft. (Relative Werterhaltung.)

Im vorliegenden Falle wird dann von einem Verlust zu sprechen sein, wenn die Preisbewegung der fertigen Produkte auf dem Absatzmarkte nicht unmittelbar eine gleiche Preisbewegung auf dem Beschaffungsmarkte der zur Herstellung der Fabrikate benötigten Rohstoffe und Materialien auslöst. Im allgemeinen vollzieht sich das Einspielen der Preiskurven auf diesen beiden Märkten bald, da ja der Wert der Güter höherer Ordnung nur eine abgeleitete Größe ist und als solche von dem Wert der Güter niederer Ordnung bedingt wird (Menger). Es kann aber auch sehr wohl möglich sein, daß diese Parallelbewegung der Preise auf den beiden Märkten nicht einsetzt oder sich verzögert. Dann nämlich, wenn die zur Produktion benötigten Güter noch für andere Verwendungszwecke gebraucht und für diese stark nachgefragt werden. In diesem Falle verliert der Absatzmarkt für die Güter unseres Produzenten F z. B. Einkommensteile, die dann für andere Märkte zur Verfügung stehen. Strömen diese freien Einkommen nun auf Märkte für solche Waren, zu deren Herstellung zum Teil die gleichen Rohstoffe verwendet werden, wie zur Produktion der Güter des Produzenten F, so entsteht dadurch das Auseinanderklaffen von Preisen auf dem Absatz- und dem Beschaffungsmarkt. Der Produzent F wird bei dieser Konstellation der Märkte nicht befähigt sein, für den Erlös seiner Ware gleiche Erzeugnisse wieder zu beschaffen. Er ist gezwungen, mit Verlust zu verkaufen, um sein, wenn auch reduziertes Kapital zu erhalten. Dieses wird er so lange zu „erhalten" versuchen, bis eine Auflösung seiner Unternehmung zweckmäßiger erscheint oder er sich gegen eine Sprengung seines Kapitals nicht mehr wehren kann.

Der Wert der absatzbereiten Güter richtet sich im vorstehenden Fall nach dem Maße, in dem sie befähigt sind, durch Umwandlung in Geld zunehmende Kapitalreduktion oder gänzliche Kapitaldezimierung zu verhindern[30]).

Die Position des Produzenten E verstärkt sich in dem Maße, als ihm ein flüssiger Geld- und Kapitalmarkt zur Verfügung steht. In schwierigen Zeiten pflegt sich aber gerade dieser Markt zuerst zu verknappen, so daß dann die Stellung desjenigen Produzenten gesichert erscheint, der in Kartellen oder Konzernen einen Rückhalt hat. Diese Sicherung macht sich in der finanziellen Struktur der Unternehmung bemerkbar. Die Summe der Debitoren wird mit Wahrscheinlichkeit um soviel höher sein, als es dem Kartell oder Konzern gelingt, sich gegen ein Weichen der Preise zu wehren. — Gegenüber der günstigeren Position des E befinde sich F in einer schwierigeren Lage. Er habe z. B. gerade eine Vergrößerung seiner Anlagen vorgenommen, zu welchem Zwecke er größere Kredite aufgenommen habe. Weiterer Kredit steht ihm nicht mehr oder nur sehr teuer zur Verfügung. Die Disposition seines Kapitals (Verhältnis zwischen Eigen- und Fremdkapital, Anlage- und Betriebsvermögen usf.) ist also eine höchst ungünstige. Rückhalt in Konzernen oder Kartellen fehle dem F. Bei einsetzender Krise wird naturgemäß die Unternehmung des F zuerst zusammenbrechen, da bei Beginn von Krisen zunächst die finanziell ungesunden Unternehmen ausgeschieden werden. Die Zusammenbrucherscheinungen der Gegenwart sind das beste Beispiel hierfür, wenngleich sie durch die Inflation ihre besondere Note erhalten. Auf die Dauer werden diesen Unternehmen auch diejenigen folgen, denen es nicht gelingt, die proportionalen Kosten zu betonen. Die Stillegung der südlichen Randzechen im Ruhrkohlenbergbau ist ein Beweis hierfür. Diese Erscheinung ist nach dem von den Konsumenten ausgehenden Kostengesetz ohne weiteres zu erklären. Für die tägliche Preisgestaltung ist aber gerade die jeweilige Kapitaldisposition, d. h. ökonomische Machtkonzentration der einzelnen Unternehmungen von ausschlaggebender Bedeutung. Aus ihr resultiert jeweils die Wertvorstellung der Produzenten für ihre Produkte im Absatzsektor der Unternehmung.

Wir machten oben die Annahme, daß die Produzenten mit gleichen Kosten produzieren. Diese Annahme ist natürlich fiktiv. Sie sollte lediglich der schärferen Herausarbeitung der Bedeutung des Kapitaldispositionsprinzips für die Bildung der betriebswirtschaftlichen Wertvorstellungen dienen. „Kapitaldisposition" begreift aber auch alle die Momente in sich, die zur Folge haben, daß ein Betrieb mit Kosten arbeitet, die ihn von anderen Betrieben unterscheiden, und die auch für den einzelnen Betrieb selbst schwanken. Die Wichtigkeit dieser Kostenziffern ist ohne weiteres klar. Es braucht auf sie nicht weiter eingegangen zu werden. Doch löst die Betrachtung der Kosten unter dem Gesichtspunkte der Wertbildung die Güter aus dem Gesamtzustand des Unternehmens heraus.

In welcher Beziehung steht nun der bisher aufgezeigte betriebswirtschaftlich individuelle Wert zum subjektiven Wert der Käufer? Nehmen wir z. B. an, daß in einzelnen Unternehmen die Bestände an Fertigfabrikaten an-

---

[30]) „Kapitalreduzierung hier natürlich nicht im finanzierungstechnischen Sinne, sondern im Sinne von Ertragsfondsreduzierung oder -vermehrung.

wachsen. Damit wird gesagt, daß entweder Konsumenteneinkommen in andere Verwendungszwecke geleitet ist oder daß die Einkommensmenge zwar gleich blieb, während die Zahl der produzierten Güter zugenommen hat. In beiden Fällen muß sich die Wertvorstellung der Konsumenten ändern. Da nun die Produzenten im Prinzip die Grenzschätzungen der Käufer insbesondere in der Nähe der beiden Grenzpaare zu antizipieren versuchen, so müssen sie den sich ändernden Wertvorstellungen der Konsumenten folgen. **Diese Verschiebung in den Konsumentenschichten werden die Produzenten bald als ungünstige Kapitalanlage spüren.** Diese, d. h. der Grad ihrer Spannung löst aber die Wertvorstellungen der Produzenten aus. Daraus ergibt sich, daß die Wertvorstellungen der Konsumenten dominieren und man in Hinsicht auf den betriebswirtschaftlichen Wert der Absatzgüter nur von einem **abgeleiteten** Wert sprechen kann.

Die vorstehenden Ausführungen zeigen das Problem der Bildung von Grenzpunkten für die absatzbereiten Güter einer Unternehmung; um die Aufrollung dieses Problems war uns zunächst zu tun. Als typisch für die Wertbeziehung dieser Güter (O) zu dem Gesamtgüterkomplex der Betriebswirtschaft (B. W.), also zur jeweiligen Kapitaldisposition der Unternehmung, ergab sich folgende Relation:

$$\text{B. W.} \longrightarrow \text{O} \longrightarrow \text{O}_{bw}$$

Diese Skizzierung will besagen, daß der Wert (Grenzpunkt) der absatzbereiten Güter irgendwie **eine Funktion der jeweiligen quantenmäßigen Bestimmtheit der Güter einer Betriebswirtschaft sein muß** und daß die Limite für diese Güter mit der Tiefendimension der einzelnen Kapitalteile in Zusammenhang zu bringen sind.

Erfolgreiche Managementinstrumente für Business Models

WWW.GABLER.DE

Bernd W. Wirtz
Business Model Management
Design - Instrumente - Erfolgsfaktoren von Geschäftsmodellen

2010. XII, 361 S. Geb. EUR 44,95
ISBN 978-3-8349-1864-2

Business Models haben eine hohe Bedeutung und Verwendung in der Unternehmenspraxis. Seit wenigen Jahren werden diese auch im Forschungsbereich mit zunehmenden Interesse behandelt. Das Buch gibt einen umfassenden Überblick zum State of the Art. Es zeigt Managementinstrumente und erfolgreiche Fallstudien für Business Model Management.

Der Inhalt
- Business Models als Management-Konzept
- Struktur von Business Models
- Management von Business Models
- Fallbeispiele

Der Autor
Univ.-Prof. Dr. Bernd W. Wirtz ist Inhaber des Lehrstuhls für Informations- und Kommunikationsmanagement an der DHV Speyer.

www.wirtschaftslexikon.gabler.de
Jetzt online, frei verfügbar!

Einfach bestellen: buch@gabler.de   Telefon +49(0)611. 7878-626

KOMPETENZ IN SACHEN WIRTSCHAFT

ZEITSCHRIFT FÜR BETRIEBSWIRTSCHAFT

22. Jahrgang   Dezember 1952   Nr. 12

Planung im Betrieb

Von Prof. Dr. Erich Gutenberg, Köln

Am 28. und 29. 10. 1952 fand in Düsseldorf die 3. Plankostentagung unter dem Motto „Planungsrechnung und Rationalisierung" statt. Sie wurde von der Arbeitsgemeinschaft Plankosten (Agplan) unter Mitwirkung der Industrie- und Handelskammer Düsseldorf und dem RKW veranstaltet. Wir bringen nachfolgend die drei grundsätzlichen Vorträge dieser Tagung von Prof. Gutenberg, Dr. Hundhausen und Dr. Schulz. Im nächsten Heft der ZfB werden die Praktiker, die auf dieser Tagung sprachen, zu Wort kommen.

I. Der Sinn betrieblicher Planung

1. Wenn man die großen Fortschritte moderner Fertigungstechnik betrachtet, dann ist man geneigt und gewohnt, sie in erster Linie den Konstrukteuren und ihren technologischen Experten zuzuschreiben. Das ist auch zweifellos richtig. Denn in der Tat hat sich technisch-konstruktives Denken nirgendwo als so erfindungsreich erwiesen, wie auf dem Gebiete der Entwicklung neuer technischer Arbeitsverfahren.

Es hieße aber doch die Dinge zu einseitig sehen, wenn man nicht auf die Leistungen hinweisen würde, welche die moderne Betriebswissenschaft mit ihrer Feinarbeit am fertigungstechnischen Vollzug vollbracht hat. Die weitgehende Loslösung der Arbeitsvorbereitung aus dem Tätigkeitsbereich der Meister und die betriebswissenschaftliche Durchdringung der vielen manuellen und maschinellen Arbeitsgänge, aus denen die Fertigung besteht, hat, wie jeder weiß, viel zur rationellen Durcharbeitung des betrieblichen Fertigungsprozesses beigetragen.

Es sind aber nicht nur die auf konstruktive Gestaltung und betriebswissenschaftliche Durchdringung des Fertigungsganges gerichteten Kräfte, von denen Impulse zur Steigerung der Rationalität betrieblicher Fertigung ausgehen. In den letzten zwei bis drei Jahrzehnten bemüht sich, wie bekannt ist, die Arbeitsphysiologie und -psychologie mit unzweifelhaftem Erfolg darum, die objektiven und subjektiven Bedingungen menschlicher Arbeitsleistung im Betrieb zu verbessern. Die Methodik dieser Bestrebungen ist nicht die der Konstrukteure und Arbeitsvorbereiter, sondern eben die der Physiologen und Psychologen, und es ist bekannt, wie schwierig es gerade für die Arbeitspsychologie ist, die Wirkung einer Veränderung in den sachlichen oder persönlichen Arbeitsbedingungen der jeweils veränderten Bedingung in eindeutiger Weise zuzurechnen. Denn die Änderung einer solchen Arbeitsbedingung beeinflußt in der Regel zugleich auch die Wirkungen der anderen Arbeitsbedingungen. Wobei dann noch zu beachten ist, daß die Änderung einer Arbeitsbedingung durchaus nicht gleichartige Reaktionen bei verschiedenen Personen auszulösen pflegt.[1])

In ähnlicher Weise gilt das für die positive Gestaltung der Impulse, die ein Arbeiter aus den zwischenmenschlichen Beziehungen empfängt, in denen er jeweils steht. Die neuere B e t r i e b s s o z i o l o g i e hat sich dieser Frage mit großer Energie angenommen und es kann keinem Zweifel unterliegen, daß die Ergebnisse dieser Forschungen wie die der Arbeitsphysiologen und Psychologen immer größeren Einfluß auf die Gestaltung des Fertigungsganges gewinnen werden.

Wir sehen also, daß es Konstrukteure, Betriebswissenschaftler, aber auch Physiologen, Psychologen und Soziologen sind, die, jeweils in ihrer Art, einen produktiven Beitrag zur immer rationelleren Gestaltung des industriellen Fertigungsganges leisten.

2. Aber indem sie sich bemühen, den Produktionsprozeß immer ergiebiger zu gestalten, verändern sie die fertigungstechnischen und arbeitsorganisatorischen Bedingungen der Produktion, und zwar in einem Prozeß, der in einzelnen Produktionszweigen und zu gewissen Zeiten mehr stetig, in anderen Produktionszweigen und zu gewissen Zeiten mehr stoßweise und „mutierend" verläuft, wie Pentzlin sagen würde. Vorübergehend kann dieser Prozeß zu einem gewissen Stillstand kommen. Aber an sich wird der technische Raum ständig durch die der Technik innewohnende Tendenz zur Perfektion in Unruhe gehalten. Diese a u s d e r t e c h n i s c h e n D i m e n s i o n s t a m m e n d e U n s t a b i l i t ä t der Verhältnisse bildet die eine Schwierigkeit, mit der man bei der Gestaltung des Fertigungsganges zu rechnen hat.

Dieser Tatbestand hat aber noch eine zweite Seite. Sie wird sofort sichtbar, wenn man sich vor Augen hält, daß sich der technische Akt der Fertigung in einer m a r k t w i r t s c h a f t l i c h e n U m w e l t vollzieht. Mit dieser ökonomischen Umwelt steht die Technik in wechselseitiger Verbundenheit, und die Vorgänge im wirtschaftlichen Raum übertragen sich in den Bereich des technischen Vollzugs,

---

[1]) Dieser Sachverhalt wird überzeugend klar beim Studium der berühmten „Hawthorne Investigations". Es handelt sich hierbei um Untersuchungen, welche die Ingenieure der General Electric Company in Chicago im Hawthorne Werk über den Einfluß der Arbeitszeitdauer auf die Arbeitsleistung ausführten, und zwar unter Umständen, welche Versuchsanordnungen im Laboratorium weitgehend gleichkommen. Diese sehr gründlich und umfassend durchgeführten Untersuchungen zeigen deutlich, wie stark die Interdependenz zwischen objektiven und subjektiven Arbeitsbedingungen ist und wie groß die Schwierigkeiten sind, die aus nicht hinreichender Isolierbarkeit der Bedingungen der Arbeitsleistungen entstehen (s. hierzu vor allem J. F. Roethlisberger and W. J. Dickson. The Management and the Worker, 8. Aufl., Cambridge 1947; E. Mayo, The Human Problems of Industrial Civilisation, 2. Aufl., Boston 1946; C. R. Dougherty, Labor Problems in the American Industry, Boston 1941, und die umfangreiche Literatur zu diesen Fragen, vornehmlich auch deutscher Autoren).

wie andererseits die Vorgänge in der technischen Dimension in die marktliche Umwelt der Betriebe ausstrahlen.

Nun kennzeichnet sich dieser ökonomische, marktwirtschaftliche Raum nicht weniger durch Unstabilität als der technische Raum der Güterherstellung. Wie immer man dabei die produktive Wirkung der Unstabilität gesamtwirtschaftlicher Geschehnisse beurteilen mag — man kann zum mindesten das marktwirtschaftliche System nicht bejahen und zugleich das Konkurrenzprinzip in ihm verneinen. Denn mit ihm steht und fällt das System. Es zwingt dazu, alle marktlichen Chancen und Möglichkeiten technischer Vervollkommnung auszunutzen, und das ist ja nach der ganzen Anlage des Systems der Weg, auf dem die Konsumenten in den Genuß von Produktivitätssteigerungen kommen sollen.

Im S c h n i t t p u n k t nun des ö k o n o m i s c h e n und des t e c h n i s c h e n K r a f t f e l d e s steht das einzelne U n t e r n e h m e n. Jedes dieser beiden Kraftfelder erzeugt seine — technische oder ökonomische — Unruhe, und diese doppelte U n b e s t ä n d i g k e i t ist es, welche die G r u n d p o s i t i o n d e r U n t e r n e h m e n im marktwirtschaftlichen System kennzeichnet und ihre Leitung zu einer oft so schwierigen Kunst macht.

3. Wie ist nun die durch diese Grundposition gekennzeichnete Situation zu beurteilen, wenn man sie nicht gesamtwirtschaftlich, sondern vom einzelnen Betriebe aus betrachtet, der in dieser doppelt bestimmten technischen und wirtschaftlichen Unstabilität steht und sich in ihr durchsetzen und behaupten muß?

Jeder erfahrene Betriebsleiter wird mir zustimmen, wenn ich sage, daß nichts die rationelle Gestaltung der Fertigung so stört, wie häufige Umdispositionen und Umstellungen. An sich ist jeder gute Betriebsleiter für Neuerungen fertigungstechnischer und arbeitswissenschaftlicher Art aufgeschlossen. Denn er weiß, daß er sich technischen Fortschritten nicht versagen darf und neue Baumuster und Typen entwickelt und in Fertigung gegeben werden müssen, wenn der Betrieb konkurrenzfähig bleiben soll. Aber er lehnt sich, von seinem Standpunkte gesehen mit Recht, dagegen auf, wenn von ihm Umstellungen ohne Vorbereitung plötzlich und ruckartig vorgenommen werden sollen. Und ebenso wehrt er sich mit Recht dagegen, daß die Unstabilität des gesamtwirtschaftlichen Geschehens über den Beschaffungs-, Absatz- und Finanzbereich in seinen technischen Bereich eindringen kann, ohne daß der Versuch unternommen wird, diese Unstabilität vorher abzufangen und zu mildern.

Es braucht hier nicht ausführlich nachgewiesen zu werden, daß ein Betrieb in der Regel dann am wirtschaftlichsten arbeitet, wenn die F e r t i g u n g g l e i c h f ö r m i g, d. h. in möglichster Wiederkehr gleichartiger manueller und maschineller Arbeitsgänge ablaufen kann. Je mehr sich die Fertigung in Ruhe vollzieht, um so mehr wird sie durchschaubar und berechenbar und um so leichter lassen sich jene unwirtschaftlichen Störungen vermeiden, die der Hauptfeind rationeller Produktion sind. Einen solchen störungsfreien Gang strebt jeder gute Betriebsleiter für seine Fertigung an. Was er will, ist sachliche und zeitliche Ordnung in der Fertigung. Unordnung ist sein Feind.

Ordnung schaffen ist aber nichts anderes als „planen". Man kann P l a n u n g geradezu definieren als „E n t w e r f e n e i n e r O r d n u n g, n a c h d e r s i c h b e s t i m m t e V o r g ä n g e v o l l z i e h e n s o l l e n". Planung ist demnach zunächst Vorwegnahme einer künftigen Form des Ablaufes bestimmter Geschehnisse. Sie ist aber auch konkrete Gegenwart, und zwar dann, wenn sich bestimmte Vorgänge gemäß dem Plan, d. h. nach der gewollten Ordnung vollziehen.

Der Planer also will ruhigen, geordneten, gegen Störungen abgesicherten Gang für das betriebliche Geschehen. Er will dieses Geschehen gegen die, vom einzelnen Betrieb aus gesehen, unregelmäßig und zufällig erscheinenden Einbrüche gesamtwirtschaftlicher Ereignisse und gegen alles Unvorhergesehene im technisch-organisatorischen Bereich abschirmen. Das ist der positive Beitrag, den die betriebliche Planung zur Steigerung des produktiven Effektes betrieblicher Leistungserstellung beisteuern will.

II. Der Umfang betrieblicher Planung

1. Diese zentrale Aufgabe versucht die Planung mit Hilfe systematischer Beschaffungs-, Fertigungs-, Absatz-, Lager- und Finanzplanung durchzuführen, also mit Hilfe einer Betriebsplanung, die alle wichtigen betrieblichen Teilbereiche in sich einbegreift. Nur im Rahmen einer solchen umfassend aufgebauten, „s y s t e matischen Betriebsplanung", für die man auch die Ausdrücke betriebliche Gesamtplanung oder betriebliche Vollplanung verwenden kann, läßt sich jene Vorausberechenbarkeit und jene Stetigkeit und Ausgeglichenheit der Betriebsvorgänge erreichen, die das allgemeine Ziel betrieblicher Planung ist. Und, wie ich richtig sehe, ist es diese, das Ganze des betrieblichen Geschehens umfassende Planung, deren Förderung sich die Arbeitsgemeinschaft für Planungsrechnung als Aufgabe gestellt hat.

Lassen Sie mich nun in der hier gebotenen Kürze auf einige Fragen eingehen, welche mit dem Umfang, der Art und einigem technischen Detail systematischer Betriebsplanung im Zusammenhang stehen.

Es ist nicht immer einfach zu sagen, in welcher Art und in welchem Umfang systematische Betriebsplanung für einen konkreten Betrieb vorgeschlagen werden soll.

Aber es schälen sich doch, wenn man auf das Ganze sieht, einige Gedanken heraus, die für die systematische Betriebsplanung nicht ohne Bedeutung und Interesse sind.

2. Fragt man, wann eine solche Gesamtplanung gut und wann sie schlecht ist, dann kann man, meine ich, sagen, daß eine Planung schlecht ist, wenn sie lückenhaft und unvollständig ist, d. h. wenn sie einen wesentlichen Teilbereich betrieblicher Vorgänge nicht umfaßt. Denn wenn ein Teilbereich nicht oder nur unzureichend bestimmt in der Gesamtplanung enthalten ist, so besagt das nichts anderes, als daß die Koordinierung der großen betrieblichen Teilbereiche: Beschaffung, Absatz, Fertigung, Lagerhaltung und Finanzen nicht so vollzogen ist, wie es bei gut geleiteten Unternehmen der Fall sein sollte.

Allein — was heißt das: „l ü c k e n l o s e" P l a n u n g? Zunächst nichts anderes, als daß in dem Planungssystem wichtige Teile nicht fehlen dürfen. Mehr nicht! Wenn es für die besonderen Verhältnisse eines Betriebes genügt, die Beschaffungs-, Absatz-, Fertigungs- und Finanzplanung global, d. h. in „Umrissen" vorzunehmen, dann kann eine solche „Globalplanung" oder „Umrißplanung" oder auch „Grobplanung" alle entscheidenden Planungstatbestände, wenn auch ohne Detail in sich enthalten. Es steht nichts im Wege, eine solche Planung als vollständig und lückenlos zu bezeichnen. Andererseits, wenn in anderen Fällen die Betriebsplanung bis in die feinsten Einzelheiten durchzuführen vorteilhaft erscheint, dann kann eine solche „Detailplanung" oder „Feinplanung" vorzüglich sein, wenn sie lückenlos ist und alles wesentliche Detail enthält. Ist sie aber unvollständig, dann ist sie mangelhaft.

Was ich also meine, ist dieses: Es hängt von den besonderen Umständen des Betriebes ab, wie weit man bei systematischer Betriebsplanung ins Detail gehen soll.

Ob also eine Planung gut oder schlecht ist, das hat nichts damit zu tun, ob sie global oder detailliert durchgeführt wird, sondern nur damit, ob sie vollständig oder unvollständig ist, d. h. ob sie alle entscheidenden Tatbestände in richtiger Beurteilung enthält oder ob das nicht der Fall ist.

Ich glaube nicht, daß man generell über das Maß an Detaillierung entscheiden kann, mit dem geplant werden soll. Die Dinge liegen in den einzelnen Produktionszweigen und Betrieben doch wohl zu verschieden. Aber Lückenhaftigkeit der Planung bedeutet immer einen Mangel der Planung, ja, macht sie unter Umständen wertlos.

Auf der anderen Seite ist aber auch nicht außer acht zu lassen, daß ein im Detail ausgearbeitetes, schriftlich fixiertes System von Teilplänen eine große Erleichterung für die Geschäfts- und Betriebsführung bedeuten kann. Zudem wird ein schriftlich ausgearbeitetes, mit viel Einzelheiten arbeitendes Planungssystem auch deshalb von Nutzen für die Betriebsleitung sein, weil ein solches System zwingt, sämtliche Teilbereiche des Betriebes bis in die Einzelheiten hinein zu durchdenken. Vieles wird hierbei klar, was sonst verdeckt bleibt, — Möglichkeiten und Chancen, Risiken und gefährliche Entwicklungen. Auf diesen Nutzen zahlenmäßig detaillierter und fortlaufend aufgestellter Pläne meinte ich ausdrücklich hinweisen zu müssen, — ohne damit sagen zu wollen, daß eine solche Detailplanung für alle Betriebe ein unbedingtes Erfordernis sei.

3. Aber auch auf diesen Punkt möchte ich noch kurz aufmerksam machen: Man sagt in der Praxis, wenn auch sprachlich unschön, ein Betrieb sei „ü b e r p l a n t" oder „u n t e r p l a n t". Damit soll gesagt sein, im Verhältnis zu den Anforderungen, die das Unternehmen an Planung stellt, werde „zu viel" oder „zu wenig" geplant. In beiden Fällen wird der Effekt der Planung vermindert. Denn übersteigerte Planung bedeutet Vergeudung an Arbeitskraft, Zeit und Geld und, betriebswirtschaftlich noch bedenklicher: Erstarrung des betrieblichen Geschehens und damit Verlust an Geschmeidigkeit des Geschäftsganges. Unzureichende Planung aber bedeutet Unordnung im betrieblichen Geschehen, d. h. ausgeliefert sein an die Zufälligkeiten und stoßweisen Unregelmäßigkeiten, vor denen die Planung gerade bewahren will.

Auch hier wird man sagen müssen, wenn man die Dinge betrachtet, wie sie in der Praxis liegen, daß der Umfang an Planung in einem vernünftigen Verhältnis zu den betrieblichen Gegebenheiten stehen muß. Es ist klar, daß Großbetriebe mit komplizierter Fertigung, schwierigen Absatz- und Beschaffungsverhältnissen mehr Planung nötig haben als kleine, fabrikationstechnisch einfache, in den innerbetrieblichen und außerbetrieblichen Bereichen überschaubare Betriebe. Und erst dann, wenn es die betrieblichen Verhältnisse verlangen, wird man selbständige Planungsstellen als besondere Organisationseinheiten schaffen, für die dann allerdings gefordert werden muß, daß sie, sofern sie Zentralplanung bearbeiten, der Geschäftsführung direkt unterstellt werden.

III. Das Ausgleichsgesetz der Planung

1. Ich wies darauf hin, daß systematische Betriebsplanung aus den fünf großen Teilstücken: Beschaffungs-, Produktions-, Absatz-, Lagerbestands- und Finanzplanung besteht, also ein Vollplanungssystem darstellt.

Damit ergibt sich die Frage, in welchem Verhältnis die Teilbereiche systematischer Betriebsplanung zueinander stehen müssen und welche Kräfte ihr Mit- und Zueinander beherrschen.

Gehen wir zur Beantwortung dieser Frage von einer Situation aus, wie sie in der Praxis jederzeit in dieser oder jener Form nachweisbar ist. Versetzen wir uns in das Sitzungszimmer eines mittleren oder größeren Werkes. Mit viel Energie versucht - so wollen wir annehmen - der Leiter der Verkaufsabteilung durchzusetzen, daß die Produktion erhöht wird, weil er die Marktchancen überaus günstig beurteilen zu müssen glaubt. Er mag auch recht haben. Aber schon hält ihm der technische Leiter entgegen: Gut — aber ich brauche dann neue Maschinen. Und außerdem, so wird er vielleicht sagen, wird von mir verlangt, daß ich gerade die Produktion von solchen Erzeugnisarten steigern soll, an denen, wie feststeht, am wenigsten verdient wird. Denn gerade in dieser Sparte sind unsere Kosten sehr hoch und die Preise, die die Verkaufsabteilung erzielt, sehr niedrig. Aber, so wird ihm der Verkaufsleiter entgegenhalten, die Nachfrage nach unseren Erzeugnissen ändert sich, unser Verkaufsprogramm muß dieser Situation angepaßt werden. Und schon kommt die Gegenfrage: Ist es wirklich nötig, derartige Umstellungen in unserem Verkaufsprogramm und damit in unserer Fertigung vorzunehmen? Die maschinelle Apparatur ist nicht elastisch genug, zwei verschiedene Produktionsprogramme auf der gleichen fertigungstechnischen Apparatur fabrizieren zu können. In der Unterhaltung mag nun auch die Stimme des Finanzdirektors vernehmbar werden, auch die des Einkaufschefs, und auch die Lautstärke der Unterhaltung mag sich steigern; — einmal muß aber eine Entscheidung getroffen werden, die mehr oder weniger präzise sein mag, — aber schließlich muß jeder wissen, was er tun soll.

Diese Unterhaltung, aus der sich sicherlich noch viele dramatische Akzente herausholen ließen, ist, wie man mir zugeben wird, nicht durchaus wirklichkeitsfremd. Und man bleibt sicherlich ebenso wirklichkeitsnah, wenn man sagt, daß es schließlich zu einem Ausgleich der Spannungen kommen wird, und zwar derart, daß der schwächste Teilbereich den Ausschlag geben und die Planung des Produktionsumfanges auf sich einregulieren wird. Diese Situation habe ich an anderer Stelle[2]) als das „Ausgleichsgesetz der Planung" bezeichnet. Ist der Absatzsektor eines Unternehmens der schwächste betriebliche Teilbereich derart, daß auch bei stärkster Intensivierung der Anstrengungen, den Absatz zu steigern oder auf der bisherigen Höhe zu halten, angesichts der allgemeinen Marktlage und der speziellen Verkaufslage des Unternehmens keine Besserung der Situation zu erreichen ist, dann helfen auch die vorhandenen fertigungstechnischen Kapazitäten, die reichlich vorhandenen flüssigen Mittel und die vielleicht sehr erheblichen Eindeckungen mit Rohstoffen nichts, — der Produktionsumfang muß auf die Lage im ungünstigsten Sektor, hier den Absatzsektor, einreguliert werden. Und wenn in einem anderen Falle die absatzwirtschaftlichen Chancen noch so günstig sind, die vorhandenen Betriebsmittelkapazitäten aber nicht ausreichen, die gewünschte Produktionsausdehnung vorzunehmen, dann ist der Fertigungsbereich der schwächste Bereich, und er bestimmt die Festlegung des Produktions-

---
[2]) Grundlagen der Betriebswirtschaftslehre, Bd. I, Heidelberg 1951, S. 126.

umfanges und des Produktionsprogrammes. Ganz ähnlich lassen sich Situationen denken, in denen die finanzielle Lage oder die Beschaffungsmöglichkeiten Grenzen setzen und die Produktionsplanung nach Umfang und Art bestimmen.

Ich meine, daß dieses Ausgleichsgesetz der Planung, also das Einregulieren des Produktionsprogramms auf den schwächsten betrieblichen Teilbereich, den jeweiligen Minimumsektor, den bestimmenden Grundsatz betrieblicher Planung bildet. Und ich meine auch, daß es Aufgabe der Geschäftsleitung nicht nur in großen, sondern auch in mittleren und kleinen Betrieben ist, Beschaffung, Fertigung, Absatz und Finanzen so zu koordinieren, wie es das allgemeine Ausgleichsgesetz der Planung angibt. Die Erfahrung lehrt, daß viele Zusammenbrüche darauf zurückzuführen sind, daß den leitenden Organen diese Koordinierungsaufgabe nicht mehr gelingt.

2. Das soeben erwähnte Ausgleichsgesetz der Planung läßt zwei verschiedene Tendenzen wirksam werden. „Kurzfristig" reguliert ganz ohne Zweifel der Engpaßbereich die Gesamtplanung auf sich ein. Würde nicht so verfahren, dann würde ein Planungsfehler vorliegen, der unter Umständen katastrophale Folgen haben könnte. „Langfristig" wird dagegen die Tendenz ausgelöst, diesen Engpaßbereich nun seinerseits auf das Niveau der anderen Teilbereiche einzuregulieren. Daß dieser Prozeß nicht kurzfristig vor sich gehen kann, ist offensichtlich, denn es dauert Zeit, bis die zur Beseitigung des Minimumbereiches zu ergreifenden Maßnahmen geplant und durchgeführt sind und bis sich der Erfolg dieser Maßnahmen einstellt. Aber die Überwindung des schwächsten Teilbereiches im Gesamtgefüge betrieblicher Betätigung mit Hilfe langfristiger Planung ist in gleicher Weise Aufgabe koordinierender Planung, wie die kurzfristige Abstimmung betrieblicher Planung auf den schwächsten Planungssektor.

IV. Der aktiv-gestaltende Charakter der Planung

Man muß dabei grundsätzlich im Auge behalten, daß Planung ihrer Natur nach nicht nur ein rezeptiver Akt ist, der sich in einer oft wuchernden Fülle von Tabellen-, Formular- und Zahlenwerk erschöpft. Die Planung kann deshalb auch niemals Sache von untergeordneten Instanzen sein. Vielmehr bedeutet Planung ein Höchstmaß an Aktivität. Damit ist sie Sache der Betriebsleitung. Das gilt sowohl für die kurzfristige wie die langfristige Planung. Kurzfristig orientiert sich zwar die Planung an dem schwächsten Planungsbereich, und dieser Teilbereich macht selbstverständlich sein Gewicht im Gesamtzusammenhang der Generalplanung spürbar. Aber das bedeutet nicht, daß die Geschäftsleitung nicht auf diesem schwächsten betrieblichen Teilbereich aktiv Einfluß nehmen könnte. Diese Aktivität, d. h. die aktive Gestaltung des Betriebsgeschehens durch die Planung, und zwar sowohl für kurzfristige wie für langfristige Betriebsvorhaben, ist ein Wesensmerkmal der Planung schlechthin.

Es ist unmöglich, diesen aktiv-gestaltenden Charakter der Planung für alle betrieblichen Planungsbereiche und für kurz- und langfristige Planungen aufzuzeigen. Lassen Sie mich deshalb mit wenigen Strichen den Prozeß aktiven Gestaltens im Gang der Planung am Absatzbereich sichtbar machen. Selbstverständlich könnte ebensogut ein anderer betrieblicher Planungsbereich gewählt werden, um das aufzuzeigen, woran mir gelegen ist.

Bekanntlich kennzeichnet sich die absatzwirtschaftliche Situation eines Unternehmens auf der einen Seite dadurch, daß es sich Marktgeschehnissen gegenübersieht, die sich seiner Beeinflussung weitgehend entziehen. Der allgemeine Trend der wirtschaftlichen Entwicklung, ob gleichbleibend, steigend oder fallend, die allgemeine konjunkturelle Situation und die spezielle Lage der Branche oder des Produktionszweiges, Saisonbewegungen, vor allem aber auch wirtschaftspolitische Maßnahmen und Vorgänge von nicht wirtschaftlicher Art stellen Tatsachen dar, welche vom einzelnen Unternehmen aus gesehen mehr oder weniger hingenommen werden müssen und sich der Beeinflussung durch den einzelnen Betrieb so gut wie vollständig entziehen.

Das ist die eine Seite der Sache, aus der so viele Schwierigkeiten entstehen. Auf der anderen Seite aber verfügen die Unternehmen durchaus über Mittel und Möglichkeiten, in das a b s a t z w i r t s c h a f t l i c h e G e s c h e h e n a k t i v e i n z u g r e i f e n und die gegebenen marktwirtschaftlichen Geschehnisse, wenn auch immer nur in gewissen Grenzen, zu ihren Gunsten zu beeinflussen.

Das kann auf die Weise geschehen, daß man die vorhandene „Absatzorganisation" verbessert. Selbstverständlich vermag eine Intensivierung der Bemühungen um eine Hebung des qualitativen Niveaus der Absatzorganisation, zumal in Verbindung mit der Bereitstellung zusätzlicher Mittel, den Umsatz positiv zu beeinflussen. Und man kann ferner die Absatzleistung eines Unternehmens steigern, wenn es gelingt, die Erzeugnisse oder überhaupt das Verkaufsprogramm oder das Sortiment des Unternehmens für seine Abnehmer und Kunden attraktiver zu gestalten. In solchen Produktionszweigen schließlich, die sich bevorzugt der Werbung in ihren mannigfaltigen, so oft verschwenderischen, weil unergiebigen Formen bedienen, stellt die Werbung ein besonders wirksames Mittel dar, auf die Käufer und damit auf den Absatzmarkt Einfluß zu gewinnen. Berücksichtigt man endlich, daß die Höhe des Absatzes von den Preisen abhängig ist, zu denen ein Unternehmen seine Erzeugnisse oder Waren anbietet, dann erhält man in der Preispolitik (Preisbildung) eine weitere Möglichkeit aktiven absatzpolitischen Verhaltens.

Von diesem „absatzpolitischen Instrumentarium", also Absatzorganisation, Produktgestaltung, Werbung und Preisstellung können die Unternehmen im marktwirtschaftlichen System grundsätzlich Gebrauch machen, um das Geschehen auf den Absatzmärkten zu ihren Gunsten zu beeinflussen. Die Wirkung dieser absatzpolitischen Instrumente hängt von der konkreten Situation ab, in der ein Betrieb steht, von der Zweckmäßigkeit der Maßnahmen selbst und von der Markterkundung, die dem Einsatz des geschilderten absatzpolitischen Instrumentariums vorausgeht. Ob für diese Markterkundung die Möglichkeiten genügen, über die der Betrieb normaliter verfügt, oder ob sich ein solcher Betrieb der modernen Methoden der Marktforschung bedienen sollte, ist eine Frage, die hier nicht zu entscheiden ist.

Jedenfalls handelt es sich um absatzpolitische Möglichkeiten und Instrumente, deren Einsatz kurz- oder auch langfristig geplant werden muß, wenn er zum Erfolg führen soll. Bei unendlich großer Steigerung der Investierungen in die Absatzorganisation oder in die Werbung oder bei einer Ausstattung der Erzeugnisse mit Eigenschaften, die über die durchschnittlichen Produkteigenschaften ihrer Preisklasse hinausgehen, sind ohne Zweifel große Absatzwirkungen zu erzielen. Und schließlich, — wenn man die Erzeugnisse zu Preisen anbietet, die einer Verschleuderung oder gar einem Verschenken gleichkommen, dann lassen sich mühelos die größten Mengen verkaufen.

Aber Planung arbeitet mit begrenzten Mitteln und im Zusammenhang und in Abstimmung mit den übrigen Teilbereichen betrieblicher Betätigung. Das schließt nicht aus, daß im Rahmen dieser Möglichkeiten hinreichend Raum ist, absatzpolitisch so zu planen und damit so zu gestalten, daß ein hohes Maß an Absatzleistung erreicht wird. Natürlich darf dabei unter Planung, hier speziell im Bereich des Absatzes, nicht nur die Aufstellung von Werbeplänen und dergleichen Formularwerk verstanden werden, nicht auch nur die Dosierung von finanziellen Mitteln für den Absatzbereich, sondern vielmehr die aktive Planung der Preise, der Produktgestaltung, der Absatzorganisation und der Werbung nach Art und Wirksamkeit.

Was hier für den Absatzsektor vorgetragen wurde, gilt sinngemäß für alle Teile betrieblicher Planung, mag es sich dabei im übrigen um kurzfristige oder um langfristige Planung handeln. Stets ist Planung ein aktiv gestaltendes Element, und nur wenn Planung so verstanden wird, kann sie einen integrierenden Bestandteil moderner Betriebsführung bilden.

Zusammenfassend darf ich noch einmal sagen:

Was die systematische Betriebsplanung anstrebt, ist nicht ein vollständiges betriebliches Novum, sondern lediglich ein Höchstmaß an methodischem Durchdenken und Vorausbedenken technischer, finanzieller, organisatorischer und akquisitorischer Tatbestände und Möglichkeiten. Sie will diese Strenge der Methodik nicht nur für die einzelnen Planungsbereiche, sondern auch für die Abstimmung und Koordinierung dieser Teilbereiche. Insofern ist die systematische Planung koordinierende Planung. Als ein wenn auch nicht immer vollständig zu verwirklichendes Ziel strebt sie die schriftliche Ausarbeitung der Teilpläne und damit des gesamten Plansystems an. Denn sie will bewußt machen und im Rahmen ihrer Möglichkeiten die so oft auseinanderstrebenden Kräfte in den verschiedenen betrieblichen Teilbereichen binden, und zwar im Dienste und im Interesse einer Unternehmensführung, welche den Betrieb aus dem Ganzen seiner Zusammenhänge heraus zu leiten bestrebt ist.

V. Programmplanung

Lassen Sie mich noch einen Schritt weiter gehen.

1. Abstimmung und Ausgleich zwischen den Hauptteilbereichen koordinierender Planung müssen schließlich zu der Aufstellung eines Verkaufsprogrammes führen, welches für einen bestimmten Zeitraum angibt, welche Erzeugnisarten und Erzeugnismengen zu bestimmten Zeitpunkten in der Planungsperiode für den Verkauf zur Verfügung stehen sollen. In diesem Verkaufsprogramm sind, wenn die Planung systematisch und koordinierend im Rahmen einer „Vollplanung" durchgeführt wird, die technisch-kapazitätsmäßigen Möglichkeiten des Betriebes, seine finanziellen und seine Beschaffungsmöglichkeiten bereits enthalten. Auch die Lagerpolitik hat die Aufstellung des Verkaufsprogrammes mitbestimmt.

Diese Planung des Verkaufsprogrammes kann man als „Programmplanung" bezeichnen. Zu ihr lassen Sie mich einige kurze Anmerkungen machen.

Man hat oft darüber diskutiert, wie lang man die Planungsperiode für eine derartige Planung des Verkaufsprogrammes wählen solle. Die Frage ist selbstverständlich nur von Fall zu Fall zu entscheiden. Aber es lassen sich doch einige Gesichtspunkte aufzeigen, die für die Beantwortung der Frage nach der richtigen Länge der Planungsperiode von Bedeutung sein können.

Die Zuverlässigkeit und Sicherheit der Planung ist nicht nur eine Funktion der Zeit. Es kann sein, daß eine Planung auf lange Sicht ohne größeres Risiko durchgeführt werden kann, wenn die wirtschaftlichen Verhältnisse und der Stand der Fertigungstechnik verhältnismäßig stabil sind. Das Maß an Exaktheit der Planung hängt also weniger von der Länge der Planungsperiode als von den wirtschaftlichen Geschehnissen in dieser Periode und ihrer Überschaubarkeit ab. So ist z. B. eine sehr kurzfristige Planung dann außerordentlich schwierig, wenn die wirtschaftlichen und technischen Grundlagen der Produktion in der Planungsperiode sehr unstabil sind. Im allgemeinen wird man jedoch sagen können, daß auch bei verhältnismäßig unruhigen wirtschaftlichen Verhältnissen kurzfristige Planungen von Monats-, Quartals- oder Semesterlänge möglich und durchaus durchführbar erscheinen. Dabei wird allerdings vorausgesetzt, daß diese Planungen elastisch gehalten werden, d. h. daß die erforderlichen Zeit-, Kapazitäts-, Beständereserven usw. in den Plänen enthalten sind und die Planungsgrundlagen einer ständigen Kontrolle unterworfen bleiben.

Handelt es sich um stark saisonabhängige Betriebe, dann liegt es nahe, die Planungsperiode für ein ganzes Jahr festzulegen, wobei dann darüber zu entscheiden ist, ob das Geschäftsjahr oder jeweils die Zeit von Saison zu Saison als Planungsperiode zu wählen ist.

Je mehr es jedoch einem Unternehmen möglich erscheint, die allgemeine Geschäftsentwicklung zu übersehen, vielleicht sogar auf Grund von Trendberechnungen oder konjunkturellen Barometerkurven, um so länger wird es die Planungsperiode wählen können. Diese „exakten" Berechnungen bilden selbstverständlich nicht eine allgemeine Voraussetzung für langfristigere Planungen. In der Regel gewähren die Ergebnisse der internen Statistik, insbesondere also die Aufzeichnungen über Auftragseingang, Auftragsbestand, Lagerbestand, in Verbindung mit eigenen Schätzungen oder Schätzung der Vertreter oder anderer Personen oder Institute die Unterlagen für eine solche Planung.

Wie diese Unterlagen aber auch beschaffen sein mögen, das Planungsrisiko bleibt. Es kann nur mit Hilfe regelmäßig durchgeführter Überprüfungen der Planungen vermindert werden. Es völlig zu beseitigen, erscheint unter marktwirtschaftlichen Voraussetzungen unmöglich. Im Grunde handelt es sich bei der Festlegung des Verkaufsprogrammes um Vorwegnahme noch unbekannten späteren Geschehens. Ob die tatsächliche Entwicklung sich mit der erwarteten Entwicklung decken wird, bleibt grundsätzlich offen. Das Erwartungsrisiko läßt sich also aus der Planung nicht eliminieren. Und es bleibt nur übrig, die Pläne zu ändern, wenn die tatsächlichen Entwicklungen mit den erwarteten Entwicklungen nicht übereinstimmen. Darüber muß man sich grundsätzlich klar sein.

2. Auf der Grundlage des geplanten Verkaufsprogrammes und der geplanten Lagerinanspruchnahmen bzw. Lagerergänzungen kann nun die technische Betriebsleitung ermitteln, welche Arten und Mengen an Erzeugnissen in einer bestimmten Zeitperiode hergestellt werden sollen und zu welchen Zeitpunkten sie verfügbar sein müssen. Verkaufsplan und Beständeplan bilden also die Grundlage der Planung des Fertigungsprogrammes, welches eine z w e i t e F o r m der „P r o g r a m m p l a n u n g" darstellt.

Zwischen dem geplanten V e r k a u f s p r o g r a m m und dem ihm entsprechenden F e r t i g u n g s p r o g r a m m kann hinsichtlich der Erzeugnisarten, Erzeugnismengen und Herstellungszeiten völlige Übereinstimmung bestehen, so daß sich beide Programme praktisch decken. In diesem Falle würde der Herstellungsbereich dem Absatzbereich quantitativ, qualitativ und terminlich in völliger Übereinstimmung folgen, und für eine selbständige Fertigungsprogrammplanung auf der Grundlage und im Rahmen des geplanten Verkaufsprogrammes bliebe kein Raum. Auf der anderen Seite ist aber der Fall im Auge zu behalten, daß das Verkaufsprogramm eine — in Grenzen — selbständige Gestaltung des Fertigungsprogrammes und damit die Berücksichtigung rein fertigungstechnischer Gesichtspunkte bei der Herstellung der Erzeugnisse zuläßt. Unter diesen Umständen decken sich Verkaufsprogramm und Fabrikationsprogramm nicht.

Die Frage, mit der wir uns deshalb, wenn auch nur kurz, zu beschäftigen haben, lautet: Wann und gegebenenfalls in welchem Umfange besteht bei gegebenem Verkaufsprogramm Freiheit zur selbständigen Gestaltung des Fertigungsprogrammes? Anders ausgedrückt: Unter welchen Voraussetzungen ist die Möglichkeit gegeben, daß die Fertigung nicht den Bewegungen des Verkaufes im Zeitablauf zu folgen braucht, sich vielmehr die Kurve der Produktion von der Kurve des Absatzes loszulösen vermag? Überträgt sich die Absatzbewegung unmittelbar auf die Fertigung, und sind die Absatzschwankungen groß, dann kann dem Fertigungsablauf trotz minutiöser Betriebsplanung keine Ausgeglichenheit und Berechenbarkeit gegeben werden. Erst dann also, wenn sich die Fertigung von den Absatzschwankungen, jedenfalls in einem gewissen Rahmen, loszulösen vermag, besteht die Freiheit und damit die Möglichkeit, den Fertigungslauf so zu planen, wie es technisch rationeller Gestaltung des Fertigungsprozesses entspricht.

Damit entsteht die Frage: Unter welchen Voraussetzungen ist eine **Loslösung der Produktionskurve von der Absatzkurve** und damit eine in Grenzen selbständige Planung des Fertigungsprogramms möglich? Auf diese Frage ist grundsätzlich zu antworten: Eine Lösung der Produktionskurve (Erzeugnismenge im Zeitablauf) von der Absatzkurve (Absatzmenge im Zeitablauf) und damit freies, sachliches und terminliches Operieren in der Fertigungsgestaltung setzt grundsätzlich die Möglichkeit voraus, daß auf Lager gearbeitet werden kann. Im Bereiche der Energiegewinnung ist Lagerhaltung nicht oder nur in begrenztem Umfange möglich. Auch bei Einzelanfertigung auf Grund von Bestellungen und bei der Herstellung von leicht verderblichen oder aus anderen Gründen nicht lagerfähigen Waren schließt sie sich aus. In diesen Fällen folgt die Fertigung in zeitlich mehr oder weniger strenger Bindung den Auftragseingängen. Die Bewegungen im Absatzbereich können in der Fertigungsplanung nicht oder nur sehr schwer aufgefangen werden und der Betrieb bzw. die Betriebsteile sind bei unregelmäßigem Auftragseingang unregelmäßig beschäftigt. Je größer die Schwankungen im Absatz der einzelnen Erzeugnisarten sind, um so häufiger sind betriebliche Umstellungen und damit alle Erschwernisse, die häufiger Sortenwechsel oder häufige Änderungen der Seriengrößen oder der Ausgleich von Produktionsspitzen mit sich bringen. Für diese Betriebe kommt eine selbständige, vom Absatz losgelöste Planung des Fertigungsprogrammes überhaupt nicht oder nur in engen Grenzen in Frage.

Sieht man von diesen Fällen ab, dann sind es vor allem standardisierte Erzeugnisse oder in großen Serien hergestellte Erzeugnisse mit mehr individuellem Charakter, die, da sie Vorratshaltung zulassen, der Erzeugung eine gewisse Selbständigkeit gegenüber dem Absatz gewähren. In diesem Falle ist es für die Fertigungsplanung wichtig, zu wissen, ob die Kosten ungleichmäßiger Beschäftigung oder ob die Kosten gleichmäßiger Beschäftigung mit entsprechender Lagerhaltung größer sind. Wenn auch in diese Überlegungen gewisse Unwägbarkeiten hineinspielen, so ist es doch klar, daß für den Regelfall zeitlich verhältnismäßig gleichmäßige Verteilung der Produktion stoßweiser Fertigung vorzuziehen sein wird.

Im allgemeinen wird man annehmen dürfen, daß der Absatzplan in sich bereits gewisse Tendenzen zum zeitlichen Ausgleich des Absatzes enthalten wird. Handelt es sich jedoch um standardisierte Erzeugnisse, die lagerfähig sind, und sind rein raummäßig die Voraussetzungen für eine Lagerhaltung gegeben, dann erscheint es ein Gebot rationeller Betriebsgestaltung, fertigungstechnisch von der Freiheit Gebrauch zu machen, welche eine teilweise Loslösung der Produktionskurve von der Absatzkurve gewährt.

In vielen Fällen wird man feststellen können, daß die Voraussetzungen für eine solche partielle Emanzipation der Fertigungsplanung vom Absatzplan gegeben sind. Nach welchen Prinzipien nun die Planung des Fertigungsprogramms im Rahmen dieser Freiheiten vorgenommen werden kann und auf welche Weise Verkaufsprogramm und Produktionsprogramm in eine rationale Verbindung gebracht werden können, soll hier nicht im einzelnen untersucht werden. Nur auf zwei Punkte möchte ich kurz zu sprechen kommen, da sie für den Zusammenhang, der hier erörtert wird, von Interesse sind.[3]

3. Ohne Zweifel ist der Wunsch der Betriebsleitung, die Verwaltungs- und Vertriebsabteilungen möchten so disponieren, daß ein möglichst ruhiger Lauf der Fertigung gewährleistet wird, richtig. Aber dieses Verlangen ist betriebswirtschaftlich nicht vertretbar, wenn es zu jenem Konservativismus führt, der der Verwirklichung neuer technischer und arbeitsorganisatorischer Gedanken entgegensteht. Das Verlangen nach Stetigkeit wird auch dann falsch, wenn die wirtschaftlichen Verhältnisse dazu zwingen, mit elastischen Verkaufsprogrammen zu arbeiten. In diesem Falle plant die Betriebsleitung nicht nur kurzfristig, sondern auch langfristig falsch, wenn sie dem Verlangen nach der erforderlichen fertigungstechnischen Elastizität nicht nachkommt.

Fertigungsplanung bedeutet also grundsätzlich — und es erscheint mir wichtig, das noch einmal herauszustellen —, den absatzwirtschaftlichen Besonderheiten der Unternehmen, welche nun einmal ihren wirtschaftlichen Charakter bestimmen, in der Fertigungsplanung Rechnung zu tragen. Eine Fertigungsplanung, welche der Produktion nicht die absatzwirtschaftlich geforderte Elastizität zu geben vermag, ist eine mangelhafte Produktionsplanung.

Diese Überlegungen scheinen mir nun in der Tat von größter Bedeutung für die Möglichkeiten, vor allem aber auch für die Grenzen und Gefahren der Fertigungsplanung zu sein. Man muß sich diese Situation deutlich vor Augen halten, wenn man die Schwierigkeiten nüchtern sehen will, denen die Produktionsplanung in den Betrieben ausgesetzt ist.

4. Wie dem nun immer sei — es ist klar, daß es eine Erleichterung für die Betriebsleitung bedeutet, wenn sie weiß, was sie im nächsten Monat oder Vierteljahr oder Halbjahr produzieren soll. Handelt es sich um Betriebe mit verhältnismäßig konstantem Produktionsprogramm, dann vereinfacht sich die Planungsaufgabe auf eine Festlegung der Produktionsmengen und -zeiten und damit der Produktionsbedingungen, die diese Mengen in den geplanten Zeiten herzustellen gestatten. Handelt es sich um Betriebe, die nicht mit konstantem Produktionsprogramm arbeiten, dann kompliziert sich die Planung, denn in diesem Falle müssen ein oder mehrere verschiedenartige Produktionsprogramme mit der gleichen produktionstechnischen Apparatur hergestellt werden. Damit ergeben sich dann allerdings schwierige Planungsbedingungen. Aber mir scheint, daß der Gedanke der Planung gerade in diesen Betrieben seine bevorzugte Förderung finden sollte, und zwar nicht nur der der kurzfristigen, sondern auch der der längerfristigen Programmplanung. Ich meine dies in dem Sinne, daß es hier darum geht, eben jene bereits erwähnte betriebstechnische Elastizität zu planen, die es erlaubt, fertigungstechnisch Änderungen im Verkaufsprogramm kurzfristig nachzukommen. Das ist aber nur dann möglich, wenn die aus der absatzwirtschaftlichen Eigenart des Unternehmens heraus geforderte betriebstechnische Elastizität systematisch in längeren Zeiträumen aufgebaut wird.

[3]) Auf die vielen grundsätzlichen und speziellen Probleme, die Möglichkeiten und Schwierigkeiten, die die betriebliche Planung bietet, bin ich an anderer Stelle eingehend zu sprechen gekommen. Vgl. E. Gutenberg, Grundlagen der Allgemeinen Betriebswirtschaftslehre, Bd. I, Die Produktion, Heidelberg 1951.

VI. Die Vollzugsplanung (Durchführungsplanung)

1. Wenn das Fertigungsprogramm für eine bestimmte Periode, einen Monat oder ein Vierteljahr oder ein halbes Jahr festgelegt ist, dann weiß die Betriebsleitung, welche Erzeugnisarten und -mengen sie herstellen soll und zu welchen Zeitpunkten die Erzeugnisse fertiggestellt sein müssen. Auf diese Weise sind klare Verhältnisse für die Gestaltung der Produktion geschaffen und die Betriebsleitung ist nun in der Lage, den Fertigungsgang selbst zu planen.

Diese Art von „Vollzugsplanung" (oder auch Durchführungsplanung) ist von anderer Art als die Planung des Fertigungsprogrammes (Programmplanung). Das Fertigungsprogramm liegt nun fest. Seine Durchführung, sein „Vollzug" ist es, der nunmehr Objekt der Planung wird. Ich meine, daß es vorteilhaft sei, diese beiden Teile der Fertigungsplanung, die Programmplanung (Grundplanung) und die Vollzugsplanung (Durchführungsplanung), auseinanderzuhalten.

Da wir nun schon bei diesen begrifflich-terminologischen Fragen stehen, deren Bedeutung von mir nicht überschätzt wird, stelle ich eine weitere terminologische Unterscheidung zur Diskussion, um gewisse Bezirke und Aufgabengebiete innerhalb der Vollzugsplanung übersichtlich abzugrenzen.

Gehen wir dabei von folgender Überlegung aus:

Wenn der Fertigungsprozeß störungsfrei und regelmäßig ablaufen und die manuellen und die maschinellen Vorgänge, aus denen er besteht, ein Höchstmaß an Rationalität erreichen sollen, dann ist hierfür die unumgängliche Voraussetzung, daß erstens die Arbeitskräfte in der Art und in der Zahl bereit stehen, wie sie zur Durchführung des geplanten Fertigungsprogramms erforderlich sind. Es handelt sich also um eine Art Bereitstellungsplanung für den Sektor „Arbeit". Wenn nun weiter der Fertigungsgang reibungslos ablaufen soll, dann müssen die zur Herstellung der geplanten Erzeugnismengen und -arten erforderlichen technischen Anlagen, maschinellen Aggregate, Einrichtungen und dergleichen in jener Art und Zahl und zu den Zeitpunkten bereit stehen, wie sie die Durchführung des geplanten Fertigungsprogramms verlangt. Es handelt sich also jetzt um die Bereitstellungsplanung im Bereiche des Sektors „Technische Anlagen" (Betriebsmittel). Das gleiche gilt drittens für mengenmäßige, qualitative und terminliche Bereitstellungen im Bereich des Sektors „Werkstoff".

Diese „Bereitstellungsplanung" bildet einen Teil der Vollzugsplanung. Wenn sie nicht funktioniert, dann erhält man auch keinen glatten und reibungslosen Produktionsfluß.

Zu dieser Bereitstellungsplanung seien mir noch einige Anmerkungen gestattet.

Man denke zunächst an den Sektor „Arbeit". In den Ländern, in denen Vollbeschäftigung besteht, macht die Bereitstellung der zur Durchführung eines bestimmten Fertigungsprogramms erforderlichen Arbeitskräfte viel Mühe, wie allgemein bekannt ist. Aber auch in Ländern, die den Zustand der Vollbeschäftigung nicht erreicht haben, wird die Durchführung von Produktionsprogrammen in den einzelnen Betrieben, wie wir ebenfalls wissen, häufig dadurch gefährdet, daß die Arbeitskräfte nicht voll mobilisierbar sind, daß es insbesondere an Unterkünften fehlt oder daß es eines Anreizes zur Arbeitsleistung in einem bestimmten Produktionszweig ermangelt. Hier weitet sich das betriebsindividuelle Planungsproblem zu einem gesamtwirtschaftlichen Problem aus.

Aber man braucht gar nicht so weit zu gehen und nur die Frage aufzuwerfen, ob wirklich in allen Betrieben rechtzeitig planend dafür Vorsorge getragen wird, daß die erforderlichen Fachkräfte bereit stehen oder rechtzeitig ausgebildet sind, wenn neue technische Verfahren eingeführt werden. Wenn eine Druckerei bisher mit einer bestimmten Zahl von Farben druckt und nunmehr zu einem Druck mit mehr

Farben als bisher übergeht, dann liegt ein Fehler in der Planung vor, wenn die erforderlichen Fachkräfte, die die neuen Aggregate zu bedienen vermögen, nicht vorhanden sind.

Im übrigen: Verfügt die Bereitstellungsplanung im Bereiche des Sektors Arbeit nicht über günstigere Arbeitsbedingungen, wenn sie selbst rechtzeitig weiß, welcher Kräftebedarf in kürzerer oder längerer Zeit entsteht, und zwar der Zahl, der Art und der Zeit nach? Gehört nicht auch das Nachwuchsproblem in diesen Bereich der Bereitstellungsplanung? Wie soll es gelöst werden, wenn die hierfür zuständigen Abteilungen nicht rechtzeitig und präzise genug informiert werden, wie groß und welcher Art der Bedarf an Nachwuchskräften in allen Sparten der betrieblichen Betätigung ist?

Bei der Bereitstellungsplanung für Fertigungsanlagen, also für die gesamte betriebstechnische Ausrüstung, wird man sogar in der Regel davon ausgehen können, daß sich das geplante Fertigungsprogramm durchaus nicht immer mit den fertigungstechnischen Möglichkeiten deckt, über die ein Betrieb verfügt. Stimmen die vorhandenen quantitativen und qualitativen Kapazitäten der Betriebsmittel und die Leistungsquerschnitte der vorhandenen Anlagen und Betriebsteile nicht mit den Kapazitäten, Leistungsquerschnitten usw. überein, die der Mengen- und Erzeugnisartenplan voraussieht, dann ergibt sich die Notwendigkeit, den vorhandenen fertigungstechnischen Apparat mit den im Programmplan vorgesehenen Erzeugnisarten und -mengen unter Berücksichtigung der zeitlichen Verteilung der Produktion in Übereinstimmung zu bringen. Sind beispielsweise die Erzeugungsmöglichkeiten größer, als die Durchführung des geplanten Fertigungsprogramms voraussetzt, dann muß die „Unterbeschäftigung" rechtzeitig durch entsprechende Planung aufgefangen werden. Es muß in diesem Falle rechtzeitig festgelegt werden, ob man Teile des Betriebes für bestimmte Zeiten ganz stillegt oder ob man weniger Schichten verfährt oder ob man zur Kurzarbeit übergeht usw. Es ist klar, daß sich diese Anpassungsprozesse um so reibungsloser und um so weniger kostspielig vollziehen, je längere Zeit man hat, sich auf sie einzurichten und die zweckmäßigsten Maßnahmen zu ergreifen Je mehr man sich überraschen läßt, um so größere Unordnung bringen die Umstellungsmaßnahmen in die Fertigung hinein, wie jedem Betriebsmann bekannt ist.

Das gleiche gilt für den Fall, daß der Erzeugnisarten- und -mengenplan eine Erweiterung oder eine Änderung der Ausstattung des Betriebes mit fertigungstechnischen Einrichtungen erforderlich machen. Unter diesen Umständen müssen die zur Durchführung des Fertigungsprogramms nach Art, Menge und Zeit notwendigen Anlagen, auch die Leistungsquerschnitte der Anlagen und Abteilungen und die Termine neu geordnet, d. h. neu geplant werden.

Im Materialsektor liegen die Probleme der Bereitstellungsplanung auch nicht viel anders. Man denke hierbei nur an die Frage, die mit der Vorplanung der Termine für den Einkauf im Zusammenhang stehen. Wie will man bei der heutigen Materialknappheit zum Beispiel in Betrieben der Eisen und Stahl verarbeitenden Industrie ohne zuverlässige Termintechnik und zentrale Terminpolitik die Beschaffungstermine überhaupt mit den Fertigungsterminen und den Verkaufsterminen in Einklang halten? Die Rohstoffknappheit ist doch zum Teil immer noch so groß, daß die eine Hauptaufgabe der Materialbereitstellungsplanung: Versorgung des Betriebes mit gerade so viel Material, daß der Produktionsfluß durch Materialmangel nicht gestört wird hinter der zweiten Hauptaufgabe zurücksteht, für rechtzeitiges Eintreffen des Materials Sorge zu tragen. Die gegenwärtige Aufgabe und Schwierigkeit der Bereitstellungsplanung auf dem Materialsektor besteht also darin, die terminlichen Abmachungen mit den Lieferanten ständig zu überwachen und mit Nachdruck auf die Innehaltung der vereinbarten Anlieferungstermine und der vereinbarten Mengen zu drängen.

Aus dem Gesagten wird deutlich, daß für die Bereitstellungsplanung um so günstigere Voraussetzungen vorliegen, als die Programmplanung methodisch und systematisch durchgeführt wird. Sie, die Programmplanung bildet die Voraussetzung dafür, daß keine überhetzten, unvorhergesehenen, Unordnung bringenden Bereitstellungsmaßnahmen ergriffen werden müssen. Je mehr es gelingt, die Fertigungsprogramme ohne Notwendigkeit zu häufigen Revisionen zu planen, um so vollkommener kann die Bereitstellung der zur Durchführung des Fertigungsprogramms erforderlichen Arbeitskräfte, Betriebsmittel und Werkstoffe geplant werden.

So viel hier zu dem Teil der Vollzugsplanung, den ich als Bereitstellungsplanung bezeichnen möchte.

VII. Auftragsplanung, Arbeitsablaufplanung, Kostenplanung

Stehen nun gemäß dem Plane die erforderlichen Arbeitskräfte, Werkstoffe und Betriebsmittel zur Durchführung eines bestimmten Fertigungsprogramms bereit, dann sind damit, wie wir gesehen haben, wichtige Voraussetzungen für einen glatten Vollzug der Fertigung gegeben. Aber wir wissen alle, daß auch der Gang der Fertigung selbst nach Planung verlangt.

Um welchen Sachverhalt handelt es sich nunmehr?

E r s t e n s um eine Planung der einzelnen Fertigungsaufträge, also um die Vorplanung der zur Erledigung eines Auftrages erforderlichen Arbeitsgänge nach Art, Zahl und Zeit und um die Vorplanung des für die Aufträge erforderlichen Materials nach Art, Menge und Zeit. Es ist dieses das Gebiet der Arbeitsvorbereitung im engeren Sinne. Man kann diese Art der Vollzugsplanung als „A u f t r a g s p l a n u n g" bezeichnen.

Z w e i t e n s : Sind die einzelnen Fertigungsaufträge durchgearbeitet und vorgeplant, dann entsteht die Aufgabe, diese Aufträge so in die Fertigung zu geben, das heißt, so zu verteilen, daß sie sich in eine bestimmte sachliche und zeitliche Ordnung einfügen. Dementsprechend versuchen dann auch die Arbeitsverteilung und das Terminbüro, die einzelnen Werkstätten oder die einzelnen Teile der Werkstätten oder Betriebsabteilungen kapazitätsmäßig, beschäftigungsmäßig und terminlich so zu synchronisieren, daß ein reibungsloser, glatter Produktionsfluß zustande kommt.

Für diesen Teilbereich der Vollzugsplanung erscheint mir der Ausdruck „A r b e i t s a b l a u f p l a n u n g" oder kurz Ablaufplanung am zweckmäßigsten. Die Arbeitsablaufplanung ist ein Teil der Arbeitsvorbereitung im weiteren Sinne des Wortes.

In den Zusammenhang und das System der Vollzugsplanung gehört auch die „K o s t e n p l a n u n g". Sie ist eine Kontrollrechnung für die Wirtschaftlichkeit des Betriebsprozesses. Auf ihre besonderen Zielsetzungen, gelösten und ungelösten Probleme im einzelnen einzugehen, ist hier nicht meine Aufgabe.

Nur auf einen Punkt soll kurz hingewiesen werden.

Wir bezeichnen das Verhältnis zwischen Erzeugnismengen und den zu ihrer Herstellung erforderlichen Kostengütermengen (also den Einsatzmengen an Arbeitsleistungen, Betriebsmittelnutzungen und Werkstoffen) als P r o d u k t i o n s f u n k t i o n.

In den Betrieben (gleicher Produktionsart) sind die Beziehungen zwischen Produktmenge und Kostengütereinsatz durchaus verschieden, denn eine gleich große Produktmenge kann in den verschiedenen Betrieben mit verschieden großem Einsatz an Kostengütermengen hergestellt werden, und diese Kostengütermengen pflegen wiederum in verschiedenen Proportionen zueinander zu stehen.

Wodurch werden diese Mengen und Proportionen bestimmt?

In erster Linie durch die t e c h n i s c h e n D a t e n d e r P r o d u k t i o n, also durch die technischen Verfahren, die Eigenschaften der Maschinen, Aggregate, Anlagen, durch den Leistungsstand der Belegschaft, durch die Beschaffenheit der eingesetzten Werkstoffe, die Qualität der Betriebsorganisation usw.

Wie groß z. B. der Stromverbrauch ist oder der Werkzeugverbrauch oder der Kühlmittelverbrauch oder der technische Verschleiß oder der Instandhaltungsaufwand — das hängt in erster Linie von den technischen Eigenschaften der Produktionsanlagen ab. Wieviel Personen zur Bedienung der Anlagen erforderlich sind, wird ebenfalls weitgehend durch die technischen Daten der Fertigungsanlagen bestimmt. In Grenzen gilt das auch für den Bedarf an Hilfsdiensten und Arbeitskräften mit dispositiven Aufgaben.

Nun ist aber der Brennstoffverbrauch einer technischen Anlage nicht nur von den technischen Eigenschaften der Anlage, sondern auch von der Art ihrer Bedienung, ihrer Wartung usw. abhängig. Das gleiche gilt für den Werkzeugverbrauch, den Kühlmittelbedarf, den Verschleiß usw. Mithin ist die Produktionsfunktion nicht allein von den technischen Daten der Anlagen, sondern auch von dem Verhalten der arbeitenden Menschen in den Betrieben abhängig.

Die Verbrauchsmengen der Produktionsfunktion sind nun nichts anderes als das Mengengerüst der Kostenplanung. Da die Produktionsfunktion ein bestimmtes Maß an rationellem Verhalten enthält, wird auch in die Kostenplanung ein bestimmtes Maß an rationellem Verhalten hineingeplant.

Nun entspricht jedoch das tatsächliche Verhalten der Arbeitenden nicht immer dem zu Grunde gelegten rationellen Verhalten der Arbeitenden. Auch die Beschaffenheit der technischen Apparatur und der Werkstoffe weicht von der geplanten qualitativen Norm ab. Aus diesem Grunde werden auch die effektiven Kosten (Istkosten) von den Vorgaben der Kostenplanung abweichen.

Erhält man als Ergebnis der Planungsrechnung keine Verbrauchsabweichungen, dann hat der Betrieb offenbar die ihn charakterisierende Produktionsfunktion realisiert. Erhält man in der Rechnung Verbrauchsabweichungen negativer Art, dann wird hierdurch angezeigt, daß die Produktionsfunktion nur unvollkommen realisiert wurde.

Alles Bestreben der Kostenplanung ist im Grund darauf gerichtet, die Produktionsfähigkeit eines Betriebes freizulegen bzw. abzubauen. Und die Verbrauchsabweichungen in der Plankostenrechnung sind nichts anderes als der kostenmäßige Niederschlag der Tatsache, daß die Art und Weise, wie effektiv gefertigt wurde, nicht der Produktionsfunktion entspricht, die den Betrieb kennzeichnet und die durch die Kostensolls der Kostenplanung markiert wird.

Der Einsatz von Verstand und Vernunft, von Geist und Gefühl führt zu einem Gleichklang von Wollen und Können. Es gilt ja nicht, nur aus plattem Nützlichkeitsbestreben ein System aufzubauen, um naheliegende Zwecke zu erreichen, sondern ein Ziel zu setzen, das unseren Betrieben not tut, weil es ihnen erst einen vollen, befriedigenden Sinn gibt. Eines ist sicher zu erreichen: Die Denkwelt des Technikers und aller in den Betrieben Tätigen läßt sich erweitern. Neue Kreise der Umwelt können sichtbar gemacht werden. Damit steigt die Möglichkeit, daß auch die Wirkung wächst.

H. H. Kunze

ZEITSCHRIFT FÜR BETRIEBSWIRTSCHAFT

30. Jahrgang   Oktober 1960   Nr. 10

Rentabilität und Sicherheit als Kriterien betrieblicher Investitionsentscheidungen

Von Privatdozent Dr. Horst A l b a c h, Köln

Die Unterschiede, die zwischen der Praxis der Investitionsentscheidungen im Unternehmen und der Investitionstheorie bestehen, lassen sich nicht nur aus der Tatsache erklären, daß die Investitionstheorie vielfach mit sehr komplizierten Methoden der Analyse von Investitionsvorhaben arbeitet, während die Rechnungen der Praxis im allgemeinen grobere Verfahren anwenden. Die neueren Untersuchungen über das Verhalten der Unternehmer bei Investitionsentscheidungen haben sehr deutlich gezeigt, daß die Unternehmensleitungen zahlreiche Gesichtspunkte berücksichtigen, wenn sie Investitionsentscheidungen treffen. Im Mittelpunkt der Investitionstheorie dagegen steht vorwiegend das Streben nach höchstmöglicher Rentabilität. Die folgende Abhandlung entwickelt ein Planungsverfahren, in dem zwei Kriterien der Investitionsentscheidung, Rentabilität und finanzielle Sicherheit, beachtet werden. Der vorliegende erste Teil enthält die theoretischen Grundlagen. Im nächsten Heft wird das Verfahren an einem praktischen Beispiel dargestellt.

I. Problemstellung

1. Betriebliche Investitionsentscheidungen haben das Ziel, die Unternehmen mit Fertigungsanlagen auszustatten, auf denen die betriebliche Leistungserstellung kostengünstiger oder rentabler vollzogen werden kann. Darüber hinaus müssen sie gewährleisten, daß von der Durchführung der Investitionen keine Gefahren für den Bestand des Unternehmens ausgehen. Das jährliche Investitionsprogramm ist also nicht nur das Ergebnis von Rentabilitätsüberlegungen. Auch der Gedanke an die Sicherheit des Unternehmens wirkt bei seiner Bestimmung mit. Im konkreten Falle weisen die relativen Anteile der Rentabilitäts- und Sicherheitskomponenten bei der Investitionsplanung durchaus unterschiedliche Stärke auf. Die jeweilige Mischung aus Gewinn- und Sicherheitsstreben wird nicht nur von der Mentalität des Unternehmens und seiner psychologischen Einstellung gegenüber der Übernahme von Risiken bestimmt[1]), sondern sie hängt auch von Faktoren wie der Branche, der finan-

---

[1]) Vgl. hierzu Markowitz, H. M., Portfolio Selection: Efficient Diversification of Investments, Cowles Foundation, Monograph No. 16, New York 1959, Part IV, S. 205 ff.

ziellen Situation des Unternehmens und von der wirtschaftlichen Entwicklung in der Gesamtwirtschaft ab[2]).

2. In der theoretischen Analyse der betrieblichen Investitionsplanung ist bisher vorwiegend die Rentabilitätskomponente der Investitionsentscheidung behandelt worden. Die sogenannte Wirtschaftlichkeitsrechnung hat verschiedene Verfahren der Rentabilitätsrechnung von Investitionen entwickelt[3]).

Diese Methoden sind auch auf den Fall ausgedehnt worden, daß die Größen, mit denen der Investitionskalkül rechnet, unsicher sind[4]). Damit ist man der Lösung des Problems, auch die Sicherheitskomponente bei der Investitionsentscheidung zu berücksichtigen, einen Schritt näher gekommen. Dennoch können diese Versuche letztlich nur als Verfeinerungen der Rentabilitätsrechnung befriedigen. Dem Phänomen der Sicherheit eines Unternehmens werden sie vor allem deshalb nicht ganz gerecht, weil der Bestand des Unternehmens eine ganzheitliche Bedingung ist, die nicht auf die einzelnen Investitionsobjekte, deren Planung vorgenommen werden soll, aufgespalten werden kann. Ob ein Unternehmen seine finanzielle Sicherheit aufrechterhalten kann, ist im allgemeinen nicht auf einzelne unternehmerische Maßnahmen zurückzuführen, sondern vielmehr das Ergebnis des Zusammenspiels aller betrieblichen Faktoren und aller Unternehmensbereiche.

Es ist Aufgabe der vorliegenden Untersuchung, ein theoretisches System der Investitionsplanung zu entwickeln, in dem Rentabilitäts- und Sicherheitskomponenten betrieblicher Investitionsentscheidungen optimal miteinander verbunden werden.

II. Die Planung des jährlichen Investitionsprogramms

A. Die Entscheidungskriterien betrieblicher Investitionsplanung

1. Investitionsentscheidungen können nach sehr vielfältigen Gesichtspunkten getroffen werden. In privatwirtschaftlich geleiteten Unternehmen kann die Rentabilitätsmaximierung als die wichtigste Determinante der Investitionsentscheidung bezeichnet werden. Das Rentabilitätsstreben der Unternehmen kann sich nun aber an durchaus unterschiedlichen Maßstäben orientieren. Legt man einen kurzfristigen Rentabilitätsmaßstab zugrunde, z. B. den Periodengewinn des nächsten Jahres, dann wird eine andere Investitionsentscheidung getroffen werden, als wenn man z. B. den Gesamtgewinn, den die Investitionsobjekte während ihrer Nutzungsdauer im Unternehmen erzielen, als Grundlage der Investitionsentscheidung wählt. Das Gewinnstreben läßt also die Investitionsentscheidung so lange undeterminiert, wie nicht eine Meßvorschrift gegeben wird, die es ermöglicht, das Streben nach Gewinn und seine Erfüllung

---

[2]) Siehe auch Gutenberg, E., Untersuchungen über die Investitionsentscheidungen industrieller Unternehmen, Köln und Opladen 1959; Meyer, J. R. und E. Kuh, The Investment Decision, Cambridge 1957; Levine, R. A., Plant and Equipment Expenditure Surveys, Intentions and Fulfillment, Diss. Yale 1957.
[3]) Vgl. z. B. Schneider, E., Wirtschaftlichkeitsrechnung, 2. Aufl., Tübingen 1957.
[4]) Vgl. den Überblick über diese Versuche in der Arbeit des Verfassers, Wirtschaftlichkeitsrechnung bei unsicheren Erwartungen, Köln und Opladen 1959.

durch die verschiedenen Investitionsobjekte quantitativ exakt auszudrücken. Hierbei werden grundsätzlich zwei Möglichkeiten aufgezeigt.

a) Das Gewinnstreben als Entscheidungskriterium bei der Vornahme von Investitionen wird lediglich an den Rentabilitätsbeiträgen der einzelnen Investitionsobjekte gemessen. Geht man so vor, dann werden z. B. Unterschiede in der Nutzungsdauer der Investitionsvorhaben bei der Rentabilitätsmessung nicht ausgeschaltet. Bei alternativen Investitionsmöglichkeiten wird das Gewinnstreben erfüllt, wenn unter den verschiedenen Alternativen diejenige mit der höchsten Rentabilitätsziffer ausgewählt wird. Unter komplementären Investitionsobjekten, d. h.. solchen Vorhaben, die gemeinsam durchgeführt werden können, ohne daß dadurch der Rentabilitätsbeitrag der Investitionsobjekte beeinträchtigt wird, erfüllen offenbar alle diejenigen die Anforderungen, die das Entscheidungskriterium stellt, die eine positive Rentabilitätsziffer aufweisen.

b) Gegen eine solche Definition der Meßvorschrift können aber gewisse Bedenken geltend gemacht werden. Geht man davon aus, daß die Unternehmen langfristig einen möglichst hohen Gewinn erzielen möchten, so bedeutet das nichts anderes, als daß der Unternehmensgewinn als eine Totalgröße während der Lebensdauer des Unternehmens möglichst groß sein soll. Stimmt diese Definition des Rentabilitätsstrebens nicht mit der angegebenen Meßvorschrift überein, dann ist sie unzulänglich formuliert. Gelingt es also nachzuweisen, daß die Rentabilitätsbeiträge einzelner Investitionsobjekte nicht zwangsläufig zum höchsten Gesamtgewinn führen, dann darf bei der Investitionsplanung ein solches Rentabilitätskriterium nicht zugrunde gelegt werden.

An drei Punkten kann gezeigt werden, daß die Messung der Rentabilitätsbeiträge einzelner Investitionsobjekte dem Ziel der Investitionsentscheidung nicht entspricht. Erstens: Die Nutzungsdauern der Investitionsobjekte stimmen nicht mit der Lebensdauer der Unternehmung überein. Sind die zukünftigen Investitionsmöglichkeiten, die sich nach Beendigung der Nutzungsdauer einzelner Investitionsvorhaben bieten, nicht identisch, dann ist der Unternehmensgewinn nicht aus den Rentabilitätsbeiträgen der im Augenblick zur Entscheidung stehenden Investitionsvorhaben abzuleiten[5]). Zweitens: Sind die zukünftigen Investitionsmöglichkeiten für die während der Nutzungsdauer der einzelnen Investitionsobjekte freigesetzten Mittel nicht in allen Zeitpunkten gleich, dann ist der Gesamtgewinn des Unternehmens nicht aus der Summe der Gewinne, welche die augenblicklichen Investitionsobjekte erbringen, abzuleiten. Drittens: Müssen bei der Investitionsplanung Engpässe beachtet werden, sei es, daß die finanziellen Mittel nicht ausreichen, um alle Investitionschancen zu nutzen, sei es, daß Rohstoffknappheit oder Arbeitermangel herrschen, und beanspruchen die verschiedenen Investitionsvorhaben diese knappen produktiven Faktoren in unterschiedlicher Weise, dann ist die Rentabilitätsziffer eines Investitionsobjektes kein befriedigender Anhaltspunkt für die Erzielung eines möglichst hohen Gesamtgewinnes im Unternehmen, denn dieser wird von dem Gesamtprogramm aller Investitionsvorhaben bestimmt, die die knappen produktiven Faktoren optimal ausnutzen. Damit ist nachgewiesen, daß die Rentabilität einzelner Investitionsobjekte das Rentabilitätsstreben als Deter-

---

[5]) Terborgh hat dieses Problem deutlich gesehen und durch die Annahme eliminiert, daß alle zukünftigen Investitionsmöglichkeiten identisch sind. Vgl. Terborgh, G., Dynamic Equipment Policy, New York 1949, S. 57 f.

minante betrieblicher Investitionspolitik nicht in jedem Falle in befriedigender Weise wiedergibt.

c) Es muß folglich eine Meßvorschrift angegeben werden, welche die Rentabilität des jährlichen Investitionsprogramms als Teil einer langfristigen optimalen Gesamtpolitik des Unternehmens widerspiegelt. Diese liegt ganz allgemein darin, daß der Totalgewinn des Unternehmens am Ende seiner Lebensdauer ein Maximum sein soll[6]. Wieweit diese Meßvorschrift operational ist, wird bei der Erörterung der Methoden der Investitionsplanung behandelt.

Die aus diesem Rentabilitätskriterium resultierenden Investitionsentscheidungen sind aber nur dann richtig, wenn die Lebensdauer des Unternehmens auch exakt angegeben werden kann. Hier werden im allgemeinen große Schwierigkeiten auftreten, denn kein Unternehmen kann die Zukunft so weit überschauen, daß es bei der Festlegung der unternehmenspolitischen Maßnahmen praktisch auf die Liquidation des Unternehmens in einem fernen Zeitpunkt hinarbeiten könnte. Vielmehr wird sich auch die langfristige Unternehmensplanung nur auf einen kürzeren Zeitabschnitt erstrecken können. Die Planung reicht also nicht bis zum Ende der Lebensdauer des Unternehmens, sondern lediglich bis zu einem in näherer Zukunft liegenden Zeitpunkt, den man als den relevanten Planungshorizont bezeichnet[7]. Die Investitionsmöglichkeiten, die sich dem Unternehmen jenseits dieses Zeitpunktes bieten, üben auf die tatsächliche Gestaltung der gegenwärtigen Investitionspolitik keinen Einfluß mehr aus. Der Gewinnbeitrag, den die Investitionsentscheidungen während des relevanten Planungszeitraumes, d. h. der Periode von dem gegenwärtigen Zeitpunkt bis zum relevanten Planungshorizont, zum Gesamtgewinn des Unternehmens während seiner gesamten Lebensdauer leisten, ist also unabhängig von den zukünftigen Investitionsmöglichkeiten. Mit Hilfe dieses Begriffes eines relevanten Planungszeitraumes kann das Rentabilitätskriterium nun wie folgt formuliert werden: Der Gesamtgewinn des Unternehmens während des relevanten Planungszeitraumes soll ein Maximum werden.

2. Die Erfüllung dieser Maximierungsbedingung setzt voraus, daß das Unternehmen während des relevanten Planungszeitraumes auch besteht. Darf man bei der Investitionsplanung davon ausgehen, daß darüber absolute Sicherheit gegeben ist, dann braucht diese Bedingung nicht ausdrücklich betont zu werden. Unter den tatsächlichen Bedingungen, unter denen in der wirtschaftlichen Wirklichkeit Investitionsentscheidungen getroffen werden, darf diese Annahme jedoch nicht gemacht werden. Katastrophen, Streiks, plötzlich und unvorhersehbar auftretende Zahlungsschwierigkeiten können in einem beliebigen Zeitpunkt ein Unternehmen vernichten oder zur Auflösung zwingen. Will man gewährleisten, daß das Unternehmen während des Planungszeitraumes besteht, dann muß man auch Maßnahmen treffen und die Investitionsentscheidungen so vornehmen, daß sie ihre Sicherheitspolitik nicht gefährden, sondern

---

[6] Vgl. dazu in jüngster Zeit Koch, H., Betriebliche Planung, in: Die Wirtschafts-Wissenschaften, Wiesbaden 1960.

[7] Vgl. hierzu vor allem Modigliani, F. und K. J. Cohen, The significance and Uses of Ex Ante Data, in: M. J. Bowman (Hrsg.), Expectations, Uncertainty, and Business Behavior, New York 1958; Modigliani, F. und F. E. Hohn, Production Planning over Time and the Nature of the Expectation and Planning Horizon, Econometrica 1955, S. 46.

vielmehr unterstützen. Damit wird die Sicherheitskomponente zur zweiten Hauptdeterminanten der Investitionsplanung[8]).

a) Das Sicherheitsstreben des Unternehmens ist dann befriedigt, wenn während des Planungszeitraumes alle Gefahren für seinen Bestand abgewendet oder aufgefangen werden können. Das bedeutet, daß in keinem Zeitpunkt während dieser Periode eine ernstliche Gefährdung auftreten darf. Die Struktur dieses Entscheidungskriteriums weicht also von der des Rentabilitätskriteriums ab. Rentabilitätsstreben bedeutet Streben nach einem Maximum in einer bestimmten Periode. Dabei ist es gleichgültig, ob in einem Abschnitt dieser Periode Verluste auftreten oder nicht, solange der Gesamtgewinn maximiert wird. Das Sicherheitsstreben dagegen stellt nur die Bedingung, daß bestimmte Situationen nicht eintreten dürfen. Es beinhaltet also nicht das Streben nach einem Maximum, sondern lediglich die Aufrechterhaltung einer bestimmten Minimalbedingung. Auf der anderen Seite muß diese Bedingung aber auch in jedem Zeitpunkt gewahrt werden.

b) Der Versuch, eine Meßvorschrift für das Streben des Unternehmens nach Aufrechterhaltung seiner Sicherheit zu geben, stößt auf große Schwierigkeiten[9]). Aufrechterhaltung der Sicherheit des Unternehmens bedeutet ja Schutz vor allen die Existenz bedrohenden Gefahren. Diese sind aber besonders in einer freien Wirtschaftsordnung außerordentlich verschieden und groß. Sie hängen nicht nur von der Branche, dem Standort, der Betriebsgröße ab, sondern können auch Zufallserscheinungen wie Explosionen, Epidemien unter der Belegschaft usw. oder aus dem konjunkturellen Wirtschaftsablauf resultierende Phänomene sein. Die Sicherung vor diesen Gefahren ist Bestandteil der betrieblichen Risikopolitik[10]).

Es kann hier nicht der Versuch unternommen werden, eine Meßvorschrift für die Beachtung der vielfältigen Gefahren zu geben, die bei der betrieblichen Investitionsentscheidung unter Umständen zu beachten sind. Die Analyse beschränkt sich vielmehr auf eine der wesentlichen Gefahrenquellen für den Bestand des Unternehmens, nämlich Störungen in seinem finanziellen Gefüge. Finanzielle Sicherheit des Unternehmens bedeutet, daß in jedem Augenblick allen Zahlungsverpflichtungen Deckungsmittel in ausreichender Höhe gegenüberstehen. Diesen Zustand bezeichnet man als das finanzielle Gleichgewicht des Unternehmens[11]). Streben nach finanzieller Sicherheit bedeutet die Aufrechterhaltung von Liquidität in jedem Zeitpunkt während des gesamten Planungszeitraumes. Dabei wird nicht eine ganz bestimmte finanzielle Situation, sondern nur der Ausschluß derjenigen Liquiditätslage erstrebt, die als Zahlungsschwierigkeiten oder finanzielles Ungleichgewicht zu bezeichnen ist.

---

[8]) In einem sehr interessanten Beitrag hat Koch diese beiden Kriterien, die er als Primär- und Sekundärkomponenten einer Investitionsmöglichkeit bezeichnet, in der Rentabilitätsrechnung einzelner Entscheidungsvorhaben zu verbinden versucht. Vgl. Koch, H., Zur Diskussion in der Ungewißheitstheorie, ZfhF 1960, S. 49.

[9]) Vgl. vor allem Kautz, R. W., The Concept of Security in the Theory of the Individual Firm, Diss. Indiana 1955.

[10]) Siehe hierzu besonders Riebel, P., Die Elastizität des Betriebes, Köln und Opladen 1954; Bußmann, K. F., Das betriebswirtschaftliche Risiko, Meisenheim/Glan 1955.

[11]) Vgl. Gutenberg, E., Grundlagen der Betriebswirtschaftslehre, 5. Aufl., Berlin-Göttingen-Heidelberg 1960, S. 341 f.; Maßmann, G., Das Problem des finanziellen Gleichgewichts in der Unternehmung, Diss. Köln 1959; Kosiol, E., Finanzplanung und Liquidität, ZfhF 1955, S. 251.

Die Definition einer Meßvorschrift für die Aufrechterhaltung des finanziellen Gleichgewichts bereitet im allgemeinen keine Schwierigkeiten. Die Einnahmen und liquiden Mittel des Unternehmens müssen in jedem Zeitpunkt größer als die Ausgaben sein, die das Unternehmen in dem gleichen Zeitpunkt zu leisten verpflichtet ist. Diese Bedingung muß in jedem Zeitpunkt während des Planungszeitraumes eingehalten werden.

c) Es ist einleuchtend, daß diese Meßvorschrift nur für das Gesamtunternehmen definiert und nicht auf die Liquiditätsbeiträge der einzelnen Investitionsobjekte ausgedehnt werden kann. Die Ausgaben eines einzelnen Investitionsvorhabens dürfen in einem bestimmten Zeitpunkt dann die Einnahmen übersteigen, wenn die Differenz durch positive Liquiditätsbeiträge anderer Investitionsobjekte oder andere flüssige Mittel ausgeglichen werden kann. Die Forderung, daß die Einnahmen eines Investitionsobjektes in jedem Zeitpunkt seine Ausgaben decken, ist also wesentlich stärker als die Meßvorschrift, die das Sicherheitsstreben des Unternehmens befriedigend ausdrückt. Eine solche, auf die einzelnen Investitionsvorhaben gerichtete Meßvorschrift kann daher nicht Teil der Investitionsentscheidung sein.

Aber auch für das gesamte Investitionsprogramm gilt, daß das finanzielle Gleichgewicht des Unternehmens nicht schon dann gefährdet ist, wenn in einem Zeitpunkt die durch alle Investitionsobjekte veranlaßten Ausgaben über ihren Einnahmen liegen. Das wird besonders deutlich, wenn man an den Investitionszeitpunkt selbst denkt, der ja Teil der gesamten Planungsperiode ist. In ihm werden im allgemeinen die Investitionsausgaben besonders hoch sein, während die Investitionsobjekte in diesem Zeitpunkt noch keine Einnahmen erzielen werden. Verlangte man also auf Grund des Strebens nach finanzieller Sicherheit im Unternehmen, daß die von den Investitionsobjekten verursachten Ausgaben stets von den Einnahmen überdeckt werden, dann käme es nie zu einer Investitionsentscheidung. Die Meßvorschrift, daß die Einnahmen und liquiden Mittel in jedem Zeitpunkt größer als die Ausgaben sein müssen, bezieht sich also ausschließlich auf die Zahlungsströme der Unternehmung. Eine Aufteilung auf die einzelnen Investitionsobjekte erscheint nicht möglich.

Damit ist nachgewiesen, daß Rentabilität und finanzielle Sicherheit als Determinanten der Investitionsentscheidung im Unternehmen gesamtbetriebliche Größen sind und jede Meßvorschrift, die die Einhaltung dieser Kriterien an den einzelnen Investitionsobjekten messen will, das eigentliche Ziel der betrieblichen Investitionspolitik verfehlt. Die bei der Investitionsplanung angewandten Methoden müssen dieser Tatsache Rechnung tragen.

B. Die Methoden der Investitionsplanung

1. Rentabilitätsrechnung

Die Investitionstheorie hat sich vorwiegend auf die Analyse einzelner Investitionsobjekte konzentriert. Sie ist zum Teil bis zu den Fragen der Rentabilität von Investitionsketten vorgedrungen[12]). Sobald aber schon mehrere Investi-

---

[12]) Vgl. Schneider, E., Wirtschaftlichkeitsrechnung, a. a. O., S. 61 ff.; Lutz, F. A. und V., Theory of Investment of the Firm, Princeton 1951, S. 32, 106 ff., 119 ff.; Alchian, A. A., Economic Replacement Policy, Santa Monica 1952, S. 14 ff.

tionsketten zu vergleichen waren, wurden die Formulierungen unbestimmt[13]). Konkrete Planungsinstrumente zur Aufstellung von Investitionsprogrammen hat die Theorie bisher nicht entwickelt[14]). Man darf deshalb wohl sagen, daß die Investitionstheorie vor allem Ergebnisse und Instrumente für die Untersuchung der Vorteilhaftigkeit einzelner Investitionsobjekte aufgezeigt hat. Methoden, die sich vorwiegend auf Einzelobjekte beziehen, sollen hier als analytisch bezeichnet werden. Im Gegensatz dazu sollen Planungsinstrumente, deren Zweck sich von vornherein auf die Erfüllung bestimmter gesamtbetrieblicher Bedingungen richtet, als synthetische Methoden bezeichnet werden. Diese ermitteln das Investitionsprogramm für die gesamte Planungsperiode unmittelbar.

Die Investitionsplanung wird nur dann den Anforderungen des gesamtbetrieblichen Rentabilitätskriteriums gerecht, wenn sie zwei Bedingungen erfüllt: Erstens muß sie den betrieblichen Teilbereichen, insbesondere den Sektoren, die Engpässe der Unternehmensplanung darstellen, Rechnung tragen, und zweitens muß sie das Reinvestitionsproblem der von den Investitionen einer Periode in späteren Perioden freigesetzten Mittel lösen. Um die Darstellung nicht zu sehr zu erschweren, wird das Reinvestitionsproblem durch folgende Annahme gelöst: Das Unternehmen besitzt genaue Kenntnis lediglich über die augenblicklich zur Entscheidung stehenden Investitionsobjekte. Alle in Zukunft vorzunehmenden Investitionen, werden sie nun aus den eigenen Mitteln oder durch Bankkredite finanziert, sind unbekannt. Es ist jedoch sicher, daß in Zukunft die Mittel so eingesetzt werden können, daß die bisher von dem Unternehmen erzielte durchschnittliche Rentabilität aufrechterhalten werden kann. Benutzt man also die durchschnittliche Rentabilität des Unternehmens als Kalkulationszinsfuß, dann weisen alle zukünftigen Investitionsmöglichkeiten einen Kapitalwert von Null DM auf. Damit gelingt es, die Rentabilitätsrechnung in zutreffender Weise auf die augenblicklich zur Entscheidung stehenden Investitionsobjekte zu konzentrieren[15]). Die Gesamtrentabilität des Unternehmens ist folglich die Summe der Rentabilitätsbeiträge (Kapitalwerte) der tatsächlich durchgeführten Investitionsvorhaben.

Welche Investitionsobjekte aber realisiert werden, hängt von der zweiten Frage ab, welche die Investitionsplanung lösen muß: Es werden nämlich nur diejenigen Investitionen vorgenommen, welche die vorhandenen betrieblichen Engpaßbereiche optimal ausnutzen. Diese Forderung befindet sich in Übereinstimmung mit dem ökonomischen Prinzip, das darin besteht, die knappen produktiven Faktoren gewinnbringend auf die Nutzungsmöglichkeiten zu verteilen. Jedes Investitionsobjekt stellt gewisse Anforderungen an die vorhandenen produktiven Faktoren, es erfordert z. B. einen bestimmten Betrag an Kapital infolge seiner Anschaffungskosten, Arbeiter müssen zu seiner Bedienung bereitgestellt werden, seine Aufstellung im Unternehmen führt zu einem bestimmten Raumbedarf, und die Produktion auf der Anlage erfordert einen ganz bestimmten Werkstoffeinsatz. Alle diese Elemente aller technisch mög-

---

[13]) Siehe z. B. Lutz, F. A. und V., Theory of Investment of the Firm, Princeton 1951, S. 112.

[14]) Der Versuch von Dean, dieses Problem zu lösen, ist nicht überzeugend. Vgl. Dean, J., Capital Budgeting, 3. Aufl., New York 1956.

[15]) Bestehen genauere Informationen über zukünftige Investitionsmöglichkeiten, dann muß eine dynamische Investitionsplanung vorgenommen werden.

lichen Investitionsobjekte müssen so koordiniert werden, daß die verschiedenen Engpässe harmonisch aufeinander abgestimmt werden. Eine einfache Rentabilitätsrechnung der Form, daß die Kapitalwerte der Investitionsmöglichkeiten berechnet werden, kann diese Aufgabe nicht erfüllen. Vielmehr müssen bei der Investitionsplanung die möglichen Engpaßsektoren ausdrücklich formuliert werden. Dem möglichen, von den verschiedenen Investitionsobjekten ausgelösten Bedarf an produktiven Faktoren müssen die zur Verfügung stehenden Mengen gegenübergestellt werden. Die Rentabilitätsrechnung besteht folglich aus zwei Teilen: Der Zielfunktion, welche die Rentabilitätsbeiträge aller möglichen Investitionsobjekte enthält, und den Nebenbedingungen, welche die möglichen Anforderungen an die knappen Faktoren und die vorhandenen „Kapazitäten" wiedergeben.

Eine solche Form der synthetischen Investitionsplanung unterscheidet sich von der analytischen Form grundsätzlich in zwei Punkten. (1) Alle alternativen Investitionsobjekte gehen in die Gesamtplanung ein. Das Investitionsobjekt mit dem höchsten Kapitalwert erscheint also nicht von vornherein vorteilhafter als die anderen alternativen Investitionsmöglichkeiten. Die Auswahl der endgültigen Investitionsentscheidung erfolgt also unmittelbar aus allen möglichen Investitionsobjekten. Einen solchen unmittelbaren Planungsvorgang kann man als simultane Planung bezeichnen. Bei der analytischen Ermittlung des Investitionsprogramms wird dagegen stufenweise vorgegangen: Zunächst wird aus den alternativen Investitionsvorhaben dasjenige mit dem höchsten Kapitalwert ausgesucht. In der zweiten Stufe, der Zusammensetzung der komplementären Investitionsobjekte zum Investitionsprogramm, werden die ausgeschiedenen Investitionsobjekte nicht mehr berücksichtigt. (2) Die Nebenbedingungen, die jedes Unternehmen bei der Planung zu berücksichtigen hat, werden ausdrücklich formuliert und ebenfalls erst im eigentlichen Planungsvorgang unmittelbar verarbeitet. In der analytischen Planung dagegen sind alle diejenigen Investitionsobjekte, deren Realisierung mit den vorhandenen Mitteln nicht möglich erscheint, in der Vorauswahl bereits ausgeschieden. Dadurch bleiben Investitionsmöglichkeiten unberücksichtigt, die bei geschickter Kombination mit anderen gegebenen Investitionsmöglichkeiten unter Umständen doch realisierbar wären.

Es ist evident, daß ein synthetisches Planungssystem die Datenverarbeitung vor erheblich größere Aufgaben stellt als ein analytisches Planungssystem, das den Kreis der weiterzuverarbeitenden Investitionsvorschläge stufenweise reduziert. Die Überlegenheit der synthetischen Investitionsplanung gegenüber der analytischen rechtfertigt jedoch diese Mehrarbeit.

Die vorstehenden Gedanken sollen nun exakt formuliert werden. Angenommen, es seien

(1) $\qquad x' = (x_1, x_2, \ldots, x_\nu, \ldots x_n)$

Investitionsmöglichkeiten vorhanden, die sowohl alternative als auch komplementäre Vorhaben umfassen. x' stellt einen Zeilenvektor dar. Für jedes dieser Investitionsvorhaben kann ein ganz bestimmter Kapitalwert berechnet werden, der sich aus (2) ergibt

(2) $\qquad c_\nu = -e_\nu + \dfrac{g_{2\nu}}{q} + \ldots + \dfrac{g_{t\nu}}{q^{t-1}} + \ldots + \dfrac{g_{N\nu}}{q^{N-1}} \quad (q = 1 + \dfrac{p}{100})$

Darin bedeuten

c_ν Kapitalwert des ν-ten Investitionsobjektes
e_ν Anschaffungskosten des ν-ten Investitionsobjektes
$g_{t\nu}$ Finanzwirtschaftliche Überschüsse (Einnahmen abzüglich Ausgaben) des ν-ten Investitionsobjektes in der t-ten Periode
N_ν Nutzungsdauer des Investitionsobjektes ν
q Abzinsungsfaktor
p durchschnittlicher Rentabilitätssatz des Unternehmens.

Nun läßt sich ein Vektor der Kapitalwertbeiträge angeben

(3) $$c' = (c_1, c_2, \ldots, c_\nu, \ldots, c_n)$$

Die mögliche Gesamtrentabilität des Unternehmens C (Gesamtkapitalwert) ist die Summe aller Kapitalwertbeiträge der Investitionsobjekte. In Vektorschreibweise erhält man

(4) $$C = c'x$$

C ist das gesuchte Maß für die Gesamtrentabilität des Unternehmens. Die Investitionsobjekt x sollen nun so ausgewählt werden, daß C möglichst groß wird. Das kann durch

(5) $$C = c'x \rightarrow Max!$$

ausgedrückt werden. Diese in den x lineare Funktion muß aber unter Beachtung gewisser Nebenbedingungen, in denen die Engpaßsektoren des Unternehmens ausgedrückt werden, maximiert werden. Nimmt man einmal an, daß die produktiven Faktoren Belegschaft, Werkstoffe, Standortboden und Kapital zu Engpässen der Planung werden könnten, dann erhält man:

(6) $$b'x \leq u$$
(7) $$w'x \leq v$$
(8) $$s'x \leq o$$
(9) $$k'x \leq z$$

Darin bedeuten

b Vektor der Anforderungen der einzelnen Investitionsobjekte an das Bedienungspersonal
u vorhandene Belegschaft
w Durchsatz an Werkstoff der Investitionsobjekte pro Stunde
v zur Verfügung stehende Menge an Werkstoffen
s Anforderungen der Investitionsobjekte an Standortboden
o zur Verfügung stehende Menge an Werkstoffen
k Vektor der Anforderungen der Investitionsobjekte an Kapital
z zur Verfügung stehende Finanzierungsmittel

Aber auch vom Markt her können der Investitionsplanung Schranken gesetzt werden. Bezeichnet z. B. r'_i den Vektor der Produktionsbeiträge, welche die Investitionsobjekte bei der Produktion des Produktes i leisten können, und a_i die Sättigungsmenge des Marktes für das Erzeugnis i bei einem bestimmten Preis, dann ist die Absatzbedingung

(10) $$Rx \leq a$$

bei der Investitionsplanung zu beachten. Darin gelten:

(11) $$\mathbf{R} = (r_{i\nu}) = \begin{pmatrix} r_{11}, \ldots, r_{1\nu}, \ldots, r_{1n} \\ \ldots\ldots\ldots\ldots\ldots\ldots \\ r_{i1}, \ldots, r_{i\nu}, \ldots, r_{in} \\ \ldots\ldots\ldots\ldots\ldots\ldots \\ r_{y1}, \ldots, r_{y\nu}, \ldots, r_{yn} \end{pmatrix}$$

(12) $$\mathbf{a}' = (a_1, \ldots, a_i, \ldots, a_y)$$

(13) $$\mathbf{r}'_i = (r_{i1}, r_{i2}, \ldots, r_{i\nu}, \ldots, r_{in}), \quad (i = 1, 2, \ldots, y)$$

Durch y wird der Umfang des Sortiments angegeben, das das Unternehmen erzeugt.

Schreibt man nun

(14) $$\mathbf{B} = \begin{pmatrix} \mathbf{b}' \\ \mathbf{w}' \\ \mathbf{s}' \\ \mathbf{k}' \\ \mathbf{R} \end{pmatrix}$$

und

(15) $$\mathbf{m} = \begin{pmatrix} u \\ v \\ o \\ z \\ a \end{pmatrix}$$

so kann man für die vektoriellen Ausdrücke (6) bis (9) und (10) auch in Matrixform schreiben

(16) $$\mathbf{Bx} \leq \mathbf{m}$$

Fügt man noch die Bedingung hinzu, daß nur Maschinen gekauft, also keine negativen Investitionen vorgenommen werden können, so erhält man

(17) $$\mathbf{x} \geq \mathbf{0}$$

Damit ist das Problem formuliert. Es lautet also mathematisch: Man maximiere die Zielfunktion

(5) $$C = \mathbf{c}'\mathbf{x} \rightarrow \text{Max!}$$

unter Beachtung der Nebenbedingungen

(16) $$\mathbf{Bx} \leq \mathbf{m}$$

und

(17) $$\mathbf{x} \geq \mathbf{0}$$

Dieses Problem ist ohne weiteres mit den modernen Methoden der Planungsrechnung lösbar. Das in Abschnitt III durchgeführte Beispiel verwendet zur Berechnung die verbesserte Simplex-Methode unter Benutzung der allgemeinen Form der inversen Basis. Damit ist die Form der Investitionsplanung gefunden, die dem ganzheitlichen Charakter des Entscheidungskriteriums Rentabilität exakt Rechnung trägt.

2. Sicherheitsrechnung

Das optimale Investitionsprogramm muß aber auch die Sicherheitskomponente der Investitionsentscheidung beachten. Ein nach (5), (16) und (17) optimales Programm ist also unter Berücksichtigung dieser Bedingung unter Umständen noch nicht optimal. Erst wenn es gelungen ist, auch die Sicherheitskomponente exakt in das Planungssystem einzubauen, kann das resultierende Investitionsprogramm im Sinne der beiden Kriterien Rentabilität und Sicherheit als optimal bezeichnet werden.

Die finanzielle Sicherheit des Unternehmens ist dann gewährleistet, wenn es gelingt, das finanzielle Gleichgewicht aufrechtzuerhalten. Als selbständiges Entscheidungskriterium ist das finanzielle Gleichgewicht besonders von Gutenberg formuliert worden[16]). Im Rahmen der Investitionsplanung wird das Problem der Aufrechterhaltung des finanziellen Gleichgewichts im allgemeinen durch eine Abstimmung von Investitions- und Finanzplanung behandelt[17]). Hierbei werden gewöhnlich zwei Fälle unterschieden: Sind ausreichende finanzielle Mittel vorhanden, dann wird die Finanzierungsform dem zunächst ermittelten Investitionsplan angepaßt. Hier erfolgt also eine Abstimmung des Finanzplanes auf den Investitionsplan. In denjenigen Situationen dagegen, in denen die finanziellen Mittel knapp sind, wird zunächst durch die Finanzplanung der Betrag ermittelt, der zur Durchführung von Investitionen zur Verfügung steht, und dann wird versucht, diesen Betrag bestmöglich auf die sich bietenden Investitionsmöglichkeiten zu verteilen. Eine solche stufenweise Planung trägt zwar dem Grundsatz der finanziellen Sicherheit in der ersten Periode Rechnung, die Investitionsprogramme nutzen aber nicht alle Rentabilitätsmöglichkeiten aus, und finanzielle Spannungen in späteren Perioden werden durch ein solches Verfahren nicht ausgeschaltet.

In der Praxis wird häufig ein anderes Verfahren angewandt, bei dem die Sicherung gegen finanzielle Gefahren auch in langfristiger Sicht im Vordergrund steht. Es handelt sich hierbei um die sogenannte Amortisationsrechnung. Dieses Verfahren ermittelt, nach wieviel Jahren sich eine Investition aus den von ihr erzielten Gewinnen „amortisiert" hat. Dieser sogenannte „Liquiditätszeitpunkt" wird mit einer gewünschten Liquidationsgrenze verglichen. Geht die tatsächliche Amortisationsdauer über die gewünschte Liquidationsperiode hinaus, dann wird die Investition nicht vorgenommen[18]). „Die Methode der Liquidationsgrenze enthält also keine Aussage über die Geschichte der Zahlungsströme vom Zeitpunkt der Gewinnschwelle bis zum Ende der wirtschaftlichen Nutzungsdauer. Sie gibt lediglich ein Maß für die Geschwindigkeit an, mit der das investierte Kapital wieder in liquide Form umgewandelt werden kann. In der Methode der kurzen Liquidationsperiode kommt mithin das Streben der Unternehmen nach Sicherheit zum Ausdruck[19])."

Der entscheidende theoretische Einwand gegen diese Methode liegt darin, daß sie auf der Vorstellung beruht, jedes Investitionsobjekt müsse das als notwendig erachtete Sicherheitskriterium der gewünschten Liquidationsgrenze

---

[16]) Vgl. Gutenberg, E., Grundlagen der Betriebswirtschaftslehre, a. a. O., S. 341 f.

[17]) Vgl. zum folgenden: Beste, Th., Der Stand der betriebswirtschaftlichen Planung, ZfhF 1942, S. 117; ders., Wirtschaftsplanung, HdB, 2. Aufl., Stuttgart 1939, Sp. 2339 f.; Husmann, H., Die Investitionsplanung im Industriebetrieb, DB 1952, S. 85; Kortzfleisch, G. von, Die Grundlagen der Finanzplanung, Berlin 1957; Stadler, W., Der Investitionsplan, in: IdW (Hrsg.), Unternehmen und Unternehmensberater im Gemeinsamen Europäischen Markt, Düsseldorf 1960, S. 269.

[18]) Vgl. Smith, V. L., A Theoretical and Empirical Inquiry into the Economic Replacement of Capital Equipment, Diss. Harvard 1955, S. 3-8.

[19]) Albach, H., Wirtschaftlichkeitsrechnung bei unsicheren Erwartungen, Köln und Opladen 1959, S. 220.

selbst erfüllen. Da diese Forderung praktisch nicht aufrechterhalten werden kann, wird das Sicherheitskriterium selbst ausgehöhlt: Bei Werkzeugen wird z. B. eine Liquidationsgrenze von einem Jahr, bei Maschinenteilen von drei Jahren und bei maschinellen Anlagen von sechs Jahren gefordert[20]). Viele Autoren haben festgestellt, daß die gewünschte Liquidationsgrenze elastisch und variabel gehandhabt wird[21]). Es kann jedoch nicht übersehen werden, daß in der Methode der kurzen Liquidationsgrenze ein wichtiger Gedanke enthalten ist, der für die Aufrechterhaltung des finanziellen Gleichgewichts im Unternehmen von entscheidender Wichtigkeit ist. Die Risiken finanzieller Spannungen im Unternehmen erscheinen größer, je unsicherer die zukünftige Entwicklung ist. Nun ist es den Unternehmen im allgemeinen möglich, Planungen für die unmittelbar bevorstehenden Perioden aufzustellen, durch welche es gelingt, die Entwicklung des Unternehmens zu kontrollieren und Gefahrenpunkte rechtzeitig zu erkennen, um die erforderliche Abhilfe zu schaffen. Über die unmittelbare Zukunft hinaus werden jedoch die Daten unsicher und daher unkontrollierbar. Ob also jenseits des unmittelbar überschaubaren Zeitraumes noch die Möglichkeit besteht, das in den Investitionsobjekten gebundene Kapital zu tilgen, ist ungewiß. Sofern aber diese Tilgungen nicht nur in Form von Abschreibungen vorgenommen werden, sondern zu tatsächlichen Zahlungen führen, bringt diese Ungewißheit über die zukünftige Zahlungsmöglichkeit für die Unternehmen die Gefahr finanzieller Spannungen mit sich. Es erscheint daher in Übereinstimmung mit dem Prinzip der Sicherung vor finanziellen Gefahren, wenn die Unternehmen fordern, daß das in einer Periode investierte Kapital sich nach einer gewissen Zeitdauer amortisiert hat[22]).

Es soll daher hier davon ausgegangen werden, daß ein Unternehmen dann ein Gefühl finanzieller Sicherheit hat, wenn das in einem bestimmten Jahr investierte Kapital sich nach T Jahren amortisiert hat. Ein solches Entscheidungskriterium darf nach den vorstehenden Darlegungen als rational bezeichnet werden.

Die Gesamtsumme des in einem bestimmten Jahre t investierten Kapitals sei mit E bezeichnet. Dieser Betrag setzt sich aus der Summe der Anschaffungskosten e_v für die einzelnen Maschinen zusammen, also

(18) $$E = e'x$$

Darin ist

(19) $$e' = (e_1, e_2, \ldots, e_v, \ldots, e_n)$$

Verlangt man nun, daß sich die Gesamtsumme E des investierten Kapitals nach T Jahren amortisiert hat, so ergibt sich

(20) $$e'x \leq \left(\sum_{t=2}^{r} g_t \right)' x$$

g_{tv} ist der finanzielle Überschuß, den ein Investitionsobjekt v in der Periode t erzielt.

[20]) Scheuble, P. A., How to Figure Equipment Replacement, HBR 1955, No. 5, S. 86.

[21]) Siehe dazu MAPI, Equipment Replacement and Depreciation Policies and Practices — A Survey, Washington 1956, S. 8; Heller, W. A., The Anatomy of Investment Decisions, HBR 1951, No. 2, S. 95 f., besonders S. 101; Mayer, R. R., Problems in the Application of Replacement Theory, Management Science 1960, S. 303.

[22]) Buchanan hat festgestellt, daß in der Tat die Planungsperiode und die gewünschte Liquidationsgrenze übereinstimmen. Vgl. Buchanan, N. S., Anticipations and Industrial Investment Decisions, AER 142, Papers, S. 141.

In (20) ist der Ausdruck in der Klammer selbst ein Vektor. Das Summenzeichen ist also so zu verstehen, daß die Zeilenvektoren

(21)
$$\begin{aligned} \mathbf{g_1'} &= (g_{11}, \ldots, g_{1\nu}, \ldots, g_{1n}) \\ &\cdots\cdots\cdots\cdots\cdots\cdots \\ \mathbf{g_t'} &= (g_{t1}, \ldots, g_{t\nu}, \ldots, g_{tn}) \\ &\cdots\cdots\cdots\cdots\cdots\cdots \\ \mathbf{g_T'} &= (g_{T1}, \ldots, g_{T\nu}, \ldots, g_{Tn}) \\ &\cdots\cdots\cdots\cdots\cdots\cdots \end{aligned}$$

elementweise aufaddiert werden. Aus (20) folgt unmittelbar

(22) $$\mathbf{e'x} - \left(\sum_{t=2}^{T} \mathbf{g_t} \right)' \mathbf{x} \leqq 0$$

bzw.

(23) $$\left(\mathbf{e} - \sum_{t=2}^{T} \mathbf{g_t} \right)' \mathbf{x} \leqq 0.$$

Definiert man nun

(24) $$\left(\mathbf{e} - \sum_{t=2}^{T} \mathbf{g_t} \right) = \mathbf{d},$$

so kann man schreiben

(25) $$\mathbf{d'x} \leqq 0.$$

Diese Bedingung bringt zum Ausdruck, daß sich das in der Periode t=1 investierte Gesamtkapital nach T Jahren amortisiert haben muß. Die Bedeutung dieses Kriteriums der kurzen Liquidationsgrenze gegenüber der in der Praxis üblichen Payoff-Methode muß jedoch klar erkannt werden: Die Formulierung (25) läßt es zu, daß einige Investitionsobjekte sich aus den von ihnen selbst erwirtschafteten finanziellen Überschüssen noch nicht amortisiert haben. Es dürfen folglich einige der d in **d** positiv sein. Andere Investitionsobjekte haben dann aber die Gewinnschwelle bereits überschritten und so viele finanzielle Mittel freigesetzt, daß aus diesen freien Mitteln die noch in den anderen Investitionsobjekten gebundenen Mittel amortisiert werden können.

Im Sinne einer rationellen Liquiditätsrechnung erscheint es vernünftig, daß einige Investitionsobjekte mit ihren finanziellen Überschüssen andere Investitionsobjekte so „finanzieren", daß die gesamten finanziellen Ströme, die durch das gesamte Unternehmen fließen, stets im Gleichgewicht sind. Es wäre mit einer vernünftigen Finanzpolitik im Unternehmen nicht vereinbar, von jedem Investitionsobjekt zu verlangen, daß es sein eigenes finanzielles Gleichgewicht einhält. Finanzielle Sicherheit ist eine Größe, die nur für das Gesamtunternehmen definiert ist, nicht aber für die einzelnen Komponenten des Unternehmens, also in diesem Falle die einzelnen Investitionsvorhaben.

Ein solches Kriterium setzt jedoch eine gute Finanzplanung und Liquiditätsrechnung im Unternehmen voraus. Werden die von dem gesamten Investitionsprogramm freigesetzten Mittel nicht zur Tilgung der Investitionssumme verwandt, sondern werden hierfür nur die den bilanziellen Abschreibungen entsprechenden liquiden Mittel eingesetzt, während die darüber hinausgehenden Mittel anderweitig verwandt werden, dann ist selbstverständlich nach T Perioden noch nicht das gesamte Investitionskapital amortisiert, und die finanzielle Sicherheit des Unternehmens ist unter Umständen bedroht. Da aber die Abschreibungen ein Begriff der Kostenrechnung bzw. der Aufwand- und Ertrag-Rechnung sind, die nicht mit der Liquiditätsrechnung vermengt wer-

den sollten[23]), scheidet ein solcher Einwand gegen die hier vorgetragene Form der Planung finanzieller Sicherheit im Unternehmen aus.
Damit ist das gesamte System betrieblicher Investitionsplanung entwickelt. Es hat nun folgende endgültige Form erhalten. Man maximiere

(5) $\qquad c'x = C \to \text{Max}!$

unter Beachtung der Engpaßsektoren

(16) $\qquad Bx \leq m$

und der Sicherheitsbedingung

(25) $\qquad d'x \leq 0$

sowie der Nichtnegativitätsbedingung

(17) $\qquad x \geq 0$

Die Lösung dieses linearen Programms stellt ein nach den gesamtbetrieblichen Kriterien Rentabilität und finanzielle Sicherheit optimales Investitionsprogramm dar.

C. Die Beziehungen zwischen Sicherheits- und Rentabilitätskomponente betrieblicher Investitionsprogramme

1. Bei der dargestellten Form der Planung von Investitionsprogrammen übt die Bedingung finanzieller Sicherheit einen ganz bestimmten Einfluß auf die Zusammensetzung des Investitionsprogramms aus. Je kürzer die gewünschte Liquidationsdauer ist, desto weniger Investitionen können vorgenommen werden und desto kurzlebiger und deshalb vielfach unrentabler werden im allgemeinen die Investitionsobjekte sein, welche den Anforderungen an das optimale Investitionsprogramm zu genügen vermögen. Da nun aber die Gesamtrentabilität des Unternehmens von den Rentabilitätsbeiträgen der einzelnen Investitionsobjekte bestimmt wird, ist auch die Gesamtrentabilität um so kleiner, je strenger die Sicherheitsbedingung formuliert wird. Damit erscheint die

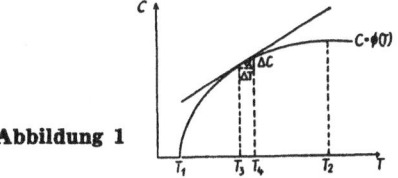

Abbildung 1

gewünschte Liquidationsdauer T als eine Determinante der Gesamtrentabilität des Unternehmens. Zwischen der Rentabilitätskomponente C und der Sicherheitskomponente T besteht ein bestimmter Zusammenhang. Dieser wird durch Abbildung 1 dargestellt. Die Kurve $C = \Phi(T)$ läßt erkennen, in welcher Weise die Rentabilität von der Sicherheitsbedingung der Investitionsplanung beeinflußt wird. Bei einer gewünschten Liquidationsperiode von $T < T_1$ können keine Investitionen vorgenommen werden, da keines der vorhandenen Investi-

---

[23]) Darauf hat besonders Rittershausen nachdrücklich hingewiesen. Vgl. Rittershausen, H., Die Finanzierung der deutschen Bundespost in den Jahren 1957-1960, in: Küpfmüller, Sautter, Rittershausen, Gutachten über den Investitionsbedarf der Deutschen Bundespost und seine Finanzierung in den Jahren 1957 bis 1960, Bonn 1957, S. 54.

tionsobjekte dieser Bedingung genügt. Bei einer gewünschten Amortisationsperiode von $T > T_2$ dagegen verliert die Sicherheitskomponete ihre bindende Kraft. Das allein nach Rentabilitätsgesichtspunkten ermittelte optimale Investitionsprogramm genügt also bereits den Sicherheitsbedingungen, die von der Unternehmensleitung gestellt werden. Eine Verlängerung der gewünschten Amortisationsdauer ermöglicht also nicht mehr die Durchführung eines rentableren Investitionsprogramms. Man kann auch sagen, die Sicherheitskomponente hört auf, Determinante der Investitionsentscheidung zu sein. Sie ist automatisch mit berücksichtigt. Diejenigen Fälle aber, die zwischen T_1 und T_2 liegen, stellen die Investitionsprogramme dar, deren Zusammensetzung wesentlich von der Länge der gewünschten Liquidationsperiode abhängt.

Aus dieser Kurve lassen sich für die betriebliche Investitionsplanung interessante Schlüsse ziehen: Verlängert man z. B. die gewünschte Liquidationsperiode um ΔT von T_3 auf T_4, so kann ein Investitionsprogramm durchgeführt werden, das einen um ΔC höheren Kapitalwert erbringt. Läßt man nun T_4 auf T_3 zuwandern, so wird $\Delta C/\Delta T$ anschaulich zu $tg\alpha$. Analytisch ergibt sich: Aus

(26) $$C = \Phi(T)$$

erhält man durch Differentiation

(27) $$\frac{dC}{dT} = \Phi'(T).$$

$\Phi'(T)$ definiert man nun analytisch als $tg\alpha$. Das Steigungsmaß der Kurve $C = \Phi(T)$ gibt somit ein Maß dafür an, wie teuer die gewünschte Sicherheit T für das Unternehmen ist. Die Unternehmen erhalten damit ein Maß, das es ihnen ermöglicht, zu beurteilen, ob die von ihnen gewünschte Sicherheit nicht allzu teuer erkauft wird. Da die Festsetzung einer bestimmten gewünschten Liquidationsgrenze T einer Selbstversicherung gleichkommt, liegt es nahe, $\Phi'(T)$ mit möglichen Formen der Fremdversicherung zu vergleichen. Ist z. B. eine Fremdversicherung billiger als $\Phi'(T)$ bei einem bestimmten T, dann ist es sinnvoll, T so weit zu verlängern, bis die Kosten der Fremdversicherung gerade den Kosten der Selbstversicherung entsprechen oder den Versicherungsschutz durch Fremdversicherung so weit auszudehnen, bis die Prämienhöhe den Kosten der Selbstversicherung entspricht.

2. Damit erhebt sich die Frage, wie dasjenige Investitionsprogramm zu ermitteln ist, das für das Unternehmen eine optimale Investitionspolitik darstellt. Bei der Entwicklung der Kurve $C = \Phi(T)$ wurde davon ausgegangen, daß ein Investitionsprogramm in bezug auf eine bestimmte gewünschte Liquidationsgrenze T optimal sein sollte. Nun stellt sich das Problem der Investitionspolitik so, daß nicht nur die Rentabilität C unter gegebenen Bedingungen, zu denen auch eine bestimmte gewünschte Sicherheitskomponente T gehört, optimal sein soll, sondern daß auch eine optimale Sicherheitskomponente ermittelt werden soll. Solange jedoch keine konkreten Angaben über die finanziellen Risiken und die daraus resultierenden Verluste gemacht werden können, hängt die Beantwortung dieser Frage im wesentlichen von der subjektiven Einschätzung des finanziellen Risikos durch den Unternehmer ab. Hierbei lassen sich zwei Verhaltensweisen unterscheiden.

Erstens kann der Unternehmer eine ganz bestimmte Amortisationsdauer als absolutes Kriterium für die Aufrechterhaltung der finanziellen Sicherheit des Unternehmens ansehen. Jedes Investitionsprogramm, dessen tatsächliche Liquidationsgrenze unter diesem Limit bleibt, ist zulässig, während jede darüber hinausgehende Amortisationsperiode grundsätzlich ausscheidet. Nimmt man einmal an, diese absolute Grenze werde mit T^0 Perioden angegeben, so ist das optimale Investitionsprogramm in diesem Falle X_1 (Abbildung 2).

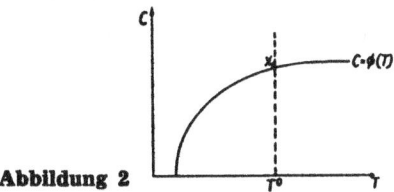

Abbildung 2

Ein solches Vorgehen mag zwar manchem empirischen Verhalten entsprechen, läßt aber keinen Schluß darauf zu, wie der Unternehmer die gewünschte Sicherheitskomponente T^0 festsetzt. Offenbar steigt bei einem solchen Verhalten der Grenznutzen zusätzlicher Rentabilität zunächst linear an, um bei T^0 abzubrechen. Zusätzliche Rentabilitätschancen besitzen für den Unternehmer keinerlei Nutzen mehr. Ob die Unternehmer in der Wirklichkeit auf Grund einer solchen Nutzenfunktion entscheiden, läßt sich nicht generell beantworten. Die Tatsache jedoch, daß empirische Untersuchungen eine große Elastizität bei der Festsetzung der gewünschten Liquidationsgrenze erwiesen haben, legt den Gedanken nahe, daß die Unternehmer simultan Sicherheits- und Rentabilitätskomponenten abwägen und daraus bestimmte Nutzenvorstellungen kristallisieren.

Der Unternehmer kann nämlich zweitens auch eine ganz bestimmte Vorstellung über die Relationen haben, in denen die Sicherheit und die Rentabilität des Unternehmens stehen. Eine solche Verhaltensweise wäre z. B. die folgende: Im allgemeinen ist die Möglichkeit der Erzielung hoher Rentabilität mit der Übernahme eines höheren Risikos verbunden. Der Unternehmer ist zwar bereit, bei steigenden Gewinnaussichten auch größere Risiken auf sich zu nehmen, doch wird er dem Steigen des Risikos in zunehmendem Maße ein größeres Gewicht beimessen und schließlich einen Punkt erreichen, bei dem er nicht mehr bereit ist, zusätzliche Risiken in Kauf zu nehmen, gleichgültig, welche Gewinnaussichten damit verbunden sind. Dieser Punkt braucht nicht absolut determiniert zu sein, sondern kann von dem erreichten Nutzenniveau abhängen.

Allgemein ergibt sich aus einer solchen Verhaltensweise folgendes Bild: Jede Kombination von C und T verursacht bei dem Unternehmer eine bestimmte Nutzenvorstellung. Bezeichnet man den Nutzen mit Ψ, so kann man auch schreiben

(28) $\qquad \psi = f(C, T).$

Setzt man

(29) $\qquad \Psi = \Psi_j = \text{constant} \quad (j = 1, 2, \ldots),$

so kann man schreiben

(30) $\qquad C' = \Psi_j(T)$

(30) ist die Definition der Kurve, auf der alle Kombinationen von C und T liegen, die dem Unternehmer den gleichen Nutzen Ψ_j stiften. Die besondere Form von (30) hängt von der jeweiligen Risikopräferenz des Unternehmers ab. Es sei angenommen, die Indifferenzkurven haben die in Abbildung 3 wieder-

gegebene Form[24]). Die Kurve Ψ_0 ist die Kurve, bei der der Unternehmer gerade noch einen Nutzen empfindet. Sie bilden also die Grenze zwischen dem Bereich der zulässigen Investitionsprogramme und der nicht zulässigen Programme. Sie zeichnet sich dadurch aus, daß der Unternehmer einen bestimmten

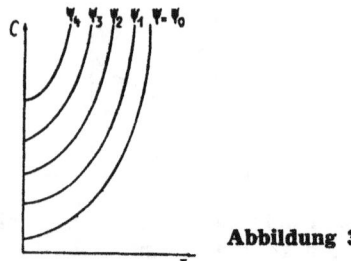

Abbildung 3

Gewinn mit absoluter Sicherheit erzielen will. Keine noch so kurze Amortisationsdauer kann ihn veranlassen, eine Investition vorzunehmen, die nicht diesen Mindestgewinn erzielt. Auf der anderen Seite stellt auch eine bestimmte Amortisationsdauer die absolute Sicherheitsgrenze dar, bis zu der der Unternehmer zu gehen bereit ist. Keine noch so hohe Gewinnerwartung vermag ihn zu veranlassen, ein Investitionsprogramm durchzuführen, das eine längere Amortisationsperiode aufweist.

Zeichnet man nun in dieses Diagramm der Indifferenzkurven die Kurve der tatsächlichen Investitionsprogramme $C = \Phi (T)$ ein, so erhält man Abbildung 4. Die beiden Kurven Ψ_0 und C bilden zwischen den Schnittpunkten X_1 und

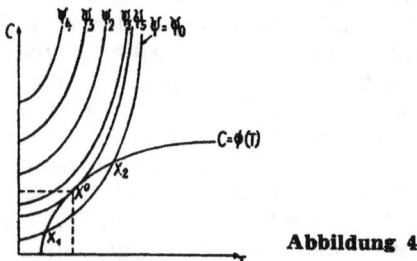

Abbildung 4

X_2 ein Segment, innerhalb dessen alle **möglichen** Investitionsprogramme liegen, die dem Unternehmen einen positiven Nutzen erbringen. Nun existiert aber für jedes Investitionsprogramm in diesem Segment ein besseres, das auf dem Kurvenabschnitt von C zwischen X_1 und X_2 liegt. Alle Investitionsprogramme auf diesem Kurvenabschnitt bezeichnet man als die **zulässigen** Investitionsprogramme. Unter diesen muß nun das **optimale** ausgesucht werden. Geht man davon aus, daß der Unternehmer Nutzenmaximierung erstrebt, dann ist es dasjenige Investitionsprogramm, welches das höchste Nutzenniveau realisiert. Das ist offensichtlich bei X^0 der Fall. Das Nutzenniveau Ψ_5 ist das höchste, das unter den gegebenen tatsächlichen Bedingungen der vorhandenen technischen Investitionsmöglichkeiten und wirtschaftlichen Verwertungsbedingungen erreichbar ist. X_0 ist also das optimale Investitionsprogramm.

---

[24]) Vgl. dazu auch Lutz, F. A. und V., Theory of Investment of the Firm, Princeton 1951, S. 190.

Mit intelligenten Verknüpfungen von traditionellen und alternativen Investments erfolgreich die Krise bewältigen.

WWW.GABLER.DE

Claus Hilpold / Dieter G. Kaiser
Innovative Investmentstrategien
Handelstechniken für eine optimierte Portfoliodiversifikation
2010. 268 S. Geb. EUR 59,95
ISBN 978-3-8349-1982-3

„Die Finanzkrise hat eines vollkommen deutlich gezeigt: Es reicht als Investor nicht aus, sein Kapital nur auf verschiedene Anlageklassen zu verteilen und in einer „Long-only-Buy-and-Hold"-Variante zu kombinieren. (...). Das vorliegende Buch schafft Transparenz und Verständnis für diverse innovative Ansätze und ist ein sehr wichtiger Beitrag für eine erfolgreiche Kapitalanlage."
Michael Busack
Geschäftsführender Gesellschafter Absolut Research GmbH, Herausgeber des Absolut|report und Vorstand Bundesverband Alternative Investments (BAI) e. V., Bonn

„Das vorliegende Buch beschreibt in bemerkenswerter Detailgenauigkeit die bedeutendsten innovativen Anlagetechniken. Ergänzt durch ausführliche Beispiele aus dem Handelsbereich gelingt es den Autoren, die anspruchsvollen Investmentstrategien dem Leser prägnant und voll umfänglich verständlich zu machen."
Dr. Roland Füss
Professor für Finanzwirtschaft, European Business School (EBS),
International University Schloss Reichartshausen

„Auf Basis der informativen Kapitel des vorliegenden Buches wird eine immer größer werdende Anlegerschar komplexe Handelsstrategien nachvollziehen (...). Die Autoren tragen dazu bei, dass der Trend zu alternativen Geldanlagen weiter anhalten wird."
Markus Mezger
Partner und Chief Investment Officer, Tiberius Asset Management AG

Die Autoren

Claus Hilpold ist Geschäftsführer und Gründer der POLARIS Investment Advisory AG, Zürich, einem Unternehmen der Vontobel-Gruppe.
Dr. Dieter Kaiser ist Director Investment Management bei der Feri Institutional Advisors GmbH, Bad Homburg.

Einfach bestellen: buch@gabler.de   Telefon +49(0)611. 7878-626

KOMPETENZ IN SACHEN WIRTSCHAFT

GABLER

Rentabilität und Sicherheit als Kriterien betrieblicher Investitionsentscheidungen

Fortsetzung

Von Privatdozent Dr. Horst Albach, Köln

Die Unterschiede, die zwischen der Praxis der Investitionsentscheidungen im Unternehmen und der Investitionstheorie bestehen, lassen sich nicht nur aus der Tatsache erklären, daß die Investitionstheorie vielfach mit sehr komplizierten Methoden der Analyse von Investitionsvorhaben arbeitet, während die Rechnungen der Praxis im allgemeinen grobere Verfahren anwenden. Die neueren Untersuchungen über das Verhalten der Unternehmer bei Investitionsentscheidungen haben sehr deutlich gezeigt, daß die Unternehmensleitungen zahlreiche Gesichtspunkte berücksichtigen, wenn sie Investitionsentscheidungen treffen. Im Mittelpunkt der Investitionstheorie dagegen steht vorwiegend das Streben nach höchstmöglicher Rentabilität. Die vorliegende Abhandlung entwickelt ein Planungsverfahren, in dem zwei Kriterien der Investitionsentscheidung, Rentabilität und finanzielle Sicherheit, beachtet werden. Der erste Teil, der im letzten Heft erschien (S. 583 ff.), behandelte die theoretischen Grundlagen. Nunmehr wird in dem folgenden zweiten Teil das Verfahren an einem praktischen Beispiel dargestellt.

III. Die Berechnung des optimalen Investitionsprogramms - Ein Beispiel

Die im allgemeinen Teil entwickelten Grundsätze der betrieblichen Investitionspolitik sollen nun an einem Beispiel erläutert werden. Ein Textilunternehmen möchte zwei Websäle neu mit Webstühlen ausrüsten. In der Abteilung A will das Unternehmen einen einfachen Anzugstoff uni und in der Abteilung B einen modischen Anzugstoff, einen Fresko-Glenscheck, herstellen. Die Produktion von einfachen Anzugstoffen kann auf Webstühlen vorgenommen werden, die nur zwei Schäfte besitzen. Der Webvorgang läßt sich bei diesen Stoffen besonders stark automatisieren. Drei verschiedene Typen von Webstühlen erscheinen technisch geeignet für die Produktion: ein Düsenwebstuhl, ein Greiferwebstuhl und ein Schnelläuferautomat. Die technischen und wirtschaftlichen Daten dieser Aggregate können aus der nachstehenden Tabelle 1 entnommen werden.

Die Ausrüstung der Abteilung B wirft größere technische Schwierigkeiten auf. Das Weben großkarierten Stoffes wie z. B. eines Glenscheck erfordert Webstühle mit mehreren Schützen und Schäften. Die Webstühle, welche in Abteilung A eingesetzt werden können, sind also technisch nicht in der Lage, die gewünschte Stoffart herzustellen. Es liegen jedoch Informationen vor, die folgende vier Webstuhltypen technisch geeignet erscheinen lassen; eine Webmaschine mit vier Schützen und 10 Schäften mit 240 Schuß/Min, ein vierschütziger Schnelläuferautomat mit 150 Schuß/Min, ein Webautomat mit 180 Schuß/Min und schließlich ein halbautomatischer Buntwebstuhl, der über 6 Schützen und 24 Schäfte verfügt, aber mit 140 Schuß/Min die geringste Leistung aufweist.

Tabelle 1

Abteilung A
Investitionsvorschläge

	Maßeinheit	Düsen-webstuhl	Greifer-webstuhl	Schnell-läufer-automat
		(1)	(2)	(3)
Kapazität	m/Jahr	10 000	12 000	10 000
Anschaffungskosten	DM	120 000	90 000	20 000
Lebensdauer	Jahre	10	4	5
Restwert	DM	50 000	20 000	0
Laufende Gewinne pro Jahr	DM/Jahr	20 000	30 000	10 000
Erforderliche Bedienung	Arbeiter	3	3	1

Nun entsteht aber beim Weben von Freskostoffen ein zweites technisches Problem: Das verwendete Garn muß hochgezwirnt werden, entspannt und in entgegengesetzter Richtung erneut gezwirnt werden. Wird das so behandelte Garn wieder entspannt, so erhält es die für Freskostoffe typische Garnkräuselung, die ihnen die gewünschte Elastizität gibt. Das Unternehmen müsse, so sei angenommen, die angelieferten Garne selbst zwirnen. Der vierschützige Schnellläuferautomat verfügt bereits über eine vorgeschaltete Zwirnvorrichtung, so daß sich die Aufstellung einer Zwirnmaschine bei Anschaffung dieser Webstuhlart erübrigt. Sollen jedoch andere Webstuhltypen angeschafft werden, dann muß eine weitere Abteilung C geschaffen werden, in der Zwirnmaschinen aufgestellt werden. Für die Zwirnerei kommen zwei verschiedene Aggregattypen in Betracht: auf der Type „Unterburg" wird die hohe Drehzahl von 500 Drehungen/m in einem Arbeitsgang erzielt, während der Aggregattyp „Nippes" das Garn zunächst auf 250 Drehungen/m aufzwirnt, um dann in einem zweiten Arbeitsgang die erforderlichen 500 Drehungen/m zu erreichen[1]. Nähere Angaben über die Investitionsobjekte für Abteilung B und C können den Tabellen 2 und 3 entnommen werden. Dabei sind die Kapazitäten der Zwirnmaschine sofort auf Meter Endprodukt pro Jahr umgerechnet worden. Es handelt sich also nicht um m Garn, sondern um m Stoff. Der Planungszeitraum umfaßt 10 Jahre. Die während dieser Periode freigesetzten Mittel können nur

Tabelle 2

Abteilung B
Investitionsvorschläge

	Maßeinheit	Web-maschine	Schnell-läufer-automat	Web-automat	Bunt-webstuhl
		(4)	(5)	(6)	(7)
Kapazität	m/Jahr	20 000	10 000	25 000	15 000
Anschaffungskosten	DM	75 000	60 000	30 000	10 000
Lebensdauer	Jahre	10	8	7	5
Restwert	DM	10 000	5 000	0	0
Laufende Gewinne/Jahr	DM	15 000	12 000	10 000	5 000
Erforderl. Bedienung	Arbeiter	4	1	3	2

[1]) Gewöhnlich werden die beiden in umgekehrter Richtung wirkenden Zwirnvorgänge auf verschiedenen Aggregaten durchgeführt. Auf technische Einzelheiten soll hier jedoch kein Wert gelegt werden.

Tabelle 3 **Abteilung C**
Investitionsvorschläge

	Maßeinheit	„Unterburg"	„Nippes"
		(8)	(9)
Kapazität	m/Jahr	40 000	60 000
Anschaffungskosten	DM	20 000	5 000
Lebensdauer	Jahre	5	4
Restwert	DM	7 500	1 000
Laufende Gewinne/Jahr	DM	6 000	5 000
Erforderliche Bedienung	Arbeiter	1	4

zu der durchschnittlichen Rentabilität des Unternehmens reinvestiert werden. Die Rentabilität des Unternehmens hat im Durchschnitt 10 % betragen. Die laufenden Gewinne der Investitionsobjekte sind auf Grund einer Abteilungserfolgsrechnung ermittelt worden. Für die Zwirnabteilung, die lediglich ein Zwischenprodukt liefert, sind als innerbetriebliche Verrechnungspreise Marktpreise angesetzt worden. Die Kosten eines m gezwirnten Garnes sind in die Ermittlung der laufenden Gewinne bei den Webstuhltypen in Abteilung B eingegangen. Es ist nicht möglich, zuviel produziertes gezwirntes Garn außerhalb des Unternehmens zu verwenden, z. B. auf dem Markt zu verkaufen. Die Kapazitäten der Abteilungen B und C müssen also aufeinander abgestimmt werden. Das Unternehmen verfügt über 65 Arbeiter, die als Bedienungspersonal für die Maschinen eingesetzt werden können. Die Unternehmensleitung rechnet in den nächsten Jahren mit einem Absatz pro Jahr von 100 000 m Fresko-Glencheck und 150 000 m einfachem Anzugstoff.

1. Die Berechnung der Rentabilitätskomponente

Zunächst sind die Kapitalwerte der Investitionsobjekte zu ermitteln. Dabei wird davon ausgegangen, daß die Zahlungen stets am Ende des Jahres erfolgen. Die Tatsache, daß die Gewinne während der Lebensdauer der Webstühle eine konstante Höhe haben, vereinfacht die Berechnung. Für einen Kalkulationszinsfuß von 10 % ergeben sich die in Tabelle 4 wiedergegebenen Diskontierungs- und Rentenbarwertfaktoren.

Tabelle 4

Lebensdauer/Jahr	Diskontierungsfaktor	Rentenbarwertfaktor
1	0,9090	0,9090
2	0,8265	1,7355
3	0,7512	2,4867
4	0,6925	3,1792
5	0,6295	3,8087
6	0,5724	4,3811
7	0,5202	4,9013
8	0,4730	5,3743
9	0,4299	5,8042
10	0,3855	6,1897

Unter Zuhilfenahme dieser Werte ergibt sich z. B. für den Düsenwebstuhl folgende Rechnung[2]):

(31) $\quad c_1 = -\ 120\ 000 + 20\ 000 \cdot 6{,}1897 + 50\ 000 \cdot 0{,}3855 = \underline{23\ 069}$

$c = $ Kapitalwert

²) Vgl. die allgemeine Formulierung in Gleichung (2) des allgemeinen Teils.

In entsprechender Weise werden die anderen Kapitalwerte berechnet. Sie sind in Tabelle 5 zusammengefaßt.

Tabelle 5

Kapitalwerte

Laufende Nummer	Investitionsobjekt	Kapitalwert (DM)
1	Düsenwebstuhl	23 069
2	Greiferwebstuhl	19 228
3	Schnelläuferautomat	18 087
4	Webmaschine	21 701
5	Vierschütziger Automat	6 857
6	Webautomat	19 013
7	Buntwebstuhl	9 041
8	Zwirnmaschine „Unterburg"	7 573
9	Zwirnmaschine „Nippes"	11 589

Der Gesamtkapitalwert des Unternehmens ist die Summe der Kapitalwerte der einzelnen installierten Maschinen. Die Typen, die in das Investitionsprogramm aufgenommen werden, sind vorläufig ebenso unbekannt wie die Zahl der Einheiten eines Typs, die zur Deckung der Nachfrage eingesetzt werden sollen. Diese Informationen bilden das Ergebnis der Planung. Bezeichnet man die Anzahl der Düsenwebstühle, die in Abteilung A aufgestellt werden sollen, mit x_1, worin das Suffix 1 die laufende Nummer gemäß Tabelle 5 angibt, so ist der Gesamtkapitalwert, den dieser Maschinentyp dem Unternehmen erbringen kann, DM $23\,069 x_1$. Entsprechend werden die Kapitalwertbeiträge der anderen möglichen Investitionsvorhaben definiert. Da die Summe aller Kapitalwertbeiträge die Gesamtrentabilität des Unternehmens ist, erhält man entsprechend (5)

(32) $\quad c = \quad 23\,069 x_1 + 19\,228 x_2 + 18\,087 x_3$
$\quad\quad\quad\quad + 21\,701 x_4 + 6\,857 x_5 + 19\,013 x_6 + 9\,041 x_7$
$\quad\quad\quad\quad + 7\,573 x_8 + 11\,589 x_9$

Der Ausdruck (32) soll maximiert werden. Wären nun keine Nebenbedingungen zu beachten, so würde eine möglichst hohe Anzahl von x_1, x_4 und x_9 angeschafft, ein Ergebnis, das die herkömmliche Kapitalwertmethode nahelegt. Nun muß aber die Unternehmensleitung beachten, daß in der Abteilung C keine Lagerbestände entstehen dürfen, daß sich kein höherer Arbeitskräftebedarf ergibt, als auch aus der vorhandenen Belegschaft zur Verfügung gestellt werden kann, und daß endlich auch die Sättigungsmengen des Absatzmarktes nicht überschritten werden.

Zunächst seien die Absatzbedingungen formuliert. Die Kapazität eines Düsenwebstuhles beträgt 10 000 m/Jahr. Werden x_1 Webstühle dieses Typs installiert, so kann von der vorhandenen Nachfrage von 150 000 m/Jahr ein Teil von insgesamt 100 000 x_1 m/Jahr gedeckt werden. Entsprechend gilt für den Produktionsbeitrag der Greiferwebstühle 12 000 x_2 und für den Schnellläuferautomaten 10 000 x_3. Die Gesamtsumme aller Produktionsbeiträge darf nicht größer sein als 150 000 m/Jahr. Folglich gilt analog der allgemeinen Formulierung (16)

(33) $\quad\quad\quad 10\,000 x_1 + 12\,000 x_2 + 10\,000 x_3 \leq 150\,000.$

Entsprechend ergibt sich die Absatzbedingung für die Abteilung B:

(34) $\qquad 20\,000x_4 + 10\,000x_5 + 25\,000x_6 + 15\,000x_7 \leq 100\,000.$

Im Produktionsbereich gilt zunächst die Bedingung, daß nicht mehr als 65 Arbeiter eingesetzt werden dürfen. An einer Düsenwebmaschine müssen 3 Arbeiter eingesetzt werden. x_1 Düsenwebstühle erfordern daher $3x_1$ Arbeiter. Der Gesamtbedarf an Arbeitskräften, der von den Investitionsmöglichkeiten ausgelöst wird, läßt sich folglich durch (35) ausdrücken:

(35) **Arbeitskräftebedarf** $= 3x_1 + 3x_2 + x_3 + 4x_4 + x_5 + 3x_6 + 2x_7 + x_8 + 4x_9.$

Da der Arbeitskräftebedarf die Zahl 65 nicht übersteigen darf, so gilt

(36) $\qquad 3x_1 + 3x_2 + x_3 + 4x_4 + x_5 + 3x_6 + 2x_7 + x_8 + 4x_9 \leq 65.$

Schließlich muß bei der Investitionsplanung noch beachtet werden, daß in Abteilung C keine Überkapazitäten geschaffen werden, sondern daß die Kapazität der Abteilung C auf die Kapazität der Abteilung B abgestimmt wird. Die Gesamtkapazität der Abteilung C beträgt

(37) $\qquad$ Kapazität $= 40\,000x_8 + 60\,000x_9,$

da eine Einheit der Zwirnmaschine Unterburg Garn für 40 000 m Stoff im Jahr und eine Einheit der Zwirnmaschine Nippes 60 000 m/Jahr herstellen kann. Bedarf an gezwirntem Garn haben nur die Webmaschine, der Webautomat und der Buntwebstuhl, da der vierschützige Schnelläuferautomat ein eigenes Zwirnaggregat besitzt. Die Kapazität der Abteilung C wird also von dem Zwirnbedarf bestimmt, der in Abteilung B entsteht. Dieser kann jedoch solange nicht exakt angegeben werden, bis nicht feststeht, welche Aggregattypen in der Abteilung B aufgestellt werden. Ganz allgemein kann der Bedarf an Freskogarn so formuliert werden:

(38) $\qquad$ Bedarf $= 20\,000x_4 + 25\,000x_6 + 15\,000x_7$

Nun gilt, daß die Kapazität nicht größer sein darf als der Bedarf. Auf der anderen Seite muß aber der Bedarf auch gedeckt werden. Es gilt also die Gleichung

(39) $\qquad 40\,000x_8 + 60\,000x_9 = 20\,000x_4 + 25\,000x_6 + 15\,000x_7$

Daraus folgt durch einfache Umstellung

(40) $\qquad 20\,000x_4 + 25\,000x_6 + 15\,000x_7 - 40\,000x_8 - 60\,000x_9 = 0.$

Damit ist die Rentabilitätsplanung durchgeführt. Das durch (32), (33), (34), (36) und (40) wiedergegebene Totalmodell enthält alle Faktoren, die für die Berechnung der gesamtbetrieblichen Rentabilität des Investitionsprogramms von Bedeutung sind.

2. Die Berechnung der Sicherheitskomponente

Da bei der Investitionsplanung aber auch die finanzielle Sicherheit berücksichtigt werden soll, ist das Planungsmodell noch unvollständig und muß um die Bedingung der Aufrechterhaltung finanzieller Sicherheit im Unternehmen ergänzt werden. Es wird zunächst davon ausgegangen, daß die Unternehmensleitung eine Liquidationsperiode von 4 Jahren als ausreichenden Schutz vor Störungen des finanziellen Gleichgewichts ansieht. Innerhalb von 4 Jahren muß sich also die Gesamtsumme der Investitionsausgaben des ersten Jahres amortisiert haben. Die ersten finanzwirtschaftlichen Überschüsse werden von den Investitionsobjekten bereits am Ende des ersten Jahres erzielt.

Die Gesamtsumme der Investitionsausgaben kann zwar noch nicht der absoluten Höhe nach, wohl aber in Abhängigkeit von der gesuchten Zahl der Investitionsobjekte angegeben werden.

(41) $\quad I = \quad 120\,000 x_1 + 90\,000 x_2 + 20\,000 x_3$
$\quad\quad\quad + 75\,000 x_4 + 60\,000 x_5 + 30\,000 x_6 + 10\,000 x_7$
$\quad\quad\quad + 20\,000 x_8 + 5\,000 x_9.$
(I = gesamte Investitionsausgaben)

In vier Jahren sind die von den Investitionsobjekten freigesetzten Mittel auf den durch (42) ausgedrückten Betrag angewachsen:

(42) $\quad G = \quad 80\,000 x_1 + 140\,000 x_2 + 40\,000 x_3$
$\quad\quad\quad + 60\,000 x_4 + 48\,000 x_5 + 40\,000 x_6 + 20\,000 x_7$
$\quad\quad\quad + 24\,000 x_8 + 21\,000 x_9.$

(G = Gesamtbetrag der finanzwirtschaftlichen Überschüsse in vier Jahren)

Da nun allgemein gelten muß

(43) $\quad\quad\quad\quad\quad\quad G \geq I,$

erhält man durch Einsetzen und Zusammenfassen

(44) $\quad\quad 40\,000 x_1 - 50\,000 x_2 - 20\,000 x_3$
$\quad\quad + 15\,000 x_4 + 12\,000 x_5 - 10\,000 x_6 - 10\,000 x_7$
$\quad\quad - 4\,000 x_8 - 16\,000 x_9. \quad\quad\quad\quad \leq 0.$

Diese Bedingung (44) enthält die Forderung nach finanziellem Gleichgewicht im Unternehmen. Sie bringt zum Ausdruck, daß nach Meinung der Unternehmensleitung die finanzielle Sicherheit des Unternehmens gewährleistet ist, wenn sich das gesamte in der ersten Periode investierte Kapital nach vier Jahren amortisiert hat. Damit ist auch die Sicherheitskomponente der Investitionsplanung ermittelt, und das Gesamtmodell ist aufgestellt.

3. Das optimale Investitionsprogramm

Aus den so ermittelten Planungsunterlagen, die alle Möglichkeiten enthalten, muß nun das optimale Investitionsprogramm des Jahres entwickelt werden. Man erkennt, daß es sich bei der mathematischen Struktur des entwickelten Planungsprogramms um ein lineares Problem handelt. Es ist also grundsätzlich mit den Methoden der linearen Programmierung lösbar. Bei Lösung mit der Hand (Rechenschieber) liegt der Zeitaufwand für die Lösung eines Problems dieses Umfanges bei Anwendung der verbesserten Simplex-Methode[3]) um etwa 75 bis 80 % unter dem Zeitaufwand, den die einfache Simplex-Methode[4]) mit sich bringt. Das vorliegende Beispiel ist daher mit Hilfe der allgemeinen Form der inversen Basis berechnet worden. Der Rechengang ist ausführlich in Tabelle 6 wiedergegeben. In Phase I (Tableaus A und B) wurde

---

[3]) Vgl. dazu Gass, S. I., Linear Programming, New York 1958, S. 83 f.
[4]) Diese Methode ist ausführlich von Krelle und Künzi behandelt worden: Siehe W. Krelle und H. P. Künzi, Lineare Programmierung, Zürich 1958; ferner: A. Charnes, W. W. Cooper und A. Henderson, An Introduction to Linear Programming, New York 1953.

Tabelle 6

T	⊕		B	c	λ	p(1) 23 069	p(2) 19 228	p(3) 18 087	p(4) 21 701	p(5) 6 857	p(6) 19 013	p(7) 9 041	p(8) 7 573	p(9) 11 589	p(10) 0	p(11) 0	p(12) 0	p(13) 0	p(14) 0	z	w
A	●	25 000	p(10)	0	0										1						
	≷	−10 000	p(11)	0	0	40 000	−50 000	−20 000	20 000	12 000	25 000	15 000	−40 000	−60 000		1					
	∧	25 000	p(12)	0	100 000	10 000	12 000	10 000	15 000	10 000	−10 000	−10 000	4 000	−16 000			1				
		3	p(13)	0	150 000	10 000	3	1	20 000		25 000	15 000						1			
	∧	−19 013	p(14)	0	0	3	3		4	1	3	2	1	4					1		
		25 000	z	0	65	−23 069	−19 228	−18 087	−21 701	−6 857	−19 013	−9 041	7 573	−11 589						1	
			w	0	0				20 000		25 000	15 000	−40 000	−60 000							1
B			p(6)	19 013	0	40 000	−50 000	−20 000	20 000	12 000	25 000	15 000	−40 000	−60 000	0,00004						
			p(11)	0	0	10 000	12 000	10 000	15 000	10 000	−10 000	−10 000	4 000	−16 000	0,4	1					
			p(12)	0	100 000			10 000	20 000		25 000	15 000			−1		1				
			p(13)	0	150 000	3	3	1	4	1	3	2	1	4				1			
			p(14)	0	65	−23 069	−19 228	−18 087	−21 701	−6 857	−19 013	−9 041	7 573	−11 589	−0,00012				1		
			z	0	0				20 000		25 000	15 000	−40 000	−60 000	0,76052					1	
			w	0	0	0	0	0	0	0	0	0	0	0	−1						1
C	≷	−2,4	p(6)	19 013	0	40 000	−50 000	−20 000	20 000	12 000	25 000	15 000	−40 000	−60 000	0,00004						
	≷	−40 000	p(11)	0	0	10 000	12 000	10 000	15 000	10 000	−10 000	−10 000	4 000	−16 000	0,4	1					
	1,867	60 000	p(12)	0	100 000			10 000	20 000		25 000	15 000			−1		1				
		11,2	p(13)	0	150 000	3	3	1	4	1	3	2	1	4				1			
	∧	−57 189	p(14)	0	65	−23 069	−19 228	−18 087	−6 501	−6 857	−19 013	−9 041	7 573	−11 589	−0,00012				1		
			z	0	0	−23 069	−19 228	−18 087	−6 857	−6 857	0	2 359	−37 973	−57 189	0,76052					1	

D	1,667 ∧ ∧	**40 000** 41 000 3 -23 069	p(6) p(11) p(9) p(13) p(14) z	19 013 0 11 589 0 0	4 66 700 1,667 150 000 46,33 95 300	40 000 10 000 3 -23 069	-50 000 12 000 3 -19 228	-20 000 10 000 1 -18 087	20 000 15 000 20 000 4 -21 701	12 000 10 000 1 -6 857	25 000 -10 000 25 000 3 -19 013	15 000 -10 000 15 000 2 -9 041	-40 000 -4 000 1 -7 573	-60 000 -16 000 4 -11 589	-0,2667 -0,00001667	1	0,00004 0,667 -0,00001667 -0,0001865 0,953	1	1
						-23 069	-19 228	-18 087	-6 481	2 673	0	2 379	107	0	0,0000665 -0,192				
E	? ∧	-0,5	p(6) p(1) p(9) p(13) p(14) z	19 013 23 069 11 589 0 0	4 1,667 1,667 133 330 41,33 133 700	40 000 10 000 3 -23 069	-50 000 12 000 3 -19 228	-20 000 10 000 1 -18 087	20 000 15 000 20 000 4 -21 701	12 000 10 000 1 -6 857	25 000 -10 000 25 000 3 -19 013	15 000 -10 000 15 000 2 -9 041	-40 000 -4 000 1 -7 573	-60 000 -16 000 4 -11 589	-0,00000667 -0,00001667 0,0667 0,0000865 -0,339	0,000025 -0,25 -0,000075 0,577	0,00004 0,00001667 0,00001667 -0,1667 -0,0002365 1,337	1	1
		-29 627					-48 078	0	6 914	13 438	0	154	3 677	0					
F	5 ∧ ? ∧	**0,8** 0,381 -0,381 0,834 -4 453	p(6) p(1) p(9) p(3) p(14) z	19 013 23 069 11 589 18 087 0	4 6,11 1,667 8,89 19,11 397 300	40 000 10 000 3 -23 069	-50 000 12 000 3 -19 228	-20 000 10 000 1 -18 087	20 000 15 000 20 000 4 -21 701	12 000 10 000 1 -6 857	25 000 -10 000 25 000 3 -19 013	15 000 -10 000 15 000 2 -9 041	-40 000 -4 000 1 -7 573	-60 000 -16 000 4 -11 589	-0,00000445 -0,00001667 0,00000445 0,0000754 -0,207	0,00001667 -0,00001667 -0,0000333 0,083	0,00004 0,0000111 0,00001667 -0,0000111 -0,0002087 1,0072	0,0000333 0,0000667 -0,0001667 1,98	1
		15 000 2,5				0	422	0	-4 453	4 211	0	2 127	375	0					
G			p(4) p(1) p(9) p(3) p(14) z	21 701 23 069 11 589 18 087 0	5 4,205 1,667 10,795 14,94 419 565	40 000 10 000 3 -23 069	-50 000 12 000 3 -19 228	-20 000 10 000 1 -18 087	20 000 15 000 20 000 4 -21 701	12 000 10 000 1 -6 857	25 000 -10 000 25 000 3 -19 013	15 000 -10 000 15 000 2 -9 041	-40 000 -4 000 1 -7 573	-60 000 -16 000 4 -11 589	-0,00000445 -0,00001667 0,0000045 0,0000754 -0,207	0,00001667 -0,00001667 -0,0000333 0,083	0,00005 -0,00000795 0,00001667 0,00000795 -0,0002504 1,22985	0,0000333 0,0000667 -0,0001667 1,98	1
						0	422	0	0	6 436	5 780	5 469	375	0					

zunächst die Gleichung (40) eliminiert[5]). Tableau G enthält das Ergebnis. Es ist in Tabelle 7 etwas ausführlicher dargestellt.

Tabelle 7   Investitionsprogramm

Typ	Zahl	Anschaffungskosten	Kapitalbindung nach 4 Jahren	
			gebunden	freigesetzt
Düsenwebstuhl	4,205	504 500	167 000	—
Schnelläuferautomat	10,795	215 900		215 000
Webmaschine	5	375 000	75 000	
Zwirnmaschine „Nippes"	1,667	8 330		27 000
		1 103 730	242 000	242 000

Mit diesem Investitionsprogramm wird eine Gesamtrentabilität von 419 565 DM erzielt. Wie sich aus der Gegenüberstellung von noch gebundenen und bereits freigesetzten Mitteln ergibt, ist die Bedingung, daß sich die Gesamtsumme von 1 103 730 DM nach vier Jahren amortisiert haben soll, erfüllt. Hätte man das Kriterium der Liquidationsgrenze auf einzelne Investitionsobjekte angewandt, dann hätten die rentablen Investitionen in den Düsenwebstühlen und den Webmaschinen nicht vorgenommen werden können. In diesem hier ermittelten optimalen Investitionsprogramm ergänzen sich aber liquiditäts- und rentabilitätswirksame Investitionsobjekte so, daß die Sicherheit des gesamten Unternehmens gewährleistet und gleichzeitig eine hohe Rentabilität erzielt wird.

4. Die Abhängigkeit der Rentabilität von der gewünschten Amortisationsdauer

Nun kann die Berechnung aber auch für andere Liquidationsperioden durchgeführt werden. Unter den einzelnen Investitionsvorhaben weist die Zwirnmaschine Nippes die kürzeste eigene Liquidationsperiode auf. Sie beträgt ein Jahr. Da aber eine Investition in der Abteilung C sinnlos ist, wenn es nicht möglich ist, Webstühle in Abteilung B aufzustellen, ist leicht ersichtlich, daß bei einer gewünschten Liquidationsgrenze von einem Jahr keine Investitionen vorgenommen werden können. Die längste Amortisationsdauer weist der Düsenwebstuhl auf. Sie beträgt 6 Jahre. Bei einer gewünschten Liquidationsgrenze von sechs Jahren hört also die Sicherheitskomponente auf, Determinante der Investitionsplanung zu sein. Zwischen einem und etwa sechs Jahren liegen also die Investitionsprogramme, deren Struktur von der gewünschten Liquidationsgrenze beeinflußt wird. Berechnet man die Investitionsprogramme entsprechend der in Tabelle 6 wiedergegebenen Methode, so ergeben sich die in Tabelle 8 verzeichneten Investitionsprogramme.

Aus der Tabelle 8 geht nicht nur eine zahlenmäßige Veränderung der angeschafften Einheiten bestimmter Aggregattypen, sondern auch ein Wandel in der Struktur des Investitionsprogramms hervor. Je mehr die Sicherheitsbedingung gelockert wird, desto mehr Investitionsobjekte mit relativ langer Amor-

---

[5]) Das wäre bei dieser Aufgabe, streng genommen, nicht erforderlich gewesen, da bei $x_{n+m+2} = 0,0$ sofort $x_{n+m+1} = z$ maximiert werden kann. Vgl. G. Giesen, Die Simplex-Methode, Diplom-Arbeit, Köln 1960, S. 93 f. Tabelle 6 läßt aber den allgemeinen Weg der Lösung von linearen Programmen und Gleichungen erkennen.

Tabelle 8   **Rentabilität und Amortisationsperiode**

gewünschte Amortisationsperiode (Jahre)	Investitionsprogramm Typ (lfd. Nr.)	Zahl	Kapitalwert DM
1	—	—	—
2	(3) (6) (7) (9)	15 0,833 5,28 1,67	352 100
3	(1) (3) (6) (9)	2,38 12,62 4 1,667	378 300
4	(1) (3) (4) (9)	4,205 10,795 5 1,667	419 565
5	(1) (3) (4) (8)	9,8873 5,1127 5 2,5	447 640
6	(1) (2) (4) (8)	13,74 1,26 5 2,5	467 445

tisationsperiode können angeschafft werden. Dadurch wird gleichzeitig eine Rentabilitätssteigerung ermöglicht. Bei etwa fünf Jahren und sieben Monaten hört die Sicherheitsbedingung auf, die Investitionsentscheidung zu determinieren. Während bis zu diesem Punkt die Programme stets einen Überschuß an Arbeitern aufweisen, verhindert nun die Arbeiterknappheit, daß in der Abteilung A nur Maschinen des Typs „Düsenwebstuhl" aufgestellt werden. Der Arbeiterbedarf dieses Webstuhles ist nämlich dreimal so hoch wie der des Schnelläuferautomaten.

Zeichnet man nun die verschiedenen Kapitalwerte der Investitionsprogramme in ein T,C-Koordinatensystem ein, so ergibt sich das in Abbildung 5 wiedergegebene Bild.

Abb. 5 läßt die Beziehung zwischen Rentabilität und der Sicherheit als Determinanten betrieblicher Investitionsentscheidungen eindeutig erkennen.

Es erübrigt sich, den Nachweis zu führen, daß die üblichen Verfahren der Investitionsrechnung in ihrem stufenweisen Vorgehen dem hier dargestellten synthetischen Verfahren unterlegen sind. Die allgemeine Darstellung und das behandelte Beispiel haben die Bedeutung einer ganzheitlichen, allen betrieblichen Bereichen simultan Rechnung tragenden Investitionsplanung für Rentabilität und Sicherheit des Unternehmens klar hervortreten lassen.

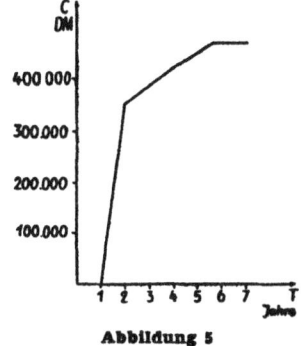

Abbildung 5

Kompakte und anwendungsorientierte Einführung ins Marketing

↗

WWW.GABLER.DE

Manfred Bruhn
Marketing
Grundlagen für Studium und Praxis
10., überarb u. erw. Aufl. 2010. 321 S. Br. EUR 26,95
ISBN 978-3-8349-2331-8

Dieses Lehrbuch vermittelt die gesamten Grundlagen des Marketing und nimmt dabei konsequent Bezug auf die Praxis. Die anwendungsorientierte Darstellung versetzt den Leser in die Lage, Marketingprobleme zu analysieren und eigenständig Problemlösungen zu erarbeiten. In der 10. Auflage wurde die bewährte Gliederung des Buches beibehalten. Alle Kapitel wurden überarbeitet und auf den neuesten Stand gebracht. Darüber hinaus wurden die Kapitel „Entscheidungen der Vertriebspolitik" und „Aufbau des Marketingcontrolling" neu strukturiert.

Der Inhalt
- Marketingplanung
- Marketingstrategie
- Marketingforschung
- Produkt- und Preispolitik
- Kommunikations- und Vertriebspolitik
- Marketingorganisation und -controlling

Der Autor
Prof. Dr. Manfred Bruhn ist Ordinarius für Betriebswirtschaftslehre, insbesondere Marketing und Unternehmensführung, an der Wirtschaftswissenschaftlichen Fakultät der Universität Basel und Honorarprofessor an der Technischen Universität München.

www.wirtschaftslexikon.gabler.de
Jetzt online, frei verfügbar!

↗

Einfach bestellen: buch@gabler.de   Telefon +49(0)611. 7878-626

KOMPETENZ IN SACHEN WIRTSCHAFT

So rücken Sie sich ins richtige Licht!

WWW.GABLER.DE

Jörg Frehmann
Der überzeugende persönliche Auftritt
Leitfaden für professionelles und
authentisches Verhalten
2010. 146 S. Br. EUR 25,95
ISBN 978-3-8349-2251-9

Erfolgstipp Nr. 1: Machen Sie das Beste aus sich selbst! Denn erst durch die Überzeugungskraft Ihrer Persönlichkeit erhalten Ihre Anliegen und Ziele Geltung. Also rücken Sie sich ins richtige Licht und zeigen Sie ab jetzt stets Ihre Schokoladenseite. Der eingängige Ratgeber von Jörg Frehmann geht auf alle Aspekte einer angenehmen, klaren und glaubwürdigen Selbstpräsentation ein. Er zeigt Ihnen Schritt für Schritt, wie Sie Ihre positiven Seiten authentisch ausspielen und so andere Menschen für Ihr Produkt, Ihre Idee, Ihr Konzept oder Ihre Dienstleistung gewinnen.

Der Inhalt
- Selbstbewusstsein und positives Denken
- Das Prinzip Optimismus
- Körpersprache: nonverbale Signale und ihre Wirkung
- Kleider machen erfolgreiche Leute
- Sprachniveau und Wortwahl, Sprachmelodie und -dynamik
- Selbstvorstellung und Visitenkarte
- Angenehme Tischmanieren
- Entspannender Small Talk
- Selbsttest: Was motiviert Sie wirklich?
- Der Sekunden-Werbespot in eigener Sache

Der Autor
Jörg Frehmann ist Trainer für authentische Wirkung und Überzeugungskraft mit zahlreichen namhaften Firmenkunden (www.jf-training.de).

www.wirtschaftslexikon.gabler.de
Jetzt online, frei verfügbar!

Einfach bestellen: buch@gabler.de Telefon +49(0)611. 7878-626

KOMPETENZ IN SACHEN WIRTSCHAFT

GRUNDSÄTZE UND ZIELE

Die **Zeitschrift für Betriebswirtschaft (ZfB)** ist eine der ältesten deutschen Fachzeitschriften der Betriebswirtschaftslehre. Sie wurde im Jahre 1924 von Fritz Schmidt begründet und von Wilhelm Kalveram, Erich Gutenberg und Horst Albach fortgeführt. Sie wird heute von 14 Universitätsprofessoren, die als **Department Editors** fungieren, herausgegeben. Dem **Editorial Board** gehören namhafte Persönlichkeiten aus Universität und Wirtschaftspraxis an. Die Fachvertreter stammen aus den USA, Japan und Europa.

Die ZfB verfolgt das Ziel, die **Forschung auf dem Gebiet der Betriebswirtschaftslehre** anzuregen sowie zur Verbreitung und Anwendung ihrer Ergebnisse beizutragen. Sie betont die Einheit des Faches; enger und einseitiger Spezialisierung in der Betriebswirtschaftslehre will sie entgegenwirken. Die Zeitschrift dient dem **Gedankenaustausch zwischen Wissenschaft und Unternehmenspraxis**. Sie will die betriebswirtschaftliche Forschung auf wichtige betriebswirtschaftliche Probleme in der Praxis aufmerksam machen und sie durch Anregungen aus der Unternehmenspraxis befruchten.

In der ZfB können auch englischsprachige Aufsätze veröffentlicht werden. Die Herausgeber begrüßen die Einreichung englischsprachiger Beiträge von deutschen und internationalen Wissenschaftlern. Durch die Zusammenfassungen in englischer Sprache sind die deutschsprachigen Aufsätze der ZfB auch internationalen Referatenorganen zugänglich. Im Journal of Economic Literature werden die Aufsätze der ZfB zum Beispiel laufend referiert.

Die Qualität der Aufsätze in der ZfB wird durch die Herausgeber und einen Kreis renommierter Gutachter gewährleistet. Das **Begutachtungsverfahren** ist doppelt verdeckt und wahrt damit die Anonymität von Autoren wie Gutachtern gemäß den international üblichen Standards. Jeder Beitrag wird von zwei Fachgutachtern beurteilt. Bei abweichenden Gutachten wird ein Drittgutachter bestellt. Die Department Editors entscheiden auf der Grundlage der Gutachten eigenverantwortlich über die Annahme und Ablehnung der von ihnen betreuten Manuskripte. Sie können Beiträge auch ohne Begutachtungsverfahren ablehnen, wenn diese formal oder inhaltlich von den Vorgaben der ZfB abweichen.

Die ZfB veröffentlicht im Einklang mit diesen Grundsätzen und Zielen:

- **Aufsätze** zu theoretischen und praktischen Fragen der Betriebswirtschaftslehre einschließlich von Arbeiten junger Wissenschaftler, denen sie ein Forum für die Diskussion und die Verbreitung ihrer Forschungsergebnisse eröffnet,
- **Ergebnisse der Diskussion** aktueller betriebswirtschaftlicher Themen zwischen Wissenschaftlern und Praktikern,
- **Berichte** über den Einsatz wissenschaftlicher Instrumente und Konzepte bei der Lösung von betriebswirtschaftlichen Problemen in der Praxis,
- **Schilderungen von Problemen** aus der Praxis zur Anregung der betriebswirtschaftlichen Forschung,
- **„State of the Art"-Artikel,** in denen Entwicklung und Stand der Betriebswirtschaftslehre eines Teilgebietes dargelegt werden.

Die ZfB informiert ihre Leser über **Neuerscheinungen** in der Betriebswirtschafslehre und der Management Literatur durch ausführliche Rezensionen und Kurzbesprechungen und berichtet in ihrem **Nachrichtenteil** regelmäßig über betriebswirtschaftliche Tagungen, Seminare und Konferenzen sowie über persönliche Veränderungen vorwiegend an den Hochschulen. Darüber hinaus werden auch Nachrichten für Studenten und Wirtschaftspraktiker veröffentlicht, die Bezug zur Hochschule haben.

Maßgeschneiderte Grundlage für einen kompletten Semesterzyklus

WWW.GABLER.DE

Georg Schreyögg / Jochen Koch
Grundlagen des Managements
Basiswissen für Studium und Praxis
2., überarb. u. erw. Aufl. 2010. XIV, 496 S.
Br. EUR 26,95
ISBN 978-3-8349-1589-4

Die erfahrenen Lehrbuchautoren, Georg Schreyögg und Jochen Koch, geben eine kompakte Einführung in die wichtigsten Inhalte des Managements. Themenauswahl und -aufbereitung sind speziell auf die aktuellen Anforderungen von Management- und Unternehmensführungsmodulen zugeschnitten. Die 13 Einzelmodule stellen eine in sich geschlossene Lehreinheit dar und bieten die perfekte Grundlage für einen Semesterzyklus. Alle 13 Kapitel folgen einem einheitlichen didaktischen Konzept: (1) Lernziele, (2) Lehrtext mit integrierten Informationskästen und Marginalien, (3) Lernkontrollfragen zum Selbststudium, (4) Diskussionsfragen für den Unterricht und (5) Fallstudie mit Übungsfragen zur praxisnahen Umsetzung der Lehrinhalte. Zusatzmaterialien für Lernende und Lehrende stehen zum Download auf der Verlags-Homepage unter www.gabler.de bereit.

Der Inhalt
Teil 1: Management: Einführung und konzeptionelle Grundlagen
Teil 2: Planung und Kontrolle
Teil 3: Organisation, Führung und Personaleinsatz

Die Autoren
Prof. Dr. Georg Schreyögg lehrt Betriebswirtschaftslehre, insbesondere Organisation und Führung, an der Freien Universität Berlin.
Prof. Dr. Jochen Koch lehrt Betriebswirtschaftslehre, insbesondere Unternehmensführung und Organisation an der Europa-Universität Viadrina, Frankfurt (Oder).

www.wirtschaftslexikon.gabler.de
Jetzt online, frei verfügbar!

Einfach bestellen: buch@gabler.de   Telefon +49(0)611. 7878-626

KOMPETENZ IN SACHEN WIRTSCHAFT

HERAUSGEBER/EDITORIAL BOARD

Editor-in-Chief

Prof. Dr. Dr. h.c. Günter Fandel ist Universitätsprofessor und Inhaber des Lehrstuhls für Betriebswirtschaft, insbesondere Produktions- und Investitionstheorie an der FernUniversität in Hagen. Seine Hauptarbeitsgebiete sind Industriebetriebslehre, Produktionsmanagement und Hochschulmanagement.

Department Editors

Prof. Dr. Wolfgang Breuer ist Universitätsprofessor und Inhaber des Lehrstuhls für Betriebswirtschaftslehre, insb. Betriebliche Finanzwirtschaft, an der Rheinisch-Westfälischen Technischen Hochschule Aachen. Seine Hauptarbeitsgebiete sind Finanzierungs- und Investitionstheorie sowie Portfolio- und Risikomanagement.

Prof. Dr. Holger Ernst ist Inhaber des Lehrstuhls für Betriebswirtschaftslehre, insbesondere Technologie- und Innovationsmanagement an der Wissenschaftlichen Hochschule für Unternehmensführung – Otto-Beisheim-Hochschule – (WHU) in Vallendar.

Prof. Dr. Oliver Fabel ist Universitätsprofessor und Inhaber des Lehrstuhls für Personalwirtschaft mit internationaler Schwerpunktsetzung am Institut für Betriebswirtschaftslehre der Universität Wien. Seine Hauptarbeitsgebiete sind Personal-, Organisations- und Bildungsökonomik.

Prof. Dr. Dr. h.c. Günter Fandel, s.o.

Prof. Dr. Armin Heinzl ist Universitätsprofessor und Inhaber des Lehrstuhls für Allgemeine Betriebswirtschaftslehre und Wirtschaftsinformatik an der Universität Mannheim. Seine Hauptarbeitsgebiete sind Wirtschaftsinformatik, Organisationslehre sowie Logistik.

Prof. Dr. Harald Hruschka ist Universitätsprofessor und Inhaber des Lehrstuhls für Betriebswirtschaftslehre mit dem Schwerpunkt Marketing an der Universität Regensburg. Sein Hauptarbeitsgebiet bezieht sich auf Marktreaktionsmodelle unter Einschluss semiparametrischer und hierarchischer Bayes'scher Ansätze.

Prof. Dr. Norbert Krawitz ist Universitätsprofessor und Inhaber des Lehrstuhls für Betriebswirtschaftslehre mit dem Schwerpunkt Betriebswirtschaftliche Steuerlehre und Prüfungswesen an der Universität Siegen. Seine Hauptarbeitsgebiete sind Rechnungslegung, Wirtschaftsprüfung und betriebswirtschaftliche Steuerlehre.

Prof. Dr. Dr. h.c. Hans-Ulrich Küpper ist Universitätsprofessor und Direktor des Instituts für Produktionswirtschaft und Controlling der Universität München. Seine Hauptarbeitsgebiete sind Unternehmensrechnung, Controlling und Hochschulmanagement.

Prof. Dr. Werner Pascha ist Universitätsprofessor und Inhaber des Lehrstuhls für Ostasienwirtschaft / Wirtschaftspolitik an der Universität Duisburg-Essen.

Prof. Dr. Joachim Schwalbach ist Universitätsprofessor und Inhaber des Lehrstuhls für Internationales Management an der Humboldt-Universität zu Berlin.

Prof. Dr. Hartmut Stadtler ist Universitätsprofessor und Inhaber des Instituts für Logistik und Transport an der Universität Hamburg. Seine Hauptarbeitsgebiete sind die Logistik, die Unternehmensplanung und die unternehmensübergreifende Planung im Rahmen des Supply Chain Management sowie deren Unterstützung durch Softwaresysteme (z.B. Advanced Planning Systeme).

Prof. Dr. Stefan Winter ist Universitätsprofessor und Inhaber des Lehrstuhls für Human Resource Management an der Ruhr-Universität in Bochum. Seine Hauptarbeitsgebiete sind die Analyse von Anreizstrukturen in Unternehmen, Gestaltung von Vergütungssystemen für Führungskräfte sowie die Institutionenökonomische Analyse von Personal- und Organisationsproblemen.

Prof. Dr. Peter Witt ist Universitätsprofessor und Inhaber des Lehrstuhls für Technologie- und Innovationsmanagement an der Bergischen Universität Wuppertal. Seine Hauptarbeitsgebiete sind Innovationsmanagement, Entrepreneurship und Familienunternehmen.

Prof. Dr. Uwe Zimmermann ist Hochschulprofessor und Leiter des Instituts für Mathematische Optimierung an der Technischen Universität Braunschweig. Seine Hauptarbeitsgebiete sind die Lineare, Kombinatorische und Diskrete Optimierung und ihre Anwendung auf komplexe Systeme in Verkehr und Logistik.

Editorial Board

Prof. (em.) Dr. Dr. h.c. mult. Horst Albach (Chairman)
Prof. Alain Burlaud
Prof. Dr. Dr. h.c. Santiago Garcia Echevarria
Prof. Dr. Lars Engwall
Dr. Dieter Heuskel
Dr. Detlef Hunsdiek
Prof. Dr. Don Jacobs
Prof. Dr. Eero Kasanen
Dr. Bernd-Albrecht v. Maltzan
Prof. Dr. Koji Okubayashi
Hans Botho von Portatius
Prof. Dr. Oleg D. Prozenko
Prof. (em.) Dr. Hermann Sabel
Prof. Dr. Adolf Stepan
Dr. med. Martin Zügel

Verlag

Gabler Verlag | Springer Fachmedien Wiesbaden GmbH
Abraham-Lincoln-Straße 46, 65189 Wiesbaden,
www.zfb-online.de
Amtsgericht Wiesbaden, HRB 9754
USt-IdNr. DE811148419
Geschäftsführer: Dr. Ralf Birkelbach (Vors.), Armin Gross,
Albrecht F. Schirmacher
Verlags(bereichs)leitung: Maria Akhavan-Hezavei
Gesamtleitung Anzeigen und Märkte: Armin Gross
Gesamtleitung Marketing: Rolf-Günther Hobbeling
Gesamtleitung Produktion: Christian Staral
Gesamtleitung Vertrieb: Gabriel Göttlinger

Editor-in-Chief:
Professor Dr. Dr. h.c. Günter Fandel
FernUniversität in Hagen
Fakultät für Wirtschaftswissenschaft
58084 Hagen
Tel: 02331/987-2625, Fax: 02331/987-2575
E-Mail: ZfB@FernUni-Hagen.de

Administration Manuscript Central™
Sebastian Bartussek, Tel.: 02331/987-2652,
Fax: 02331/987-2575, E-Mail: Sebastian.Bartussek@FernUni-Hagen.de

Redaktion: Annelie Meisenheimer, Tel.: 0611/7878-232,
Fax: 0611/7878-411, E-Mail: Annelie.Meisenheimer@gabler.de

Abonnentenbetreuung: Stefanie Druffelsmeyer, Tel.: 05241/801968,
Fax: 05241/809620

Produktmanagement: Kristiane Alesch,
Tel.: 0611/7878-359, Fax: 0611/7878-78359,
E-Mail: Kristiane.Alesch@gabler.de

Anzeigenleitung: Stefan Strussione, Tel.: 0611/7878-157,
Fax: 0611/7878-430, E-Mail: Stefan.Strussione@springer.com

Anzeigendisposition: Monika Dannenberger,
Tel.: 0611/7878-148, Fax: 0611/7878-430,
E-Mail: Monika.Dannenberger@springer.com

Es gilt die Anzeigenpreisliste vom 1. 1. 2006.

Produktion/Layout: Frieder Kumm

Bezugsmöglichkeiten: Die Zeitschrift erscheint monatlich. Das Abonnement kann jederzeit zur nächsten erreichbaren Ausgabe schriftlich mit Nennung der Kundennummer gekündigt werden. Eine schriftliche Bestätigung erfolgt nicht. Zuviel gezahlte Beträge für nicht gelieferte Ausgaben werden zurückerstattet. Jährlich können 1 bis 6 Special Issues hinzukommen. Jedes Special Issue wird den Abonnenten mit einem Nachlass von 25% des jeweiligen Ladenpreises gegen Rechnung geliefert.

	Preise Inland:	Preise Ausland:
Einzelheft:	42,- Euro	48,- Euro
Studenten-*/Emeritus-Abo:	76,- Euro	97,- Euro
ausgewählte Verbände:**	185,- Euro	203,- Euro
Privat-Abo:	218,- Euro	247,- Euro
Lehrstuhl-Abo:	247,- Euro	269,- Euro
Bibliotheks-/Unternehmensabo:	427,- Euro	439,- Euro

* Studienbescheinigung
** auf Anfrage beim Verlag

© Gabler Verlag ist eine Marke von Springer Fachmedien. Springer Fachmedien ist Teil der Fachverlagsgruppe Springer Science+Business Media.

Alle Rechte vorbehalten. Kein Teil dieser Zeitschrift darf ohne schriftliche Genehmigung des Verlages vervielfältigt oder verbreitet werden. Unter dieses Verbot fällt insbesondere die gewerbliche Vervielfältigung per Kopie, die Aufnahme in elektronische Datenbanken und die Vervielfältigung auf CD-ROM und allen anderen elektronischen Datenträgern.

Satzherstellung: Fotosatz-Service Köhler GmbH – Reinhold Schöberl, Würzburg.
Druck und Verarbeitung: Druckerei Krips, Meppel, Niederlande.
Gedruckt auf säurefreiem und chlorfrei gebleichtem Papier.

Printed in Europe

Hinweise für Autoren

1. Bitte beachten Sie die „Grundsätze und Ziele" der ZfB.

2. Einreichungen werden bei der ZfB ausschließlich über ein Online-Verfahren abgewickelt. Manuskripte – in deutscher oder englischer Sprache – können vom Autor unter http://mc.manuscriptcentral.com/zfb direkt in das Manuskriptverwaltungssystem hochgeladen werden. Hierbei ist insbesondere auf die Wahrung der Anonymität der zur Begutachtung eingereichten Vorlagen zu achten. Der Autor verpflichtet sich mit der Einsendung des Manuskripts unwiderruflich, das Manuskript bis zur Entscheidung über die Annahme nicht anderweitig zu veröffentlichen oder zur Veröffentlichung anzubieten. Diese Verpflichtung erlischt nicht durch Korrekturvorschläge im Begutachtungsverfahren.

3. Um die eingereichten Manuskripte in den Begutachtungsprozess geben bzw. diese im Manuskriptlauf zügig behandeln zu können, wird um Beachtung der folgenden Punkte gebeten: Gesamtlänge des Manuskriptes darf 25 DinA4 nicht überschreiten (bei ca. 3800 Zeichen pro Seite), Schriftart „Times New Roman", Schriftgröße 12, einfacher Zeilenabstand, jeweils 2,5 cm Außenrand, Angabe von Abbildungs- und Tabellenüberschriften (Abb. 1: Text; Tab. 1: Text etc.), eingebundene Objekte (insbes. Bild-, .ppt-, .xls-Dateien etc.) auch separat in Dateiform beifügen, das Hauptdokument muss in **anonymer** Form eingereicht werden, d.h. alle Autorennamen, Autoreninformationen und evtl. Danksagungen sind für die Begutachtung restlos zu streichen. Einhaltung der Gliederungssystematik: **1 Überschriftsebene 1** (12pt, fett, 2 Zeilen Abstand davor, 1 Zeile danach), *1.1 Überschriftsebene 2* (12pt, 1 Zeile Abstand davor, 1 Zeile danach), 1.1.1 Überschriftsebene 3 (12pt, kursiv, 1 Zeile Abstand davor, 1 Zeile danach), Spitzmarke: (12pt, fett mit Doppelpunkt zu Beginn des Absatzes, 1 Zeile Abstand davor). Harvard-Zitierweise, keine End- oder Fußnoten: Ein Autor: (vgl. Meier 2007) bzw. (Meier 2007, S. 30); Zwei Autoren: (vgl. Meier/Müller 2007) bzw. (Meier/Müller 2007, S. 30); Drei oder mehr Autoren: (vgl. Meier et al. 2007) bzw. (Meier et al. 2007, S. 30); Eventuelle Erläuterungen zu Textpassagen können weiterhin als Endnoten angehängt werden, sollten aber – soweit möglich – vermieden werden. Das Literaturverzeichnis muss in *Harvard Stil* bzw. *Basic Springer Reference Style* aufgebaut sein. Bei einer Wiedereinreichung eines Beitrags muss eine Stellungnahme zu den Gutachten beigelegt werden. Einreichung der Beitragsdatei als **Microsoft Word®-Datei** oder in einem Word®-kompatiblen Format; **kein (La)TeX. PDF-Dateien sind generell nicht geeignet und können auch nicht ins Onlinesystem Manuscript Central™ hochgeladen werden.** Der Beitrag muss in folgender Reihenfolge aufgebaut sein: Erste Seite: prägnanter Beitragstitel in deutscher bzw. in englischer Sprache (max. 80 Zeichen; bei Bedarf: Angabe eines Untertitels), dem Beitrag vorgestellte einleitende „Zusammenfassung" bzw. einleitender „Abstract" (Fließtext, max. 15 Zeilen bzw. 1100 Zeichen), deutsche „Schlüsselwörter" (max. 5 Angaben) bzw. englische Keywords (max. 5 Angaben), JEL-Klassifikation (max. 3 Angaben); Ab Seite 2: Beitragstext, falls nötig: „Anmerkungen" als Endnoten (keine Fußnoten im Text), „Literaturverzeichnis", letzte Seite: (nur bei deutschsprachigen, enthält bei englischsprachigen Beiträgen) prägnanter Beitragstitel in englischer Sprache (max. 80 Zeichen, bei Bedarf: Angabe eines Untertitels), „Abstract" in englischer Sprache (Fließtext, max. 15 Zeilen bzw. 1100 Zeichen). Zusätzlich sollten sowohl die Autorenfotos (in digitaler Form, 300dpi, mind. 640x480 Pixel) als auch die Autorenangaben (Titel, Name, Institut, Lehrstuhl, Adresse, Land, ggf. Arbeitsgebiete, Emailadresse und URL; insgesamt pro Autor max. 4 Zeilen) in separaten Dateien eingereicht werden. **Alle Kopf- und Fußzeilen sowie Seitenzahlen sind zu entfernen!**

4. Der Autor verpflichtet sich, die Korrekturfahnen innerhalb einer Woche zu lesen und die Mehrkosten für Korrekturen, die nicht vom Verlag zu vertreten sind, sowie die Kosten für die Korrektur durch einen Korrektor bei nicht termingerechter Rücksendung der Fahnenkorrektur zu übernehmen.

5. Der Autor ist damit einverstanden, dass sein Beitrag außer in der Zeitschrift auch durch Lizenzvergabe in anderen Zeitschriften (auch übersetzt), durch Nachdruck in Sammelbänden (z.B. zu Jubiläen der Zeitschrift oder des Verlages oder in Themenbänden), durch längere Auszüge in Büchern des Verlages auch zu Werbezwecken, durch Vervielfältigung und Verbreitung auf CD-ROM oder anderen Datenträgern, durch Speicherung auf Datenbanken, deren Weitergabe und dem Abruf von solchen Datenbanken während der Dauer des Urheberrechtsschutzes an dem Beitrag im In- und Ausland vom Verlag und seinen Lizenznehmern genutzt wird.

Kompakte und anwendungsorientierte Einführung ins Marketing

WWW.GABLER.DE

Manfred Bruhn
Marketing
Grundlagen für Studium und Praxis
10., überarb u. erw. Aufl. 2010. 321 S. Br. EUR 26,95
ISBN 978-3-8349-2331-8

Dieses Lehrbuch vermittelt die gesamten Grundlagen des Marketing und nimmt dabei konsequent Bezug auf die Praxis. Die anwendungsorientierte Darstellung versetzt den Leser in die Lage, Marketingprobleme zu analysieren und eigenständig Problemlösungen zu erarbeiten. In der 10. Auflage wurde die bewährte Gliederung des Buches beibehalten. Alle Kapitel wurden überarbeitet und auf den neuesten Stand gebracht. Darüber hinaus wurden die Kapitel „Entscheidungen der Vertriebspolitik" und „Aufbau des Marketingcontrolling" neu strukturiert.

Der Inhalt
- Marketingplanung
- Marketingstrategie
- Marketingforschung
- Produkt- und Preispolitik
- Kommunikations- und Vertriebspolitik
- Marketingorganisation und -controlling

Der Autor
Prof. Dr. Manfred Bruhn ist Ordinarius für Betriebswirtschaftslehre, insbesondere Marketing und Unternehmensführung, an der Wirtschaftswissenschaftlichen Fakultät der Universität Basel und Honorarprofessor an der Technischen Universität München.

www.wirtschaftslexikon.gabler.de
Jetzt online, frei verfügbar!

Einfach bestellen: buch@gabler.de   Telefon +49(0)611. 7878-626

KOMPETENZ IN SACHEN WIRTSCHAFT

So rücken Sie sich ins richtige Licht!

WWW.GABLER.DE

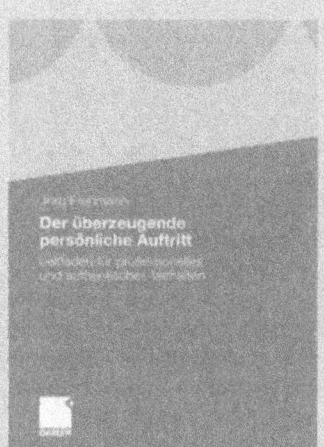

Jörg Frehmann
Der überzeugende persönliche Auftritt
Leitfaden für professionelles und authentisches Verhalten
2010. 146 S. Br. EUR 25,95
ISBN 978-3-8349-2251-9

Erfolgstipp Nr. 1: Machen Sie das Beste aus sich selbst! Denn erst durch die Überzeugungskraft Ihrer Persönlichkeit erhalten Ihre Anliegen und Ziele Geltung. Also rücken Sie sich ins richtige Licht und zeigen Sie ab jetzt stets Ihre Schokoladenseite. Der eingängige Ratgeber von Jörg Frehmann geht auf alle Aspekte einer angenehmen, klaren und glaubwürdigen Selbstpräsentation ein. Er zeigt Ihnen Schritt für Schritt, wie Sie Ihre positiven Seiten authentisch ausspielen und so andere Menschen für Ihr Produkt, Ihre Idee, Ihr Konzept oder Ihre Dienstleistung gewinnen.

Der Inhalt
- Selbstbewusstsein und positives Denken
- Das Prinzip Optimismus
- Körpersprache: nonverbale Signale und ihre Wirkung
- Kleider machen erfolgreiche Leute
- Sprachniveau und Wortwahl, Sprachmelodie und -dynamik
- Selbstvorstellung und Visitenkarte
- Angenehme Tischmanieren
- Entspannender Small Talk
- Selbsttest: Was motiviert Sie wirklich?
- Der Sekunden-Werbespot in eigener Sache

Der Autor
Jörg Frehmann ist Trainer für authentische Wirkung und Überzeugungskraft mit zahlreichen namhaften Firmenkunden (www.jf-training.de).

www.wirtschaftslexikon.gabler.de
Jetzt online, frei verfügbar!

Einfach bestellen: buch@gabler.de   Telefon +49(0)611. 7878-626

KOMPETENZ IN SACHEN WIRTSCHAFT

GPSR Compliance

The European Union's (EU) General Product Safety Regulation (GPSR) is a set of rules that requires consumer products to be safe and our obligations to ensure this.

If you have any concerns about our products, you can contact us on

ProductSafety@springernature.com

In case Publisher is established outside the EU, the EU authorized representative is:

Springer Nature Customer Service Center GmbH
Europaplatz 3
69115 Heidelberg, Germany

www.ingramcontent.com/pod-product-compliance
Lightning Source LLC
LaVergne TN
LVHW010342260326
834688LV00036B/830